沖縄平和論のアジェンダ

怒りを力にする視座と方法

星野英一
島袋 純
高良鉄美
阿部小涼
里井洋一
山口剛史
著

法律文化社

はしがき

はじめに

(1) 世界は平和だと思いますか？
(2) 日本は平和だと思いますか？
(3) 沖縄は平和だと思いますか？

　こんなアンケートを沖縄の大学で実施すると、以下のような結果になる（2015年度後学期共通教育「平和論」受講者72名のアンケート結果）。まず、世界と日本（沖縄を含む）との違いが目に付く。世界は「平和ではない」（46％）と「どちらかというと平和ではない」（33％）を合わせて79％であるのに対し、日本は「平和」（44％）と「どちらかというと平和」（43％）を合わせて87％。そして、沖縄は「どちらかというと平和」（47％）と「平和」（25％）とを合わせて72％、と対照的だ。

　もう1つ興味深いのは、日本と沖縄との違いだ。日本が「平和ではない」（6％）と「どちらかというと平和ではない」（4％）を合わせて10％であるのに対し、沖縄は「平和ではない」（11％）と「どちらかというと平和ではない」（14％）を合わせて25％。倍以上の人が沖縄は全国と比べてより「平和」ではないと回答している。

　世界と日本の違いには、世界各地で紛争や戦争が続いているのに対し、日本は武力紛争に直接関与していないという意識が反映している。平和とは戦争（つまり、国家が自己の意志を貫徹するため他の国家との間で行う武力闘争）がないことだ、という平和観を背景にしているとも言える。

　日本と沖縄との違いは、これでは説明できない。1つには、米軍基地の存在がある。フェンスの向こうに外国の軍人やその家族達が暮らしていて、米軍は沖縄の陸海空で訓練をしている。中東で戦争があると軍の飛行場や港の出入りが活発になる。日本は戦争をしていないかも知れないが、少なくとも沖縄はアメリカの戦争に協力しているという感覚がある。平和とは戦争がないだけでな

く、戦争協力もしていないことという平和感覚が背景にあるようだ。

　もう1つ、小さな島に米軍基地が過度に集中していることがもたらしている問題がある。米軍関係者が起こす犯罪や事故、環境破壊、そして何よりも過度な集中という不平等な扱いによる尊厳の棄損などがそれだ。沖縄の住人が心配事もなく、心安らかに暮らすことができないという意味で「平和」ではないとする回答は、こうした平和感覚から生まれている。

　さらに、付け加えるならば、沖縄戦の記憶が生きていることもあるだろう。家族から聞く沖縄戦の体験、学校における平和教育、あるいは、今も終わらない不発弾処理、沖縄での戦争が遠い過去のことではないと感じるなら「平和ではない」との回答に結びつくだろう。

　こうしてみると、このアンケートに対する答えの背景には、「平和とは何か」という問いに対するいくつかの答え、つまり「戦争がないこと」「戦争協力をしないこと」「心配事もなく心安らかであること」という「平和とは何か」についての多様な見方・考え方がある、と言うことができる。

　本書は、大学の共通教育科目「平和論」の教科書として「平和」について多角的に学ぶためのテキストとして企画されたものだが、同時に、沖縄発の平和論に関心を持つ一般読者にとっても興味深い多様な論点を提示したテキストになるよう編集している。以下では、本書の中で繰り返し言及される「構造的暴力」と「平和学」という言葉について、簡潔に説明しておくことにしたい。

構造的暴力とは何か

　ノルウェーの平和研究者ヨハン・ガルトゥングは、先進国に支配された第三世界の状況を分析する中で「暴力」と「平和」についての考え方をこう整理した。

　暴力とは「人間が影響力を行使されることによってその肉体的精神的実現の程度が潜在的実現可能性より低くなる場合にみられるもの」だ（ヨハン・ガルトゥング『構造的暴力と平和』高柳先男ほか訳、中央大学出版部、1991年）。それは人間の潜在的実現性と現実的実現性との差異を生み出す原因である。

はしがき

　暴力には、それを行使する主体が明確な、直接的な暴力（殴る・傷つける・痛める）と、主体を特定できないが直接的暴力と同様の効果をもつ間接的な暴力がある。前者は、家庭内暴力や学校でのいじめ、地域紛争や国家間の戦争など、「主体のある行為」が肉体的・精神的苦痛や損傷、死などをもたらす。後者は、支配・抑圧・搾取など、政治的・経済的構造から生み出されるもので、国際社会の底辺に位置する貧困国の、そのまた底辺にいる貧困層に対する「主体なき行為」がその典型であり、これを「構造的暴力」と呼ぶことができる。

　戦争に代表される直接的暴力のない状態を平和と呼ぶことができるが、それは「消極的平和」であり、平和研究の対象としては十分ではない。衣食住や医療、教育の不足、自由や主体性の剥奪などの構造的暴力のない状態を「積極的平和」と呼び、これを探求の対象にするのが平和学であると言える。

平和学とは何か？

　平和学とは、直接的暴力や構造的暴力の原因を探り、消極的平和を含む積極的平和の実現の条件を明らかにする学問であると、まずは言うことができる。だが、一言では言い尽くせない豊かさを、平和学は備えている。ここでは、平和学の学際性と臨床性の2点に触れることで、その一端を紹介する。

　学際性とは、様々な学問分野の研究者が平和研究に携わっていることを言う。例えば、Falk and Kim は「戦争システム（war system）」の研究にあたって、「正義の戦争（just wars）」や正当防衛についての哲学的研究、人間の攻撃行動についての心理学的研究、自国民中心主義についての社会心理学的研究、経済発展段階や帝国主義についての政治経済学的研究、国際社会の無政府性や双極性についての国際関係論の研究、そして国際法や世界秩序に関わる法的・規範的研究などの様々なアプローチが相互に助け合っていることを指摘している（Richard A. Falk and Samuel S. Kim, *The War System: An Interdisciplinary Approach*, Boulder, CO: Westview, 1980）。平和学についても同様のことが言える。

　平和学は、また、価値志向的な学問であると言われるが、その最も顕著な現れが平和学の臨床性である。つまり、上述のような多様な研究視角から、様々な形の暴力の原因を探り、そうした暴力のない状態を実現しようとしていると

いう意味において、平和学は、病気を特定し、その原因を探り、それを治療して、健康な状態を実現しようとする健康学（ヨハン・ガルトゥング／藤田明史編著『ガルトゥング平和学入門』法律文化社、2003年）と同様の臨床の学としての性格を備えていると言うことができる。

全体の構成

　本書は、4つのセクション（部）、8つの章から構成されている。

　第1部「安全保障の理論から考える平和」では、国際関係学からの平和の理論として、安全保障の基礎的な理論を確認し、国家の安全保障と人間の安全保障について論じる。前者は「戦争がない状態を実現する」という意味での、後者は「構造的暴力がない状態を実現する」という意味での平和学の臨床性と直接に関わっている。こうした理論は沖縄で平和を考える時にどういう意味を持つのだろうか。

　第2部「沖縄の軌跡から考える平和」では、沖縄における構造的暴力の制度化についての政治史的アプローチと、平和憲法が沖縄にとって持つ意味を中心とした法学からのアプローチとを紹介する。「復帰」運動は憲法を獲得することによって自己決定権を手に入れた運動だったと言えるだろうか。沖縄の現在は、条件的権利としての自己決定権ではなく、平和を実現する前提として、絶対的な権利としての自己決定権を手にしようとしているのだろうか。

　第3部「マイノリティの視座から考える平和」では、社会運動とジェンダー論の視座から平和を考える。社会運動は、平和が少数者に強いる犠牲を覆そうと試みる。そのとき「暴力とは何か」という固有の問いが付きまとうだろう。また性＝生の自己決定を奪還するという点で、家父長制に対する闘いと戦争システムに対する闘いは重なり合う。世界の運動理論を手引きに沖縄を考え、沖縄の闘いの軌跡を通して、マイノリティの視座から非暴力と正義を追求する平和の実践について考えてみよう。

　第4部「平和教育の実践から考える平和」は、1部、2部で論じてきた理論・分析、3部の運動の成果をどう平和教育に活かしていくのかを考えるセクションである。沖縄という「場」において平和教育は、平和学の理論・分析

(研究)と社会運動にどう関わってきたのか、今後平和構築の力となり得るのかを検討したい。平和教育について歴史的なアプローチから「社会科教育と沖縄の平和教育史」を論じ、そして教育学的なアプローチから「沖縄における平和教育実践の現在」を紹介する。

　なお、巻末に沖縄にある「平和博物館リスト」を掲載した。

　また紙幅の都合上、クラウド上に「沖縄戦後史年表」を掲載している。この年表は以下のQRコードを読み取ることで閲覧できる(法律文化社HPの本書紹介頁の「関連資料」からも閲覧可能)。

　　2018年1月

執筆者一同

沖縄戦後史年表閲覧用QRコード

目　次

はしがき

第1部　安全保障の理論から考える平和

第1章　国家の安全保障と平和　　　　　　　　　星野　英一　3
1　国家の安全保障とは何か　3
2　平和への「国家安全保障」アプローチ　5
3　同盟戦略と日米安保体制　13
4　沖縄の安全をめぐる政策　22

第2章　人間の安全保障と平和　　　　　　　　　星野　英一　30
1　人間の安全保障とは何か　30
2　平和への「人間の安全保障」アプローチ　33
3　在沖米軍基地問題への「人間の安全保障」アプローチ　40
4　沖縄における補償型政治の終わり　47

第2部　沖縄の軌跡から考える平和

第3章　沖縄は平和か？──戦争と暴力の源泉　　　島袋　純　59
1　沖縄は平和か？　59
　　──暴力と人権侵害が制度化され蔓延する沖縄
2　近代国際関係の成立と国際法の発展　60
3　日本の琉球併合と沖縄支配　70

4　可視化される沖縄への暴力と人権侵害　79
  5　平和を破壊する試み　84
　　　——人民の自決権を否定する国際条約は無効

第4章　平和憲法と沖縄 ————————— 高良　鉄美　88

  1　沖縄戦と憲法の関係　88
  2　米軍統治下の沖縄における平和主義原理、
　　　平和的生存権　89
  3　米軍統治下の沖縄における国民主権原理と
　　　基本的人権尊重原理　93
  4　復帰後の沖縄と憲法　97
  5　復帰後の沖縄における基地問題と平和主義原理　98
  6　復帰後の沖縄における国民主権原理と
　　　基本的人権尊重原理　107
  7　おわりに　114
　　　——検証沖縄復帰と平和憲法

第3部　マイノリティの視座から考える平和

第5章　社会運動と平和 ————————— 阿部　小涼　119

  1　社会運動から平和を考える　119
  2　社会運動論の登場　120
  3　平和（主義）運動の無力化？　124
  4　暴力について考える　127
  5　反抗は権利なのか　129
  6　ポスト新しい社会運動と市民性、変容する主体　132
  7　沖縄から考える　134

第6章 ジェンダーと平和 ── 阿部 小涼 141

1 ジェンダー視角の重要性　141
2 ジェンダーを定義する　144
3 沖縄、女たちの反軍事主義　146
4 批判的フェミニズムから　154
5 国家を非暴力化する思想　156

第4部 平和教育の実践から考える平和

第7章 社会科教育と沖縄の平和教育史 ── 里井 洋一 163

1 社会科教育と平和教育　163
2 新教育と沖縄　166
3 米軍統治と沖縄平和教育の誕生　169
4 沖縄戦研究と平和教育　172
5 平和運動の新展開と平和教育　178
6 まとめにかえて　184

第8章 沖縄から考える平和教育実践の課題 ── 山口 剛史 187

1 沖縄戦70年を迎えての平和教育の課題　187
2 沖縄戦学習で考える平和教育　193
3 在沖軍事基地から日米安保体制を考える平和教育　200
4 平和形成のための平和教育を　205

あとがき

博物館リスト

第1部
安全保障の理論から考える平和

沖縄国際大学でヘリ墜落炎上
　2004年8月13日、沖縄県宜野湾市沖縄国際大学の構内に普天間基地所属のヘリコプターCH-53が訓練中に墜落し炎上した。乗員3名は負傷したものの、運良く民間人に負傷者は出なかった。
　事故直後から米軍が現場を封鎖し、事故を起こした機体を搬出するまでの間、宜野湾市消防や沖縄県警をはじめ、大学や宜野湾市の関係者も現場に立ち入ることができなかった。捜査も原因究明も日米地位協定の壁に阻まれたと言える。
（宮里秀雄氏提供）

名護市の海岸にオスプレイ墜落
　在日米軍が沖縄に集中しているために、米軍・米軍関係者が起こす事件・事故・環境破壊の影響も沖縄に集中している。2016年4月、元海兵隊員による殺人・死体遺棄事件が起き、同年12月、名護市安部の海岸に普天間基地所属の垂直離着陸輸送機 MV-22 オスプレイが墜落した。また、翌年10月には、大型輸送ヘリコプター CH-53 が、東村高江の民間地に墜落・炎上した。日本の安全のための政府の政策選択が、地域住民の人間の安全保障に大きな影響を及ぼしている。
（沖縄タイムス社提供）

【第1部の概要】

　国際関係学の安全保障の理論から平和を考える際の2つのアジェンダとして、国家の安全保障と平和、人間の安全保障と平和について考える。
　第1章では、「戦争がない状態」という意味での「平和」を実現するための国家安全保障政策を、現実主義・制度主義・自由主義の3つの観点から論じる。特に、日本政府の同盟戦略（現実主義アプローチ）による安全保障政策は「日本問題」を「沖縄問題」と混同させているのではないか、との論点に注意して欲しい。
　第2章では、「構造的暴力がない状態」という意味での「平和」を実現するための人間安全保障政策を論じる。さらに、沖縄の事例を検討すると、沖縄における人間の安全保障が国家の安全保障と対立している現状が浮かび上がる。

第1章　国家の安全保障と平和

星野　英一

■キーワード
勢力均衡、安全保障のジレンマ、同盟、抑止力、集団安全保障

1　国家の安全保障とは何か

英語で security と言うと「安全」とか「保障」という意味で使われる。Public security であれば治安や公安、social security なら社会保障と、共通しているのは危険に対する備えや防衛あるいはその手段を指しているところだ。したがって、国家安全保障（national security）は国家に対する危険への備えや防衛手段を指す。ここでは、「どのような脅威を問題とし、どのような手段によって、平和（戦争のない状態）を実現しようとするのか」が問われる。

1　現実主義・制度主義・自由主義の国家安全保障観

例えば、モーゲンソー［1986：570］は国家安全保障を「国家の領土および諸制度の保全」と定義している。モーゲンソーに代表されるリアリズムの国際社会観は、国際社会は世界政府がないという意味でアナーキーな（無政府）状態であり、弱肉強食の国際社会において自国の安全を保障するためには、自国の軍事力に依拠するか、地域の軍事大国との同盟に依存する他はないという考え方だ。上記の問いに答えるなら、「（仮想）敵国からの武力行使の危険性を問題とし、国家間の力関係を均衡と抑制によってコントロールしながら、平和を実現しようとする」という安全保障観だと言える。

一方、アナーキーに見える国際社会だが、そこには一定の秩序があり、国家

間の協力の可能性が開かれているというリベラリズムの見方もある。リベラリズムの安全保障観を鈴木［2007］に倣って、法や制度に重点を置く制度主義の考え方と、経済相互依存やデモクラティック・ピースに注目する自由主義のそれとに区別することにしよう。この場合、前者は「国家間の相互不信や相手国の行動の不確実性というリスクを問題とし、法や制度によってそうしたリスクを低減し、ルールと規範によって、平和を実現しようとする」安全保障観であると言える。後者は「他国から武力行使を受ける恐れに対して、市場経済や民主主義を国々に浸透させ、国々を内部から平和国家へと変化させることによって、平和を実現しようとする」という安全保障観である。

2 アクターと脅威の多様化

次節では、これらの安全保障観に基づく平和への各種のアプローチを考えてみたいが、その前に、「新しい戦争」や脅威認識について、いくつか触れておく。

国家に対する危険への備えを国家安全保障と呼ぶ時、従来は戦争が念頭に置かれていた。戦争とは、権力や利益をめぐる主権国家間の紛争の軍事的な解決方法である。20世紀の2つの世界大戦以降、世界的な規模での国家間の戦争は起こっていないが、東西両陣営間の冷戦期においても、戦争さらには核戦争が世界各地における国際政治上の重要な関心事の1つであったことに代わりはない。

この状況は冷戦の終結によって変化した。従来型の国家間戦争の危険が去った訳ではないが、非国家集団をアクターとする内戦やテロリズムもまた脅威として認識されるようになってきたのだ。冷戦後、旧ソ連圏の東欧、中央アジアやサブサハラ・アフリカで内戦や大規模な人権侵害が発生した。中東では、イスラエルとパレスチナの紛争が続き、イラク戦争後のイラクではシーア派とスンニ派の対立が激化した。加えて、2001年の米国同時多発テロや欧州におけるテロリズムの脅威などがそうした認識を強化している。カルドー［2003］は、こうした現代型の紛争を「新しい戦争」と呼び、国家がこうした暴力をコントロールすることが困難になっていると指摘している。

アクターだけでなく、脅威の種類も多様化している。神保［2009］は、非伝統的脅威の台頭が顕著になったと指摘し、国際テロリズムの他に、経済摩擦、

金融危機、環境破壊、国際組織犯罪、感染症などを挙げている。Cheeseman [2005] も、これらに加えて、貧困や政治的抑圧、政情不安に起因する難民の移動やサイバーテロリズムなどを「敵のいない脅威」と呼んで、冷戦後、グローバル化の時代の脅威概念の拡がりとして特徴づけている。

3　セキュリタイゼーション

　一方、脅威は客観的にそこにあるものではなく、脅威と認識されたものが脅威なのであり、「誰が何を脅威と呼ぶのか（そして誰がその主張を受入れるのか）」が問題だとする議論がある [Buzan, Waever, and de Wilde 1998]。「この問題は政府が対応しなくてはならない安全保障の問題である」という認識が成立することを、セキュリタイゼーション（安全保障化）と呼ぶ。例えば、自国が人工衛星を載せたロケットの発射に成功した時は「人工衛星打ち上げ成功」と喜び、他国が人工衛星らしき物体を載せたロケットの発射実験に成功した時は「ミサイル発射実験成功」と政府が脅威を指摘し、後者のセキュリタイゼーションをマスメディアが受容するという光景は、その一例である。日本の対米半導体輸出を放置すれば米国の国防の自立性が維持できなくなるという、1986年日米半導体協定締結の背景にあった議論も、また、セキュリタイゼーションの事例だと言える。

　このように国家の安全保障を考えた場合でも、戦争が起こる可能性、他国の軍事的脅威だけが問題であるとは限らない。国家以外のアクターが登場し、脅威の種類も多様化している。しかし、本章では従来型の国家間戦争（カルドー [2003] の言う「古い戦争」）のリスクに焦点を当てて、国家安全保障において最も典型的な戦争の不在としての平和へのアプローチを検討することにしたい。

2　平和への「国家安全保障」アプローチ

　前節で紹介した3つの安全保障観（現実主義・制度主義・自由主義）を背景に、平和学の臨床性という観点から、戦争の不在としての平和を実現する方法を考える時、これを平和への「国家安全保障」アプローチと呼ぶことができるだろう。

第1部　安全保障の理論から考える平和

1　現実主義のアプローチ

現実主義が「(仮想)敵国からの武力行使の危険性を問題とし、国家間の力関係を均衡と抑制によってコントロールしながら、平和を実現しようとする」時、一般には以下のような政策が採用される。

(1) **軍事力強化**　まず、自国の軍事力を強化すること。「備えあれば憂い無し」などのレトリックで正当化される政策だ。軍事費＝軍事力ではないが、世界各国の軍事費（2014年）を比べてみると、首位の米国が6100億ドル、2位の中国が2160億ドル、3位ロシアが845億ドルと米中2カ国が飛び抜けている事がわかる。日本は9位458億ドルで、これまで同様、世界10位以内に入っている［SIPRI 2015］。

(2) **勢力均衡**　軍事力が均等に分布している訳ではないので、突出した超大国や極端に優勢なグループが出現することを防ぐために必要とされたバランス・オブ・パワー（balance of power）の政策。近代ヨーロッパにおける一般的な外交政策で、戦争を予防し、平和を実現するための手段として正当化されてきた。だが、歴史的には、ヨーロッパにおける勢力均衡の追求は大国間のものであり、中小国やアジア・アフリカの植民地が犠牲になる場合もあった。理論的には、「力の均衡」は目に見えないため、勢力均衡の名目で自国の政策を正当化することが可能となる、という問題がある。お互いが「自国に有利な均衡」（実は不均衡）を求めて軍事力を増強すれば、軍備拡張競争が起こり、相互不信が高まる。政治的・軍事的な緊張が高まり、結果として戦争の危険を生み出したりもする。これは「安全保障のジレンマ」と呼ばれている［ラセット 1984］。

逆に、力の均衡ではなく、力の差が歴然としていた方が戦争は起こりにくいという議論もある。今日、軍事超大国米国に対して戦争を仕掛ける国を想定することはできない、という訳だ。さらに、国際関係理論では、突出した超大国の存在が国際社会に安定をもたらすとの覇権安定論の議論もあるが、これはどの国にとっても採用可能な平和実現のための政策ではない。

(3) **軍事同盟**　自国の軍事力だけでは安全を確保できないと判断した場合、他の国と同盟を結んで共通の脅威に備える政策がとられる。勢力均衡を図るた

めに軍事的な同盟関係を結ぶことが行われてきた。同盟国間で、そのうちの1カ国が他国から攻撃された場合、同盟に加わっている国々がこれに反撃するという約束をするのである。北大西洋条約機構（NATO）はその一例だが、冷戦期にはワルシャワ条約機構が結ばれてこれに対抗した。日米安保条約は特殊な軍事同盟で、アメリカ本国が攻撃された場合を想定していないが、2015年の安全保障法制によって補完され「普通の」軍事同盟化しつつある（同盟のジレンマについて後述）。

　(4) 抑止　　勢力均衡が平和を実現するのは抑止（deterrence）というメカニズムが働くからだと主張される。自国（同盟）は相手国（陣営）に対して決定的な損害を与える能力を持っていることを誇示することで相手方からの攻撃を思い留まらせるという訳だ。同盟による抑止を「拡大抑止」と呼び、一国家による抑止と区別することもある。合理的なアクターであれば機能するはずのメカニズムであり、「戦争を起こさないために、抑止が必要だ」と言われる。だが、これでは「安全保障のジレンマ」を回避することができていない。A（国または陣営）がBに対して「決定的な損害を与える能力を持っていることを誇示」すれば、Bは不安になり、相互不信が高まれば、軍備拡張競争のスパイラルに陥ってしまう。また、抑止は、①抑止する側が被抑止側に対し反撃し十分な被害を与えることのできる能力と、②その意思を持っていて、③これらのことが被抑止側、攻撃を仕掛けてくるかもしれない側に伝達され、認識されなくては機能しない。多分に相手側の認識に依存しており、相手側が正しく状況を認識していることの確信も必要だ。一般にこれらの条件は満たされず、不確実性を伴う危険な駆け引きが行われて、危機が激化し抑止が失敗した例も少なくない［土山 2004；鈴木 2007］。

　さらに、抑止理論は、抑止が機能しているのかどうかを証明できないという欠陥を抱えている。相手国が攻撃を仕掛けてきた時、抑止が効かなかった（失敗した）ことが証明されるが、攻撃を受けなかったからといって抑止が成功していることの証明にはならない。相手国はもともと攻撃の意図を持っていなかったか、何か別の理由で攻撃を控えているのかもしれないからだ［土山 2004］。

加えて、抑止は、相手側が守るべきものを何も持たない時、あるいは持っていてもそれを失うことを厭わない時、機能しない。相手側が、抑止理論が想定している合理的なアクターではないからだ。例えば、相手国のリーダーが自暴自棄になっている時、どれだけ大きな報復の脅しも、相手国の捨て身の攻撃を思い留まらせることはできない。

2 制度主義のアプローチ

リアリストは、国際社会はアナーキーな状態であり、国際関係では相互主義（reciprocity）が機能しないと考えている。一方が他方に協力しても他方が同様に応じる義務も規範もないから、自国の安全や利益を危険にさらしてまで他国に対して協力の手を差し伸べることは非合理的だと考えるのだ［土山 2004］。

逆に言えば、国際関係において義務や規範が作用するなら、一定の秩序が生まれ、国家間の協力の可能性が開かれるという見方が成り立つ。制度主義の安全保障観に基づいた「国家間の相互不信や相手国の行動の不確実性というリスクを問題とし、法や制度によってそうしたリスクを低減し、ルールと規範によって、平和を実現しようとする」政策は、まさにそうした国際社会観を基礎に展開されている。こうした政策は、一般には以下のようなものである。

(1) **戦争違法化による平和**　国際的な取り決めによって戦争に乗り出す国家の手を縛ることで平和を実現しようとする試みだ。中世のキリスト教世界では、「善の促進」あるいは「悪の回避」を意図した「正義の戦争」が認められていた。ローマ教会が対立する陣営のどちらが正義であるかを判断できるとの前提があったからだ。しかし、近代になり国家が教会よりも優位に立つようになると、戦争に訴えることは国家の自由あるいは権利であり、これを制限するものは存在しないとの考え方が一般的になる［加藤 2003］。

2つの世界大戦を経て、これを制限する枠組が国連憲章として実現した。すべての加盟国は「その国際紛争を平和的手段によって国際の平和及び安全並びに正義を危うくしないように解決しなければならない」、「武力による威嚇又は武力の行使を、いかなる国の領土保全又は政治的独立に対するものも（中略）慎まなければならない」（国連憲章第2条）とされたのだ。これはロカルノ条約

(1925)、パリ不戦条約（ケロッグ・ブリアン条約、1928）などの戦争違法化の試みの延長線上にあると言える。

ただし、不戦条約は、「国際紛争解決のため戦争に訴えること」を否定し、「国家の政策の手段としての戦争」は違法であるとする一方で、自国領土のみならず植民地防衛のための自衛権に基づく武力行使や条約違反国への武力行使は違法ではないと理解している。違法な武力行使を止めさせる武力行使は違法ではないとする点は自己矛盾を含んでいるとの指摘もあるが、国連憲章に代表される(3)に見る集団安全保障の枠組みはこの矛盾を最小化するように作られている。

(2) **軍縮・軍備管理による平和**　「安全保障のジレンマ」の下、お互いが自国に有利な「均衡」を求めて軍事力を増強し、軍拡競争が起こるような状況を、軍縮条約の締結や軍備管理制度の構築によって回避するという政策選択がありうる。古いものではワシントン海軍軍縮条約（1921）など、核の時代には弾道弾迎撃ミサイル（ABM）制限条約（1972）、核兵器不拡散条約（NPT）（1968年調印、1970年発効）など、他にも生物兵器や化学兵器の禁止条約などが存在する。

NPTは、新な核保有国の出現を防止するために核保有国を5大国（米ソ英仏中）に限定し、その他の非核保有国に対し核兵器の製造・取得を禁止している。その実態は5大国の核独占状態を維持するためだけの不平等な条約である、との批判もあるが、国際原子力機関を通して非核保有国の原子力の平和利用を支援する枠組み（第4条）を用意し、核保有国は軍縮を進めること（第6条）を定めて、条約の相互性・正当性を確保しようとしている。

発効から40年もの間、ほとんどすべての国が条約の内容を遵守してきたが、これについては、「核の傘」を差し伸べられた非核保有国は、自国の安全を保障する上で独自の核兵器が必要でなくなり、条約の義務を遵守してきたとする見方がある［鈴木 2007］。他方で、イラクや北朝鮮など一部の締約国による違反行為もあった。これに対し、厳格な制裁措置をとることで遵守を回復できるとは限らない。違反のコストを拡大するのではなく、遵守の便益を拡大することが効果的な場合もありうる。

核兵器の全廃と根絶を目的としてコスタリカ・マレーシア両政府によって提

案された核兵器禁止条約が、2017年7月7日、122カ国・地域の賛成多数により採択された。現核保有国はすべて不参加で、米国の「核の傘」の下にある日本やドイツも不参加となったため、その実効性には限界があるが、こうした軍縮・軍備管理による平和の実現が、今もなお重要な選択肢であることに変わりはない。

(3) **集団安全保障**　同盟や抑止が自国（陣営）の外に存在する特定の相手を脅威と捉えてこれに対抗しようとする政策であるのに対して、対立関係にある国も含めて国際社会全体であるいは地域的に、すべての国が互いに武力行使をしないことを約束し（戦争違法化）、これに反した国に対しては残りのすべての国々が協力して共同制裁を行う仕組みを用意しておくことで平和を維持しようとする政策である。

この枠組みは国際連盟で成立し、国際連合に引き継がれ強化された。国際連盟規約には「戦争又は戦争の脅威は、聯盟国の何れかに直接の影響あると否とを問わず、総て聯盟全体の利害関係事項」（連盟規約第11条）であり、「約束を無視して戦争に訴えたる聯盟国は、当然他の総ての聯盟国に対して戦争行為を為したるものと看過す」（連盟規約第16条）と定められている。国連憲章は、武力不行使の約束に反した国に対する共同制裁を行う仕組みを具体化し、交渉、仲介、調停など紛争の平和的解決（第33条）、事態の悪化を防ぐための暫定措置（第40条）、経済制裁や外交関係の断絶などの非軍事的措置（第41条）、武力による威嚇や封鎖を含む軍事的措置（第42条）という段階を踏んで行うよう規定している。

よく知られるように、国連憲章第51条は個別的・集団的自衛権を認めている。「加盟国に対して武力攻撃が発生した場合には、安全保障理事会が国際の平和及び安全の維持に必要な措置をとるまでの間、個別的及び集団的自衛の固有の権利を」行使することができるとある。だが、この規定をもって自衛権は国家固有の「自然権」として認められていると解釈するのは、先に見た戦争違法化の流れから見て妥当ではない。

(4) **協調的安全保障**　冷戦後の世界では、脅威の性格が分散化され、潜在的なものになった。特定の国家の軍事行動だけでなく、反乱、内乱、国際テロ、

組織犯罪、さらには自然災害、環境破壊、感染症、飢餓など国境を越える地球的問題群もまた脅威であり、これらに対する各国の協調による包括的なアプローチが必要だとする考え方が協調的安全保障として政策化されてきた。1994年にCSCE（ヨーロッパ安全保障協力会議）から拡大改組されたOSCE（欧州安全保障協力機構）、ARF（ASEAN地域フォーラム）などがその例である。

　これは、特定の固定した対立関係を想定しない点は集団安全保障と同様だが、争点の多様化、相互信頼醸成による紛争予防の重視という点に特徴がある。不特定の分散した脅威を内部に取り込みつつ、それが顕在的な脅威や武力衝突に至らないように予防することに重点を置き、相互信頼醸成や透明性の拡大、脅威の拡散防止などによって平和を実現しようとする政策である。

3　自由主義のアプローチ

　現実主義や制度主義のアプローチが、国家の外側から政策に影響を与え、平和を維持・達成しようとするのに対して、ここで取り上げる自由主義のアプローチは、国家の内側に自由と民主主義の理念、自由主義の政治経済制度を浸透させることで、国際社会に調和と協調をもたらそうとする。自由主義が「他国から武力行使を受ける恐れに対して、市場経済や民主主義を国々に浸透させ、国々を内部から平和国家へと変化させることによって、平和を実現しようとする」場合、一般には以下のような政策が想定されている。[1]

　⑴　**民主主義による平和**　「民主的平和論」は18世紀末にイマニュエル・カントが提唱した平和論の20世紀における「再発見」であると言える。カント[1985]は『永遠平和のために』の中で、自由と平等の権利を持つ国民が代表制によって統治に参加している共和政体について、共和制を採る諸国家の連合制度に基礎をおく国際法をつくり出せば、戦争が起こる可能性の低い安定的な平和が樹立可能であると論じた。共和制において国民は戦争の被害を嫌がって開戦に同意しないし、国家は市民の生存権や財産権を侵害する行為を慎むと考えられるからだ。19世紀の世界の現実を目の当たりにした人々はカントの平和論を単なる理想論と見做していたが、第二次世界大戦後、西側諸国の間で安定的な平和が出現したことを契機に、カントの平和論が復権した。自由民主主義

と平和（戦争の不在）の間の因果関係を探る「民主的平和論」は、長期にわたる二国間関係の統計的な分析を行い、民主主義国間において戦争が起こりにくいことを発見した［ラセット 1996］。

　民主主義国同士が戦争を避けるなら、世界に民主主義国が増えていけば、それだけ戦争が起こる確率は低くなるはずだ。だとすれば非民主主義国の民主化を支援することが平和を実現する政策になる、との議論がある。しかし、「民主的平和論」は民主化と平和の可能性についての議論ではない。例えば、EUやNATOは国際協調や国際平和の達成を目指して民主主義の定着を新規加盟の条件としているし、国連の平和構築活動でも紛争後の社会に民主主義を定着させることを重視している。だが、権威主義体制を外部からの圧力によって民主化することに成功したとしても、安定的平和を実現する準備が短期間で整うとは考えられないし、不安定な民主化の過程ではかえって紛争が起こりやすいとの議論も有力である。

　⑵ **経済相互依存・経済自由主義による平和**　1970年代、国境を越えたモノ、カネ、ヒト、情報の移動が増加し、国家間の相互依存が深化する時代を背景に、伝統的なリアリズムに批判的な研究者により国際相互依存論が展開された。コヘインとナイ［2012］は「複合的相互依存」という概念を提示し、①国家だけでなく国際組織、多国籍企業、地方自治体、NGO（非政府組織）等が国際関係の重要なアクターとして登場してきたこと、②軍事的安全保障だけでなく、経済、地球環境、人権などの諸問題が国際関係の重要な争点として浮かび上がってきたこと、そして③対外政策の手段としての軍事力の役割が相対的に低下しつつあること、を論じた。それは、国家間の相互依存関係が深化し、このような複合的相互依存に近づくことによって、国際紛争の解決のために軍事力が行使される可能性が低下するとの平和戦略でもあった。

　国際相互依存論は後に国際レジーム論、つまり制度主義の議論に結びついていったが、自由主義的な国際経済制度が開放的な経済制度を国々に普及させ、国家の内側から国際社会を調和させる点を重視して、これを経済自由主義の「平和創造装置」であると論じることもできる［鈴木 2007］。アダム・スミスは、自由な市場活動は、分業や交換を通じて経済活動に調和と均衡をもた

らし、「神の見えざる手」に導かれて国民経済全体を発展させると論じた。リカードは、これを国際貿易に適用し、国々が生産費の比較的有利な商品を集中的に生産し、自由な貿易を利用すれば、国境を越えた分業と交換を通じて、世界の資源を最も効率的に生産・消費することができることを論証した。自由で開放的な国際経済システムは、軍事力によって市場や資源を確保しようとする植民地主義や帝国主義の政治に代わる政策となる訳だ。

　しかし、歴史的には、市場や資源をめぐる列強間の対立は激化し、世界は2つの世界大戦を経験した。各国の保護主義、近隣窮乏化政策、ブロック経済に対する反省から、第二次世界大戦後の国際貿易を少しずつ自由化していく目的で、GATT（関税及び貿易に関する一般協定）体制が作られ、1995年にはWTO（世界貿易機関）が発足した。だが、WTO ドーハ・ラウンドが難航し、各国政府が自由貿易協定や経済連携協定に関心を寄せている現状からすると、拘束力のある国際貿易制度が世界レベルで自由で開放的な国際経済システムを実現し、平和の礎となれるかは、まだ未知数だ。

3　同盟戦略と日米安保体制

　沖縄から「国家の安全保障と平和」について考えるとき、まず確認しておきたいのは、日米安全保障条約および同盟戦略の意義とその問題点である。新崎盛暉［2016］は、米国の日本占領政策は、天皇制の利用（象徴天皇制）、日本の非武装化（平和憲法）、そして沖縄の分離軍事支配という「3点セット」を基本として出発し、その後の国際情勢の変化に伴って変化はあったものの、その基本的枠組みは変わらなかったと言う。そして、この基本的枠組みつまり「構造的沖縄差別」は「対米従属的日米関係の矛盾を沖縄にしわ寄せすることによって、日米関係（日米同盟）を安定させる仕組み」［新崎 2016：i］であり、それは日本の主権回復後も、サンフランシスコ講和条約と日米安保条約によって引き継がれたと論じている。以下、日米安全保障条約について、また同盟戦略の抱える困難について検討し、沖縄から「国家の安全保障と平和」について考える基礎知識を整理しておこう。

第1部　安全保障の理論から考える平和

1　日米安全保障条約

(1) **サンフランシスコ講和条約**　天皇制の利用、日本の非武装化、そして沖縄の分離軍事支配という「3点セット」のうち、象徴天皇制と平和主義は1947年5月3日に施行された日本国憲法によって実現されたが、連合国の軍事占領を米国による沖縄の分離軍事支配へと制度化したのは51年9月8日にサンフランシスコ講和会議で調印された対日講和条約であった。第3条は沖縄に関して次のように規定している。

> 「日本国は、北緯二十九度以南の南西諸島（琉球諸島及び大東諸島を含む。）、孀婦岩の南の南方諸島（小笠原群島、西之島及び火山列島を含む。）並びに沖の鳥島及び南鳥島を合衆国を唯一の施政権者とする信託統治制度の下におくこととする国際連合に対する合衆国のいかなる提案にも同意する。このような提案が行われ且つ可決されるまで、合衆国は、領水を含むこれらの諸島の領域及び住民に対して、行政、立法及び司法上の権力の全部及び一部を行使する権利を有するものとする。」

しかし、沖縄を国連の信託統治制度の下に置くためには、拒否権を持つソ連をそのメンバーとする国連安保理の承認を得る必要があり、これが不可能なことは明白だった。「このような提案が行われ且つ可決されるまで」というのは、実現しない出来事が実現するまでの間、つまり米国がそうしておきたいと考えている間はずっと、沖縄や小笠原の島々を統治する権利を手にしたことを意味したのである。

対日講和条約は、1952年4月28日に発効し、日本と連合国との間の戦争状態は終了した。日本国民が主権を回復したその日に、沖縄は日本から切り離され、米国の施政権下に置かれたのである。

(2) **日米安全保障条約（旧）**　対日講和条約が締結された同じ日の午後、同じくサンフランシスコにおいて、日本とアメリカとの間の安全保障条約（旧安保条約）が締結され、同じく1952年4月28日に発効した。

「3点セット」のうち、日本の非武装化は国際環境の変化に伴い、変更を遂げていた。1949年の中華人民共和国の成立（米国にとっての「中国の喪失」）により、米国は東アジアにより強力な同盟国を必要とした。旧安保条約の前文にはこうある。日本は、武装を解除されているので、自衛権を行使する有効な手段

を持たない。国連憲章が認める個別的・集団的自衛権の行使として、日本は自国に対する「武力攻撃を阻止するため日本国内及びその附近にアメリカ合衆国がその軍隊を維持することを希望する。」米国は、その希望に沿う意思があるが、ただし、日本が平和と安全に対する脅威となることがないよう注意しつつも、「直接及び間接の侵略に対する自国の防衛のため漸増的に自ら責任を負うことを期待する。」

この旧安保条約では、米軍が日本に駐留する権利を与えられ、日本における大規模な内乱を鎮圧するために使用することができる一方で、米軍は「極東における国際の平和と安全の維持に寄与し」はするものの、日本防衛の義務を負ってはいない。これは、明示的な期限の定められていない基地提供協定のようなものであった。

(3) **日米相互協力及び安全保障条約**　1950年代末には、旧安保条約をより相互性の高いものに改定する交渉が行われた。60年1月に調印され、6月に発効した現行の安保条約（新安保条約）の正式名称は「日米相互協力及び安全保障条約」である。「相互協力」には、同盟国としての日本の役割増大への米国の期待が込められている。

日本の米国への基地提供は「日本の安全に寄与し、並びに極東における国際の平和及び安全の維持に寄与する」ことを目的とすると定められ（第6条）、第4条でも「日本国の安全又は極東における国際の平和及び安全に対する脅威が生じたときはいつでも」協議が開始されるとあり、相互性は高まったように見える。

だが、そこには目的、義務、そして協力内容の3点にわたって明白な「非対称性」があるとの指摘がある［我部 2007：293-295］。まず、①「日本を守る」ことが日本の目的だが、米国の目的は「極東の平和と安全」にあるという点だ。日本はいざという時に米軍は日本を守ってくれるのかという不安を抱え、米国はいざという時に日本は極東の平和のために協力してくれるのかという不安を抱えることになる。また、②日本は米国の危機に際して米国を守ることはしないが、米国は日本への武力攻撃があるときに危機に対処する行動をとることがある。「『同盟』関係というよりは、米国に依存する『安全保障』関係」だ

と我部は指摘する。さらに、③基地の提供についても、日本が米軍に基地を提供するのに対し、米国は自衛隊に対して米軍基地の使用を認めていない。しかも、日本側の基地提供の負担のあり方も非対称性を帯びている。それは在日米軍基地の沖縄への集中に表れている。1952年段階で8対1程度だった本土と沖縄の米軍基地の比率は、60年には1対1になった。現在は、これが3対7と逆転している。日米安保条約は、このように特殊な軍事同盟であるが、2015年の安全保障法制によって補完され、上記②については「普通」の軍事同盟化しつつある。

(4) **条約に伴う取り決め**　新安保条約に伴う取り決めのうち「条約6条の実施に関する交換公文」と「在日米軍の地位に関する日米協定」を紹介する。

前者の交換公文は、提供された基地の使用に際し、①米軍の配置における重要な変更、②米軍の装備における重要な変更、そして、③日本有事以外のときに日本国内から行われる作戦行動について、米国政府は日本政府に対して事前に協議をして了解を得る必要があるとするものだ。これまで、これらのいずれかに該当する事態が生じてはいたものの、日本政府が米政府から事前協議を受けたことはなかった。そうした事態であっても事前協議の対象外とする密約が日米間に存在しているからだ。

後者の地位協定は、在日米軍の日本国内での行動範囲や権利、義務関係を規定している。この協定によって、日本に駐留する米軍は、日本人や自衛隊よりも手厚い保護を受けている。軍人・軍属には外国人登録の義務がないこと（第9条）や軍車両の有料道路通行料は日本政府負担となること（第5条）などはよく知られている。以下、日米地位協定の不平等性の論点として、裁判権と原状回復義務について紹介する。

裁判権について、協定第17条は、「合衆国の軍法に服するすべての者に対して（また米軍基地内において）合衆国の法令により与えられたすべての刑事及び懲戒の裁判権を日本国において行使する権利を有する」と規定している。また、裁判権が競合する場合でも、「公務執行中の作為又は不作為から生ずる罪」について、合衆国軍隊の構成員又は軍属に対して米軍が優先的に裁判権を有するとされている。日本国内でありながら日本の法令は適用されず、外交官

以上の治外法権が保証されているとも言える。さらに、日本が裁判権を行使すべき場合であっても、被疑者の身柄が米国の手中にある時は、起訴までの間、身柄が引き渡されないため、十分な捜査ができないという問題がある。1995年沖縄米兵少女暴行事件[→p.103]で注目を浴び、その後運用の改善が約束されたが、協定自体の改定は行われていない。

　原状回復義務について、協定第4条は、基地の返還に際し、米国は「提供された時の状態に回復し、又はその回復の代わりに日本国に補償する義務を負わない」と規定している。だが、返還後の土壌からPCBなど有害物質が発見される事例があり、土壌の除染作業を日本側の費用で行う結果になっている。米国内の軍事施設では環境の原状回復を義務づけられているのに、日本ではその必要はないことになっている。

　こうした汚染は基地の跡利用の円滑化を妨げるため、沖縄県は協定を改定し返還前の環境汚染調査や原状回復計画等を日米両政府で協議する旨を明記するよう求めている。2015年9月に日米地位協定を補足する環境協定が署名され、返還予定地に地元自治体が事前に立ち入り調査する権利を明記した協定が即日発効したが、米側は日本側の立ち入り調査の要請に対して「妥当な考慮を払う」だけで、拒否することもできる仕組みになっており、まだ十分とは言えない。

　どちらの取り決めの場合も、日米安保が「同盟」関係というよりは、米国依存の安全保障関係であるが故の歪みのように見える。

(5) **沖縄の施政権返還**　1960年の安保条約改定以降も、米国の沖縄統治は継続された。64年8月のトンキン湾事件を経て、米国は65年2月に北ヴェトナムへの爆撃を開始し、沖縄の米海兵隊を南ヴェトナムに派遣し直接地上戦に参加させ、あるいはグアムから飛来したB-52戦略爆撃機を沖縄からヴェトナムに出撃させた。沖縄の米軍基地は、補給・兵站基地として、ジャングル戦の訓練基地として、またヴェトナムからの帰休兵を受入れる休養・娯楽の場として、その軍事的価値を発揮した［我部 2003：19］。

　しかし、米国はヴェトナムにおいて軍事的勝利を手にすることができないとの予測が次第に高まっていった。際限のない兵力の投入は、米国内でのヴェトナム反戦運動を激化させ、経済面での危機（ドル危機）をも深刻化させた。米

軍の沖縄統治に対する沖縄の人々の大衆運動と日本復帰への願望が結びついていることを背景に、日米両政府は「国民的願望としての沖縄返還」を契機に、日米安保体制の強化を図った［新崎 2016：56-58］。

施政権返還に際し、米側の懸念としてあったのは、これまで施政権下にあって自由に使えていた沖縄基地が自由に使用できなくなるのではないかということであり、「核抜き」返還を求める日本政府から有事の際の核の持ち込みの保証が得られるかどうかであった。1969年11月の沖縄返還に関する日米共同声明を見てみよう。

　「総理大臣は……沖縄の施政権返還は、日本を含む極東の諸国の防衛のために米国が負っている国際義務の効果的遂行の妨げとなるようなものではないとの見解を表明した。」

　「核兵器に対する日本国民の特殊な感情及びこれを背景とする日本政府の政策について……大統領は、深い理解を示し、日米安保条約の事前協議制度に関する米国政府の立場を害することなく、沖縄の返還を、右の日本政府の政策に背馳しないよう実施する旨を総理大臣に確約した。」

「事前協議制度に関する米国政府の立場」とは、新安保条約の交換公文に記された事前協議を行うと読むことができるし、「右の日本政府の政策に背馳しない」とは、「持たず、作らず、持ち込ませず」の非核3原則を守るようにすると読むことができる。だが、それでは米政府が望んだ有事の際の核の持ち込みの保証が得られたことにはならない。これを回避し、沖縄基地の自由な使用を継続するため、声明文には書かない形で、これまで除外されていた韓国だけでなく、台湾やヴェトナムの緊急事態における在日米軍基地の使用を事前協議適用除外とすること（＝事前承認）が合意され、有事の際の沖縄への核持ち込みが合意（核密約）された［我部 2000：70-73］。

1972年5月15日の施政権返還に伴い、沖縄の米軍基地は現行の安保条約の下に置かれた。沖縄返還を機に、日本全体で米軍基地の自由使用が拡大され、日本の役割・負担が増えた。また、在日米軍の再編統合が行われ、本土の基地が約3分の1に減り、沖縄以外に住む国民からは日米安保の存在が見えにくくなった。しかし、沖縄の基地はほとんど減らなかったため、国土面積の0.6％

に過ぎない沖縄県に、7割を超える在日米軍基地専用施設を集中させる結果になった。「対米従属的日米関係の矛盾を沖縄にしわ寄せすることによって、日米関係（日米同盟）を安定させる仕組み」としての構造的沖縄差別が、ここに明確に表現されている。

2　同盟のジレンマと冷戦後の日米安保体制

　現実主義による平和へのアプローチの1つとしての軍事同盟については、既に述べた。自国の軍事力だけでは自国の安全を確保できないと判断した場合に、勢力均衡を図るため、あるいは抑止力を強化するために、他の国と同盟を結んで脅威に備える政策がとられる。

　(1) **同盟のジレンマ**　しかし、同盟を結んだからといって、政治指導者は安心していいということにはならない。「見捨てられる恐怖」と「巻込まれる恐怖」の2つの不安の間でジレンマに陥ってしまうかもしれないからだ。このジレンマは、NATOのような多国間の同盟の場合よりも、日米安保のような二国間の同盟の場合、より深刻になる。

　「巻込まれる恐怖」とは、自国が望んでいない場合でも、同盟国の戦争に巻込まれてしまうかもしれないという不安だ。あるいは、強国との同盟関係にある安心感から、弱小国が好戦的な対外政策を採り、その結果発生した武力紛争に強国も巻き込まれてしまうという不安だ。戦後、米国との間に同盟関係を持つことになった日本の場合、朝鮮戦争、ヴェトナム戦争とアジアの戦争に関与してきた米国の戦争に巻き込まれる不安が大きかったと考えられる。

　「見捨てられる恐怖」とは、自国が支援を必要とした時に同盟相手国が支援を提供せずに見捨てられてしまうかもしれないという不安だ。相手国が同盟をそれほど必要とはしていない、あるいは相手国の公約（コミットメント）が不明確である場合には、この見捨てられる不安が大きくなる。日米関係で考えるなら、1972年の米中接近、米ソデタント、そして75年のサイゴン陥落（ヴェトナム戦争の終結）を経て、日本にとっては、巻込まれる不安よりも見捨てられる不安の方が大きくなっていったと考えられる。土山［2004：313-314］は、78年に「日米防衛協力のための指針」（いわゆる「ガイドライン」）が合意され、日本

が他国に攻撃された時などの日米の具体的な役割分担が具体化されたのも、81年5月の日米首脳会談で出された共同声明で、初めて同盟という言葉が使われたのも、こうした日本側の不安の変化の表れだと説明している。

　一般に、自国の安全保障政策が同盟に依存している度合いが高く、また同盟へのコミットメントが明確である場合には巻込まれるリスクが高くなり、逆に、相手国の安全保障政策が同盟に依存している度合いが低く、また同盟へのコミットメントが不明確である場合には見捨てられる不安が高くなる。巻込まれるリスクが高くならないようにするには、コミットメントを曖昧にして、同盟への依存度を下げる努力が必要になる。見捨てられる不安が高くならないようにするには、普段から相互のコミットメントを明確にしておき、共同行動の準備をしておくことが望ましい。だが、このバランスをとるのは不可能に近い。だからこそジレンマと呼ばれるのだ。

　(2) **冷戦後の日米安保体制**　冷戦後の日米安保体制を特徴づける言葉に「同盟漂流」［船橋 1997］がある。日米同盟の行き先が定まらず、漂流しているように感じられたことの表現だ。冷戦期の仮想敵であったソビエト連邦が解体し、東西対立の一方である東側陣営が消滅してしまったため、日米双方の同盟へのコミットメントが不明確になったと思われた。G・ケナン［1994］も冷戦が終わってこれまでの同盟政策がその根拠を失ったと述べている。2つの競合する経済大国という側面が強く意識されたことも手伝っている。双極的な国際システムが、多極的な国際システムへと移行し、軍事同盟の役割が低下する未来が予感された。

　だが、冷戦後の国際環境は必ずしも平和なものではなかった。核戦争の危険はなくなったように思われたが、中東で、アフリカで、旧ユーゴで、地域的な紛争や内戦が頻発していた。東アジアでは中国の台頭が予想され、朝鮮半島に平和は訪れていなかった。その中で、唯一の超大国としてのアメリカの存在感は、これまで以上に大きなものだった。その結果、仮想敵がいなくなったにもかかわらず、日米は同盟の枠組を維持し、再定義した。米国は太平洋の西側に安上がりの前方展開基地を維持し、日本は軍事的貢献の範囲と内容を拡大することになる。1991年の湾岸戦争における日本の貢献が「国際社会」から評価さ

れず、政府とマスメディアが「国際貢献」の必要を繰り返し強調したからだとの説明も可能だろう。また、安全保障政策に関わる日米両国の官僚組織が変化に迅速に対応した結果だとも論じられている。

　だが、より長期的には、冷戦後においても、見捨てられる恐怖が日本政府の安全保障政策を規定してきたとの説明が有効だ。2001年、9・11後のアフガニスタン攻撃や03年イラク戦争における米国の軍事行動に対し、日本政府が積極的に支持を表明し、間接的にあるいは直接的に支援を行った。アフガニスタンでは、「旗印を鮮明に（show the flag）」との呼びかけに応じて、海上自衛隊の燃料輸送艦やイージス艦をインド洋に派遣して、後方支援を行った。イラクでは、「地上部隊の派遣を（boots on the ground）」との要請に応えて、サマワに陸上自衛隊を駐屯させ、航空自衛隊による後方支援を行い、米国のイラク政策に強い支持を表明した。鈴木［2007：51］は、こうした日本政府の対米支援活動は、米国にとっての日米同盟の価値を高め、不透明性と緊張が高まっている東アジアの国際環境の中で、見捨てられる恐怖に対処することを意図した政策選択なのだと論じている。

　2015年の新ガイドライン（「日米防衛協力のための指針」）も安全保障法制もこの延長線上で考えることができる。例えば、安倍首相は「我が国を取り巻く安全保障環境が一層厳しさを増す中」「もはや一国のみで、どの国も自国の安全を守ることはできない時代」（2015年5月14日記者会見）であるとして、集団的自衛権の行使を正当化し、従来の内閣の憲法解釈を変更、日米の軍事協力のあり方をさらに拡大させた。中国の高い経済成長率と軍事予算の拡大、そして北朝鮮の核武装化が進展しているとの状況認識を前提に、財政赤字が増大し、軍事予算を抑制せざるを得ない米国に対し、米国の代わりに自衛隊がこれを積極的に補うことで、米国のコミットメントを確実にしておく必要があるとの判断であろう。遠藤［2015：35］は、この集団的自衛権の行使容認は、日本の安全のために、「米国をいかに巻込むのかという課題に対する解答」なのだと論じている。

　(3)　**同盟のジレンマと安全保障のジレンマ**　　この2つのジレンマは、実は、厄介な仕方で関連している。例えば、AがBに見捨てられる不安を減らそうとするなら、既に述べたようにBのコミットメントを再確認したり、AとBの軍事

協力を拡大したりして、同盟を強化することが試みられる。この同盟強化は、AにとってはBが関与するかもしれない戦争への巻き込まれのリスクを高めることになる（同盟のジレンマ）。一方で、AとBの同盟強化は、その同盟の敵対国にとっては脅威の増大に映るため、敵対国との間の緊張を高め、危機を醸成してしまう。武力行使の危険性を排除し、平和を実現しようとした政策が、武力衝突を呼び込んでしまいかねない（安全保障のジレンマ）。遠藤［2015：40］は、安倍政権の安全保障政策は、日本の軍事能力強化、同盟強化に対する周辺諸国の受け止め方に対する配慮を欠いていると指摘している。

　逆に、巻き込まれるリスクを減らそうとするなら、コミットメントを曖昧にして、同盟への依存度を下げる努力が必要である。しかし、それは当然ながら見捨てられる不安を高めることになる（同盟のジレンマ）。一方、この場合は、敵対国との緊張は緩和され、武力紛争の危険は遠ざかるかもしれないが、逆に、敵対国が同盟の弱体化に乗じてその行動範囲を拡大したり、その好戦的な行動を誘発したりするかもしれない。

　このように、自国の安全保障を現実主義のアプローチで実現しようとする場合、一方で同盟国との間のジレンマを調整する必要があり、同時に、敵対国とのジレンマにも注意を払わなければならない。そして、そのバランスはどこで上手くとれたことになるのか、自明ではない。同盟国間では、状況認識が共有でき、意思疎通がうまく取れていれば、均衡点が発見できるかもしれないが、情報収集能力に差があり、その結果が状況定義能力の差に結びついている場合、同盟国間のやりとりも政治性を帯びざるを得ない。例えば、新安保条約交渉の前哨戦において、米国が日本の見捨てられる不安を交渉カードとして使ったと、土山［2004：314］は述べている。米国が見捨てられる不安を交渉カードとして、日本政府から「思いやり予算」や米国製兵器購入を引き出すことも理論的には可能である。

4　沖縄の安全をめぐる政策

　『外交青書2015』は、「日本を取り巻く安全保障環境が一層厳しさを増す中、

日米安保体制を強化し、日米同盟の抑止力を向上させていくことは、日本の安全のみならず、アジア太平洋地域の平和と安定にとって不可欠である」［外務省 2015：143-144］と記している。さらに、「普天間飛行場移設や在沖縄米海兵隊のグアム移転を始めとする在日米軍再編についても、在日米軍の抑止力を維持しつつ、沖縄を始めとする地元の負担を軽減するため、日米で緊密に連携して取り組んできている」［外務省 2015：144］と付け加えている。だが、日米同盟の抑止力によって日本の安全を保障しようとする政策は、沖縄への米軍基地の過度な集中を正当化するのだろうか。

新崎が指摘するように「対米従属的日米関係の矛盾を沖縄にしわ寄せすることによって、日米関係（日米同盟）を安定させる仕組み」［新崎 2016：i］が「構造的沖縄差別」の基本的枠組であるとするなら、沖縄への米軍基地の過度な集中をどうするかという「沖縄問題」は、実は日本の安全保障政策の中心的な問題であり、本来ならば「日本問題」と呼ぶべき性質のものではないのか。

そして、日本政府の追求する国家安全保障が特定の地域の犠牲（過重な負担）の上に成り立っているとするなら、現実主義による平和への「国家安全保障」アプローチは、戦争の不在という意味での平和に貢献することはできたとしても、その「平和」は必ずしも国民の安全を保障してくれるものではないと言うべきなのではないか。

以上が、最後に検討しておきたい論点である。

1　抑止力としての米軍

米軍普天間飛行場の名護市辺野古への移設問題は、2016年秋の現在も「解決」には至っていない。2014年の名護市長選挙、県知事選挙、衆議院議員選挙のすべての選挙において、辺野古への移設に反対する候補者が当選した。世論調査でも70％以上の県民が新基地建設に反対しており、その県民の圧倒的多数の意思が選挙でも表明されたのだ。だが、日本政府は前知事の（基地建設のための）埋め立て承認を得ていることを理由に移設推進の立場を変えようとはしない。「日米同盟の抑止力の維持と普天間飛行場の危険除去を考えたとき、辺野古移設が唯一の解決策である。その考え方には変わりはない」［朝日新聞デジ

タル2016. 6. 13］という理屈だ。

　だが、普天間基地を返還する代わりに辺野古に新しく軍港機能まで備えた海兵隊基地を建設することが日米同盟の抑止力の維持につながるとはどういうことだろうか。第一、沖縄の米軍（特に海兵隊）は抑止力なのだろうか。

　結論から言うならば、米国が有事において大部隊を戦場に動員できる能力を有していること、そしてその攻撃力は世界最強であること、このことが「日米同盟の抑止力」である。したがって、これを「在沖米軍の抑止力」というのは当たらない。

　さらに、ここには「意思」の問題がある。既に述べたように、抑止は、①抑止する側が被抑止側に十分な被害を与える能力と、②その意思を持っていて、③これらのことが被抑止側に認識されていなくては機能しない。日本政府の言う「辺野古移設が唯一の解決策」を支持する声の背景には、在沖米軍がその「地理的優位性」を活かして、中国の海洋進出や尖閣諸島領有権問題において、抑止力を発揮する意思があることが想定されている。だが、尖閣奪還作戦は海兵隊のような地上戦力によるのではなく、日本の自衛隊の本来の任務であり、必要とあれば後方支援を行うのが、その役割であると米軍は考えている。沖縄の海兵隊が抑止力になっているわけではない。しかも、それ以前の問題として、米政府は、小さな無人島をめぐる日中間の争いに米軍が巻き込まれるのを望んでいない。他国の領土問題に関与しないことが米政府の基本政策なのだ。

　2014年の日米共同声明には、「米国は、尖閣諸島に対する日本の施政を損おうとするいかなる一方的な行動にも反対する」と記されているが［外務省 2014］、首脳会談後の記者会見においてオバマ大統領は「米国は、尖閣諸島の領有権に関する最終的な決定については、特定の立場を取っていません」「私は安倍首相との会談で、この問題を平和的に解決すること、つまり状況を悪化させることなく、大げさな表現は使わず、挑発的行動を取らず、日本と中国が協力できる方法を見つけることが重要であると強調しました」「我々は中国と強固な関係にあります。そして中国は、この地域のみならず、世界にとって大変重要な国です」と述べた［米国大使館 2014］。明確なコミットメントがな

い以上、辺野古移設が日米同盟の抑止力を維持するための唯一の解決策であると言うには大きな飛躍がある。

したがって、日米同盟の抑止力によって日本の安全を保障しようとする政策は、沖縄への米軍基地の過度な集中を必要とはしない。にもかかわらず、沖縄に米軍基地が集中している理由は、沖縄戦以降の歴史的な経緯を別にすれば、いたって政治的なものだ。森本敏元防衛大臣は自身の離任会見で「軍事的には沖縄でなくても良いが、政治的に考えると、沖縄がつまり最適の地域である」［防衛省 2012］と発言した。国内で他に引き受けてくれる地域がないから、一番押しつけやすい場所に置くしかないと言う意味だ。

2　日本問題としての沖縄問題

だとすると、在日米軍基地（専用施設）の7割が日本の国土のわずか0.6％に過ぎない沖縄に集中していることから起こる様々な問題をどう解決すれば良いのかは、沖縄県という地方自治体や沖縄に住む人々の問題ではなく、「沖縄問題」と呼ばれるべきでもない。これは、日本の安全保障政策を民主主義の基盤の上で展開するとしたらそれはどう可能なのか、あるいは特定の地域に過重な負担を押し付けるのではない安全保障政策をどう組み立てていくのか、という日本全体の問題、つまり「日本問題」なのだ。

例えば、宮本［2016：83］は辺野古新基地建設について、戦後の公害問題の教訓から生まれた諸原則が公共施設としての軍事基地の建設に当たっても適用されるべきであり、本来は国―地方の対等な利害調整が行われるべき問題であると主張する。宮本のいう諸原則とは、①「公共施設の建設に当たっては住民の基本的人権、特に健康・生命・生活環境に被害を与えないこと」②「復元不能の貴重な自然環境・文化財の破壊を伴わないこと」③「地元住民（自治体）の同意をえるための民主主義的手続きをとっていること」である。まさに日本の民主主義のあり方の問題だというわけだ。

新崎盛暉ら［2011］は3・11東日本大震災と国際環境の激変を受けて、脱「沖縄依存」の安全保障を呼びかけた。福島第1原子力発電所の事故は、沖縄に在日米軍基地の大部分を押しつけることで日本（国民）が「偽りの平和」を享受

しているのと同じ構図が、つまり、辺境に危険な原発を押し付けることで東京（都民）が「偽りの豊かさ」を享受していたというもう1つの構造的差別が、そこにあることを浮き彫りにした、と新崎らは主張する。アジア太平洋地域の安全保障については、日本を含むこの地域のアメリカの同盟国は、米国の覇権にただ乗り（フリーライド）するために沖縄に過重な負担を強いてきたとも論じている。3・11を契機に日本のエネルギー政策を見直すのと同様に、沖縄の人々に負担を強いてきた古い安全保障政策を捨てて、東アジアの平和と安定に寄与する安全保障政策が求められている、というわけだ。

「沖縄に甘え、依存してきた安全保障政策からの決別が、日本の課題なのだ」［新崎ほか 2011：200］とするなら、もう1つの安全保障政策はどのようなものとして構想できるだろうか。そのヒントは、これまで論じてきたことの中に発見できるだろう。

例えば、抑止政策の議論を延長するなら、コミットメントの再確認や同盟強化が、その同盟の敵対国の不安を刺激し、緊張を高めたりしないようにするために、例えば相手国の安全を明示的に保障すること（リアシュアランス）、例えば核の先制不使用政策などが考えられる。だが、これだけでは十分ではないだろう。遠藤［2015：43］は戦後日本の「専守防衛」政策を、他国に日本からは攻撃を受けないという安心を供与する政策として評価する一方で、相互不信が根深く、部分的に軍拡競争が進行している現在の東アジアにおいては、それだけでは不十分だと主張する。その上で、遠藤［2015：44］は日本が単独で中国や北朝鮮に安心供与政策を展開するのではなく、米国を東アジアの安全保障のパートナーとして迎え入れつつ、相互信頼を制度化していく必要があると述べ、現実主義者とリベラルな考え方を持つ人々との間での建設的な対話に期待している。

筆者は、制度主義のアプローチ（協調的安全保障）と自由主義のアプローチ（経済相互依存による平和）を掛け合わせた「重層的政治・経済ネットワークによる信頼醸成型・紛争予防型の協調的安全保障」［星野 2009］に可能性があると考えている。東アジアにおける重層的ネットワークは、政治・経済の分野はもちろん、通信・アニメ・音楽・学術交流など文化の分野だけでなく、軍

事の分野（しかも米中の軍事交流）にまで広がろうとしているからだ。例えば、「米中、中国沿岸で合同訓練実施へ　相互理解深める狙いか」［朝日新聞デジタル 2015. 11. 19］、「米中艦船がハワイへ並走　合同演習に参加」［産経ニュース 2016. 6. 25］、「米中軍が異例の合同訓練、災害救助で交流深める」［CNN.co.jp 2016. 11. 23］などの報道が目に付く。屋良［2015：220］は、人道支援／災害救援を目的とした合同演習なら自衛隊も憲法第9条に違反することなく参加できるので、この演習に中国をも巻き込みながら安全保障ネットワークを組み立てることはできないか、との構想を開陳している。2017年1～2月の多国間共同訓練「コブラ・ゴールド17」はその好例だ［フライチーム 2017］。

3　「国家の安全保障」と「国民の安全」

　日本政府の追求する安全保障政策が沖縄への過重な負担の上に成り立っているとするなら、現実主義アプローチによる「国家の安全保障」が約束する「平和」は必ずしも「国民の安全」を保障するものではないと言うべきではないか。

　初瀬龍平［2011：47-48］は、国家の軍事的安全保障政策の下、国民の一部が犠牲になって残りの国民の安全が守られる2つの場合に言及している。

　1つは戦争の犠牲となる死者の階層的不均等であり、もう1つは「国家の安全保障」の犠牲の地域的不均等である。既に述べてきたように、日米安保体制は、沖縄の住民の日常的犠牲の上に成立している。平和憲法の日本は、沖縄が米国の統治下に入ったことで担保されてきた。「国家の軍事的安全保障政策は国民の安全を高める」という命題は、本土の国民からは受け入れられるかもしれないが、多くの沖縄の人々に受け入れられるものではない。

【注】
1)　自由主義の政治経済制度について、鈴木［2007：139］は、M・ドイルに倣って①市民的自由と平等を保障する法制度、②市民の同意に基づく議会制度、③財産権を保障し市場の需給調整機能を尊重する経済制度を挙げている。
2)　2017年の衆院選においても、沖縄の4つある小選挙区のうちの3選挙区で、新基地建設反対の候補者が当選した。

第 1 部　安全保障の理論から考える平和

【参考文献】
朝日新聞デジタル［2015］「米中、中国沿岸で合同訓練実施へ　相互理解深める狙いか」2015．11．19　http://www.asahi.com/articles/ASHCM1SC5HCMUHBI003.html（2016年10月31日閲覧）
朝日新聞デジタル［2016］「菅官房長官『辺野古が唯一、考え変わらぬ』　県議選受け」2016．6．13　http://www.asahi.com/articles/ASJ663R7FJ66ULFA00C.html（2016年10月31日閲覧）
新崎盛暉ほか［2011］「脱『沖縄依存』の安全保障へ」『世界』2011年11月号、188-200頁。
新崎盛暉［2016］『沖縄にとって日本とは何か』岩波書店
遠藤誠治［2015］「軍事優先の安全保障政策の不毛：『抑止力の強化』で低下する日本の安全」樋口陽一・山口二郎編『安倍流改憲に NO を！』岩波書店、29-45頁。
外務省［2014］「日米共同声明：アジア太平洋及びこれを越えた地域の未来を形作る日本と米国」平成26年 4 月25日。http://www.mofa.go.jp/mofaj/na/na1/us/page3_000756.html（2016年10月31日閲覧）
外務省［2015］『外交青書2015』
加藤尚武［2003］『戦争倫理学』筑摩書房
我部政明［2000］『沖縄返還とは何だったのか』日本放送出版協会
我部政明［2003］『世界のなかの沖縄、沖縄の中の世界』世織書房
我部政明［2007］『戦後日米関係と安全保障』吉川弘文館
カルドー，メアリー［2003］『新戦争論：グローバル時代の組織的暴力』山本武彦・渡部正樹訳、岩波書店
カント，イマニュエル［1985］『永遠平和のために』宇都宮芳明訳、岩波書店
ケナン，ジョージ・F［1994］『二十世紀を生きて：ある個人と政治の哲学』関元訳、同文書院インターナショナル
コヘイン，ロバート・O／ナイ，ジョセフ・S［2012］『パワーと相互依存』滝田賢治訳、ミネルヴァ書房
産経ニュース［2016］「米中艦船がハワイへ並走　合同演習に参加」2016．6．25　http://www.sankei.com/politics/news/160625/plt1606250023-n1.html（2016年10月31日閲覧）
CNN.co.jp［2016］「米中軍が異例の合同訓練、災害救助で交流深める」2016．11．23　https://www.cnn.co.jp/world/35092616.html（2016年10月31日閲覧）
神保謙［2009］「第 7 章　安全保障」日本国際政治学会編『日本の国際政治学 1 　学としての国際政治』有斐閣、131-150頁。
鈴木基史［2007］『平和と安全保障』東京大学出版会
土山實男［2004］『安全保障の国際政治学：焦りと傲り』有斐閣
初瀬龍平［2011］『国際関係論：日常性で考える』法律文化社
船橋洋一［1997］『同盟漂流』岩波書店
フライチーム［2017］「陸海空 3 自衛隊、タイで開催の多国間共同訓練コブラ・ゴールド17に参加」2017．1．19　http://flyteam.jp/news/article/74301（2016年10月31日閲覧）

米国大使館［2014］「オバマ大統領と安倍首相の日米首脳会談後の共同記者会見」2014年4月24日、東京・赤坂迎賓館 http://japanese.japan.usembassy.gov/j/p/tpj-20140522a.html（2016年10月31日閲覧）

防衛省［2012］「大臣会見概要」平成24年12月25日。http://www.mod.go.jp/j/press/kisha/2012/12/25.html（2016年10月31日閲覧）

星野英一［2009］「『基地のない沖縄』の国際環境」宮里政玄ほか編『沖縄「自立」への道を求めて』高文研、95-110頁。

宮本憲一［2016］「沖縄の自治と日本の民主主義」『世界』2016年1月号、75-83頁。

モーゲンソー，ハンス［1986］『国際政治：権力と平和』現代平和研究会訳、福村出版

屋良朝博［2015］「在沖米軍の存在理由」島袋純・阿部浩己編『沖縄が問う日本の安全保障』岩波書店、191-223頁。

ラセット，ブルース・M［1984］『安全保障のジレンマ：核抑止・軍拡競争・軍備管理をめぐって』鴨武彦訳、有斐閣

ラセット，ブルース・M［1996］『パクス・デモクラティア：冷戦後世界への原理』鴨武彦訳、東京大学出版会

Buzan, Barry, Waever, Ole and de Wilde, Jaap [1998] *Security: A New Framework for Analysis*, Boulder: Lynne Rienner.

Cheeseman, Graeme [2005] "Military Force(s) and In/security," Booth, Ken, ed. *Critical Security Studies and World Politics*, Boulder: Lynne Rienner, pp. 63-87.

SIPRI (Stockholm International Peace Research Institute) [2015] *SIPRI Yearbook 2015: Armaments, Disarmament and International Security*, Oxford: Oxford University Press.

■文献案内

我部政明［2007］『戦後日米関係と安全保障』吉川弘文館
　安保条約の改定、沖縄の施政権返還、冷戦後の日米同盟の変質を、資料に基づいて丁寧に解読する。

E・H・カー［2011］『危機の二十年—理想と現実』原彬久訳、岩波書店
　戦間期の国際政治を背景にユートピアニズムとリアリズムの相克を分析した戦争と平和を考えるための必読書。

ケネス・ウォルツ［2013］『人間・国家・戦争：国際政治の3つのイメージ』渡邉昭夫・岡垣知子訳、勁草書房
　なぜ戦争は起こるのか？　どうすれば戦争をなくせるのか？　戦争原因論を、人間、国家、国際システムの3つのレベルから描き出す。

第2章　人間の安全保障と平和

星野　英一

■キーワード
人間の安全保障、構造的暴力、国連「人間の安全保障」委員会、
人間開発報告書、インセキュリティ

1　人間の安全保障とは何か

> I shall feel secure when I know that I can walk the streets at night without being raped.

> いつまでも米兵に脅え、事故に脅え、危険にさらされながら生活を続けていくことは、私は嫌です。(中略) 私たちに静かな沖縄を返してください。軍隊のない、悲劇のない、平和な島を返してください。

> 私たちは、彼女がどれほどの恐怖と苦しみのなかにあったか、荒ぶるような心を鎮めることが出来ません。沖縄に暮らす私たちはみな、自分にも起こり得たことだと、言葉を失い、その痛み苦しみを共にしています。(中略) 私たちは「軍隊は構造的暴力組織であり、平時と戦時とを問わず、人間の安全を保障しない」と訴え続けてきました。

最初の引用は国連開発計画の『人間開発報告書1994』[UNDP 1994：23]に掲載されたガーナの小学校4年生の声だ。この引用は1995年に沖縄で起こった少女暴行事件[→p.103]やその他のそれほど知られてはいない数多くの米軍人による性犯罪と、基地がもたらす事件や事故の不安の下で暮らす人間の生活実感を想起させる。

一方、2つ目の引用は、1995年、沖縄県宜野湾市の海浜公園で8万5000人

が参加して行われた「米軍人よる少女乱暴事件を糾弾し日米地位協定の見直しを要求する沖縄県民総決起大会」における高校3年生の決意表明だ［仲村 1995］。そして、3つ目の引用は、2016年の米軍属女性暴行殺人事件の際の、基地・軍隊を許さない行動する女たちの会など36団体による「元米軍海兵隊兵士の事件被害者を追悼し、十分な対応と真相究明、米軍の撤退を求める要求書」［合意してないプロジェクト 2016］である。

ガーナと沖縄という遠い2つの場所で、そして世界の様々な場所で、「人間の安全保障（human security）」が問題となっている。

1 「人間の安全保障」の概念

国連「人間の安全保障」委員会の報告書『安全保障の今日的課題』は、「人間の安全保障」を「人間の生にとってかけがえのない中枢部分を守り、すべての人の自由と可能性を実現すること」と定義している［人間の安全保障委員会 2003：11］。

『人間開発報告1994』によれば、安全保障の概念は長い間「外部の攻撃から領土を守る」という狭義の解釈がなされてきた。それは人々よりも国民国家に関わる概念であった。だが、次第に広義の解釈がなされるようになり、例えば、飢餓や病気、政治的不安定性といった脅威から個人や集団を守ること、日常生活の安定を突然に妨げるような脅威をも含むようになってきた。冷戦終結に伴う国家中心の安全保障観が転機を迎えているとの認識や、グローバル化に伴うアフリカなど最貧国の経済社会が深刻な状況を呈していることの認識を背景に、安全保障の概念がその意味を膨らませてきたのである。

安全保障に対する考え方を国家中心から人間中心へと根底的に変えようとする場合、そして人間の安全を脅かすものをどう除去するのかが主たる関心である場合、敵対的な国家の軍事的脅威よりも、社会経済状況、政治状況、食料、保健衛生、環境、コミュニティ、個人など様々な種類の安全・脅威に目を向ける必要がある。『人間開発報告1994』は人間の安全保障を脅かすものを、以下のように7項目にわたって列挙している。①経済（失業、劣悪な労働条件、貧困）、②食料（不均等配分）、③健康（病気、衛生）、④環境（破壊）、⑤個人（拷

間、戦争、民族対立、犯罪、日常的暴力、強姦、家庭内暴力、児童虐待、麻薬、自殺、治安の悪化)、⑥コミュニティ(社会的分裂、先住民圧迫)、⑦政治(人権侵害、政治的抑圧)。また、地球的人間安全保障を脅かすものとして、人口増加、経済機会の不均衡、過度な人の国際移動(移民、難民)、環境破壊、麻薬生産・麻薬取引、国際テロリズムなどのグローバルな問題に注目するよう呼びかけている。

　「これは古い概念の焼き直しなのだろうか」と初瀬龍平[2011]は疑問を投げ掛けた。確かに、この概念は、国家を個人の安全にとっての脅威の源泉であると見る人権論の伝統(恐怖からの自由)と、国家を人間の安全を促進するエージェントとして見る開発／発展論の議論(欠乏からの自由)という2つの側面を持っており、これらは国連の様々な政策文書で以前から目にすることができた内容を含んでいる。

　勝俣誠は「恐怖と欠乏からの自由が今度は人間の安全保障という言葉で国際社会、とりわけ欧米日の対外政策および援助政策や国際政治の議論において再び論じられるようになった」[勝俣 2001：2]との醒めた見方を提示している。「人間の安全保障」という概念は「焼き直し」であるだけでなく、経済のグローバル化によってもたらされる途上国の悲惨を国連や先進国が助けてあげるという「支配のイデオロギー」でもあるとの批判的な見解もある[土佐 2001]。

　一方、初瀬は「人間の安全保障」概念のイデオロギー性を認識しつつも、「いろいろな立場が旗印に使用しようとしている有り難いキーワード」[武者小路 2001：i]であるとの「醒めた肯定」に共感を示している。「それは、弱者中心(女性、先住民族、生存農業、労働者、差別される者)の原則に基づき、日常生活、実生活の中の不安(恐怖と欠乏)の除去をめざし、国家・非国家の多目的な安全保障を確立し、異なる国家、宗教、文化の間や、異なる安全感覚をもつ者の間に『共通の人間の安全保障』の成立をめざすものである」[初瀬 2011：33]。

　では、この概念は「国家の安全保障」との関係では、どのような位置を占めているのだろうか。

2　「人間の安全保障」と「国家の安全保障」

　アマルティア・センと緒方貞子が共同議長を務めた国連「人間の安全保障」

委員会の報告書は、「人間の安全保障」は「国家の安全保障」を補完するとして、「国家よりも個人や社会に焦点を当てていること」、「国家の安全に対する脅威とは必ずしも考えてこなかった要因を、人々の安全への脅威に含めること」、「国家のみならず多様な担い手がかかわってくること」、「その実現のためには、保護を越えて、人々が自らを守るための能力強化が必要であること」（エンパワーメント）の 4 つの観点を紹介している［人間の安全保障委員会 2003：12］。

「人間の安全保障論は、国家や国民の大多数の安全を提供する国家の安全保障に対置する者でも代替する者でもない」［栗栖 1998：99］との見方がある一方で、人間の安全保障と国家の安全保障は基本的に対立・矛盾する場合があるとの見方もある。Barry Buzan［1983］は、個人が色々な仕方で国家からの脅威に直面することがあると言い、国際システムにおける自国の対外行動や他国との相互作用の結果として、個人が脅威に晒される場合もある、と指摘している。

人間の安全保障と国家の安全保障が矛盾すると考えた場合、もう一歩進めて、「人間の安全保障」概念は「抵抗の理念」［大芝 2004］としての可能性を持っていると言えるかもしれない。初瀬は、「国家は人々の安全を大事にしながら国家の安全を保障しなければならない」との武者小路［1999：11］の見方に賛同し、武者小路が言っているのは「たとえば、経済制裁では制裁される側の赤ん坊の安全や、軍事的介入では市民に死傷者が出ないような安全」を追求しなければならないとの主張なのだと言う［初瀬 2011：35］。

2　平和への「人間の安全保障」アプローチ

衣食住や医療、教育の不足、自由や主体性の剥奪などの構造的暴力のない状態を「積極的平和」【→p.iii】と呼び、平和学の臨床性という観点から、間接的暴力の不在としての平和を実現する方法を考える時、これを平和への「人間の安全保障」アプローチと呼ぶことにしよう。

「積極的平和」と「人間の安全保障」とは実現される状態（平和・安全）の包括性において類似しているが、その原因・内容の理解においては必ずしも同じではない。構造的暴力は、極度の貧困や飢餓・政治的抑圧・人種差別など、政

治的・経済的構造から生み出されるものであると認識されているのに対し、人間の安全への脅威の原因は様々で、脅威が多様であるのと同様にその原因も多様であると考えられている。例えば、人間の安全保障を脅かすものとして、貧困、病気、飢餓などの間接的暴力だけでなく、戦争、犯罪、日常的暴力など直接的暴力も含まれている。両者は、理論的には区別することができるが、臨床性という観点からこれらの原因を取り除くことを考える時には重複する部分も少なくない。以下では、国連の人間の安全保障委員会［2003］が提唱している「基本的な問題への取り組み」を紹介し、その例として日本政府の「人間の安全保障」政策、沖縄における「人間の安全保障」を検討する。

1　人間の安全保障委員会のアプローチ

　人間の安全保障委員会［2003：248-264］は、「人間の安全保障」を様々な分野で進めるための手始めとして、以下の10項目の取り組みを掲げ、これらを手がかりに次の段階へと進むことを提唱している。

　(1)　**暴力を伴う紛争下にある人々を保護する**　　暴力を伴う紛争下で人々の安全を確保することは容易ではない。沖縄戦の経験に照らしても明らかなように、紛争下において犠牲になりやすいのは一般の民間人である。特に、人々が極度の貧困の中にある時はなおさらである。

　こうした場面において、人権・人道法などの規範が強化され、国連機関やNGOなどの活動も活発になってきたが、紛争中そして紛争直後に人々を効果的に保護する仕組みは十分だとは言えない。人道支援を通じて緊急事態におけるセーフティネットを提供することに加えて、紛争後に向けて治安を第1に考えるべきである。国際刑事裁判所を活用し、必要に応じて真実究明・和解委員会を設立すること、文民警察の強化、法制度・司法制度の整備も求められる。

　(2)　**武器の拡散から人々を保護する**　　武器の拡散が人々の安全を脅かしている。国連安全保障理事会の4常任理事国（英米仏ロ）が、世界の通常兵器輸出の78％を占めており、その3分の2が途上国に向かい、暴力を伴う紛争を助長する一要因となっている。安価で耐久性のある小型武器の拡散を食い止めるための取り組みが必要である。化学兵器・生物兵器の禁止条約はあるが、核兵器

を含めた大量破壊兵器の拡散の脅威は続いている。国際条約や国際合意の実施を促進し、これを監視していく必要がある。各国政府は、軍事支出と兵器装備など国民に対する情報の透明性を高めるべきであり、市民社会は力をつけ国の安全保障政策をチェックすることができるようになるべきだ。

(3) **移動する人々の「人間の安全保障」を確保する**　戦争・紛争や深刻な人権侵害によって家を追われる人々、極度の貧困や突然の災害にさらされた人々が、居住地から国境を越えて移動する時、彼らを保護するための国際的な合意が存在しない。

移動する人々の受入国、通過国、送出国を対象としたルール作りが必要であり、その際、難民と国内避難民の保護は特に重要である。難民の中で戦闘員と民間人を分離し、性暴力・人身売買・人種差別など移動する人々の安全を確保すると同時に、受入国の安全と開発に対する要請にも注意を払わねばならない。紛争からの移行期においては、人々の自発的帰還や再定住といった課題を取り込んだ復興開発計画を準備し、そのための資金を確保する必要がある。

(4) **紛争後の状況下で「人間の安全保障移行基金」を設立する**　停戦合意がなされ、暴力を伴う紛争が終結したとしても、それが「人間の安全保障」を実現するわけではない。紛争から平和・開発への移行が成功するかどうかは、政治・経済・社会の面で人々が自由と権利を回復できるかどうかにかかっている。

紛争で疲弊した国を再建し、平和な社会を構築するためには、移行の枠組と資金戦略を策定する必要がある。種々必要な政策を統合した「人間の安全保障フレームワーク」をファイナンスするための「移行基金」が必要である。そのことによって、現在では慢性的な資金不足により困難となっている活動（教育、和解と共存、治安、再定住など）に資金を回すことができる。

(5) **極度の貧困に苦しむ人々が恩恵に与れるよう、公正な貿易と市場の発展を支援する**　極度の貧困に苦しむ人々にとって「欠乏からの自由」が大きな課題であるが、このためには市場を十二分に活用し、経済成長を実現することが重要である。ただし、①市場改革は、最も貧しく脆弱な人々（特に女性・児童・障害者・高齢者など）のための福祉サービスや人間開発への投資と並行させなければならない。②教育、社会サービス、保健医療など社会制度を強化し、人々の安全

を確保しなければならない。③先進諸国における農業・繊維製品に対する貿易障壁を取り除くなど、貿易体制の効率性と同時にその公平性を実現しなければならない。

(6) **普遍的な最低生活水準を実現するための努力を行う**　世界人口の4人に3人は、社会保障を受けられずにいるか、安定した雇用と所得を得られずにいる。貧しい人々が自らの力で収入を得、職場を見出し、安定した暮らしを営むことができるように、経済社会的な最低水準の生活をすべての人に確保するとの目標が必要である。そのための措置として、①社会のすべての構成員が対話と議論に参加し、このための投資を促進すること、②危機が生じた際にその影響を緩和するために、経済的セーフティネットおよび社会的保護措置を準備しておくこと、③政府の能力を高め、こうした保護措置を実施できるよう財源と歳入を確保すること、に留意すべきである。

(7) **基礎保健医療の完全普及実現にこれまで以上に高い優先度を与える**　今日の世界は、HIV エイズ、結核、マラリアなど、多様な保健・公衆衛生上の危機に直面している。感染症・栄養失調・妊娠に起因するものなど予防可能な疾病に苦しむ人々の多くは貧しい人々であり、貧困と病気の悪循環が繰り返される。

こうした状況を改善するため、①基礎保健医療の完全普及実現に向けた政治的決意が必要であり、人材と社会基盤に対する持続的な投資が必要である。②地域社会に根ざした保健医療の仕組みは重要である。また、メンバーから集めた資金を共同で管理しリスクを分散する方式など、地域社会に根ざした保険の仕組みを国内外の支援で支える必要がある。③国全体を対象とする疾病監視体制が必要であり、財政的に困難を抱えている国に対しては、国際社会がその費用を分担する仕組みを作るべきである。

(8) **特許権に関する効率的かつ衡平な国際システムを構築する**　医薬品に関する知的財産権を規則通りに運用した場合、貧しい人々の多くが必要とする医薬品を入手できなくなってしまうという問題がある。薬を必要としている貧しい人々に手の届く、安価なコピー薬を製造することができるように法制度的枠組みをつくる必要がある。

ただし、安価なコピー薬を製造している企業がそれを必要としている他の国

に輸出できるようにする一方で、その薬が先進国に向けて輸出されるのを防止することも必要である。医薬品の開発を支えているのは基礎研究に対する多額の投資であることに留意して、企業の活力と途上国の人々の生命の両方を保護するようなバランスの取れた市場と制度のあり方を追求する必要がある。

(9) **基礎教育の完全普及によってすべての人々の能力を強化する**　基礎教育と識字は人々の生産性や職能を向上させ、彼らがより安全な生活を維持することに貢献し、彼らにより広い世界観を提供する。情報を持ち、わからないことは調べ、筋の通った議論をする習慣がついている人は、自らの「人間の安全保障」を確保するために声を上げることができる。基礎教育を完全に普及することは、人々の安全を保障するための極めて重要な投資であると言える。基礎教育の完全普及を実現する上で、①女子教育に力を入れ、学校がそのニーズに適合的な措置（教師、教室など）をとること、②給食制度の整備など出席率向上のために資源を集中的に投入すること、などが有効な施策として知られている。

(10) **この地球に生きる人間としてのアイデンティティの必要性を明確にする**　地域社会の力を高め「人間の安全保障」を長期にわたり実現するためには、人々が多様かつ多重のアイデンティティを有していることや、世界の人々が相互依存関係にあることを理解し、多様性を尊重する教育が行われることが必要である。教育課程は、自分以外の人種・文化・思想を尊重する心を涵養し、女性に対する敬意を育むものでなければならない。

そのために、各国政府は、自国の教育課程を総点検すべきであり、さらに、軍や警察などの強制力を有する集団について、人権を尊重し、差別や偏見に立ち向かうよう特別の配慮が必要である。そのことは、民間人により大きな安全を確保することになり、暴力の脅威を減らすことになる。

以上、人間の安全保障委員会が整理した10のアプローチを紹介した。人間の安全保障委員会［2003：266］は、これらの課題に取り組む上で、開発支援と人道支援との間の縦割りの構造を克服し、「人間の安全保障」の実現に向けた統合された投資を検討すべきであると述べ、日本政府の「国連人間の安全保障基金」を紹介している。

第 1 部　安全保障の理論から考える平和

2　日本外交における「人間の安全保障」

『人間開発報告1994』や緒方／センの『安全保障の今日的課題』に見られる、人間中心で、多元的な安全保障への新しいアプローチは、日本政府の外交政策においても重要な地位を占めている。外務省によれば、人間の安全保障とは、「人間の生存・生活・尊厳に対する広範かつ深刻な脅威から人々を守り、人々の豊かな可能性を実現できるよう、人間中心の視点に立った取組を実践する考え方」である［外務省国際協力局　2011］。

その実践の具体的な表現として、日本政府は国連に「人間の安全保障基金」を設置し、資金拠出を行っている。「国際社会が直面する貧困・環境破壊・紛争・地雷・難民問題・麻薬・HIV／エイズを含む感染症など、多様な脅威に取り組む国連関係国際機関の活動の中に人間の安全保障の考え方を反映させ、実際に人間の生存・生活・尊厳を確保していくこと」を目的とし、「人間一人ひとりに焦点を当て、上記のような脅威から人々を保護するとともに、脅威に対処できるよう人々の能力強化を図るプロジェクトを支援していく」ことをめざしている［外務省国際協力局　2011］。

1999年度に5億円を拠出して基金を設置して以来、2011年度までに累計で413億円、案件数にして210件のプロジェクトが実施されてきたことからすると、日本政府は途上国における「恐怖からの自由」「欠乏からの自由」を実現することに本気のようだ。[1]だが、途上国の人々に対する「優しいまなざし」は、同様に沖縄の人々にも向けられているのだろうか。

「人間の安全保障」概念は、一般に途上国社会の開発／発展の文脈で利用されるが、本章では、以下、それを先進国の一地方である沖縄に適用することにする。国の政策によって、ある地域が他の地域が享受している政治的・経済的権利を享受できていないとすれば、そこでは国家がこの「インセキュリティ」（安全が保障されていない状態）の原因となっていると言わなくてはならないからだ。

3　沖縄における「人間の安全保障」

沖縄の声が本土には届いていない。ここで言う「沖縄の声」とは、「米軍基地の段階的縮小」「地位協定の改定」「普天間基地の返還」「辺野古の新基地建

設反対」「普天間基地の県外移設」といった在沖米軍基地に関する沖縄県民の多くに共有された意見・要求である。

　1996年の県民投票で「米軍基地の段階的縮小」「地位協定の改定」が投票者の89％、有権者の53％の票を得た。2015年の知事選挙・衆議院議員選挙においても、2016年の参議院議員選挙においても、「普天間基地の閉鎖」「辺野古の新基地建設反対」を主張する候補者が沖縄選挙区において選出されている。琉球新報の県民世論調査（2017年5月）は、県民の74％が「辺野古の県内移設に反対」（県外移設、国外移設、無条件閉鎖・撤去の合計）であると報告している。

　しかし、この声は届いていないようだ。琉球新報・毎日新聞共同世論調査（2012年4月）によれば、「沖縄県に在日米軍基地の7割以上が集中している現状は不平等だと思いますか」との問いに対し、沖縄では69％の人が「不平等だと思う」と答えたのに対し、全国では半分以下の33％の人だけがそう思うと答えた。沖縄タイムス・朝日新聞が行った共同世論調査（2012年4月）では、「基地が減らないのは本土による沖縄差別か」という問いに対し、沖縄では50％の人が「その通りだ」と答え、全国では29％の人しかそうは答えなかった。沖縄タイムスの社説は、「この40年を通して本土と沖縄の心理的な距離は、今が一番開いているのではないだろうか。基地問題をめぐって「心の27度線」が浮上しつつある」（沖縄タイムス2012年5月15日）と指摘している。

　「お金をもらっておきながら、辺野古は受け入れないなんて、沖縄はわがままだ」「値段を釣り上げるための基地反対運動だ」「沖縄の心情的・非現実的平和主義に付き合う暇は無い」との反感と、それすらも言わない無関心が沖縄の声を届かなくさせているのだろうか[2]。では、どうすれば「沖縄の声」が届くのだろう。あるいは、どういう言葉なら届くのだろう。不平等、差別などの言葉の代わりに、新たに「人間の安全保障」という言葉で状況を記述し、それを訴えたとしても「沖縄の声」が届くと言う保証はない。だが、この言葉を使って記述することで見えてくるものもある。

　「人間の安全保障」の概念を沖縄に適用することは目新しいことではない。初瀬龍平、武者小路公秀、大芝亮らが既にそうした仕事を残している。初瀬は「国民の安全が国内で地域的に不均等に分布している例」として沖縄の基地問

題に言及し、「基地周辺の住民の安全は日常的に不安定である」とこれを人間の安全保障の文脈に置いている［初瀬 2011：36］。

武者小路ほか［2002］は、国連「人間の安全保障」委員会の共同議長である緒方／センに宛てた「『人間安全保障』についての公開書簡」の中で、「人間安全保障」のジェンダー的側面の第3として「軍事化に対抗して人間の安全を確保する活動のジェンダー的側面」を指摘している。1995年の少女暴行事件と「行動する女たちの会」がその中で取り上げられ、「人間の安全保障」概念との関連が明らかにされている。このように見てくると、「人間の安全保障」概念の中で沖縄を考えることは、決して場違いなものではないことがわかる。では、日本政府の国家安全保障上の政策選択は、沖縄の「人間の安全保障」状況にどのような影響をもたらしているのだろうか。

3　在沖米軍基地問題への「人間の安全保障」アプローチ

国家の安全保障のおける日本政府の選択が、沖縄に米軍基地を集中させていることは言うまでもない。面積にして全国の1％に満たない沖縄県に、在日米軍専用施設の7割が集中している。それは県の面積の10％、沖縄本島の面積の20％近くを占めている。また、在日米軍の人員の6割が沖縄に駐留しており、その6割が海兵隊に所属している。本節では、このことが沖縄における人間の安全保障の状況に、どのようなインパクトをもたらしているのかを検討する。

1　米軍基地の影響：犯罪

2012年10月、オスプレイ配備反対に揺れる沖縄で、再び、集団女性暴行事件が起きた。帰宅途中の女性が米海軍所属の2名の兵士から性的暴行を受け、兵士らが集団強姦致傷の疑いで逮捕された。8月には米海兵隊員による強制わいせつ致傷事件が起きたばかりだった。沖縄タイムス社説は「戦後67年がたったが、これほど長期間にわたって女性の人権が脅かされている地域が一体どこにあるだろうか」（沖縄タイムス 2012年10月18日）と書いている。

『沖縄の米軍及び自衛隊基地』［沖縄県知事公室 2016］に掲載された沖縄県警

第2章　人間の安全保障と平和

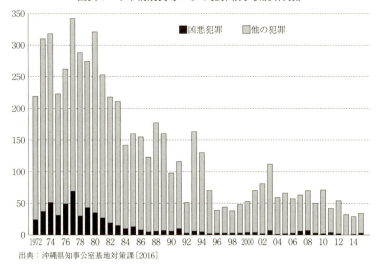

図表1：米軍構成員等による犯罪検挙状況（件数）

出典：沖縄県知事公室基地対策課［2016］

本部の統計によると、1972年から2015年までの米軍人等による刑法犯罪検挙数は5896件にのぼり、そのうち強姦を含む凶悪事件が574件、粗暴犯が1062件も発生するなど、県民の生命、生活および財産に大きな影響をおよぼしている。

以下の図表1に見るように、犯罪の数は減ったものの、深刻な犯罪は現在も無くなったわけではない。2016年5月の米軍属を容疑者とする女性暴行殺人事件など重大犯罪は現在も起きているし、その多くが沖縄で起きている。

復帰以前の状況については、警察の統計が十分でなく実態は不明だが、復帰後についても、検挙数しか公表されないため、被害の実態はよくわからない。「基地・軍隊を許さない行動する女たちの会」が丹念に記録を探して、一覧を『沖縄・米兵による女性への性犯罪（1945年4月～2016年5月）』にまとめている。会の調査によれば、2010年までの強姦（未遂を含む）事件の検挙件数は130件、人数は147人である［宮城 2010］。米国防総省の2010年度の調査では、基地内で起きた性的暴行の約8割が申告されなかったと報告されているが（琉球新報 2012年7月6日）、訴えを行わない被害者の存在を考えれば、沖縄におけるこの数字もまた氷山の一角に過ぎないと考えるべきだろう。

第1部　安全保障の理論から考える平和

　2008年5月に公開された文書によれば、日米両政府は米軍人の犯罪に関し、それが深刻なものでなければ見逃すことにしようと、1953年の時点で合意していた。確かに、その後5年間の統計によれば、米兵関連事件の97％が起訴されずに終わっていた。在日米軍の国際法部門のデール・ソネンバーグは日米の地位協定に関する2001年の論文の中で、この件について触れて、合意は非公式のものだったが、日本側は今日もこの合意に従っていると述べている（琉球新報2008年10月22日）。

2　米軍基地の影響：事故

　2012年9月、米海兵隊の新型輸送機オスプレイの沖縄配備に反対する県民大会が開かれ、県内外から数万人の参加者が宜野湾海浜公園に集まった。米国防長官に「世界一危険」と言われた普天間基地に配備されるという新型輸送機が「構造的欠陥機」である疑いがあるとすれば、当然、古くは宮森小学校で死んだ子どもたちのこと（1959年）が、最近では沖縄国際大学での事故のこと（2004年）が、想起される。安全性に対する懸念が強まるのは当然である。

　『沖縄の米軍及び自衛隊基地』［沖縄県知事公室 2016］によれば、米軍航空機関連の事故は、復帰後、2015年12月末現在で676件（うち墜落45件）発生している。このうち、176件が基地外で発生しており、周辺住民はもとより県民に大きな不安を与えている。図表2に見るように、2000年代においても毎年10件から60件の航空機関連事故が起こっており、オスプレイ配備反対運動の高まりの背景となっている。最近では15年8月、米陸軍のMH-60ヘリがうるま市沖で米海軍艦船への着艦に失敗し墜落、16年9月、米海兵隊のAV-8ハリアー戦闘攻撃機が辺戸岬沖に墜落、12月には普天間基地所属の米海兵隊の垂直離着陸機MV-22オスプレイが名護市東海岸の浅瀬に墜落した。また、その後1年も経たない17年8月に、同じく普天間基地所属のオスプレイがオーストラリア沖で墜落したが、1週間もしないうちにオスプレイは沖縄の空を飛び始めた。

　2003年、ラムズフェルド国防長官が沖縄を訪問した際、普天間基地を上空から視察し、「事故が起きない事が奇跡だ」とのコメントを残したが、その翌年に、事故が実際に起こった。04年8月、沖縄国際大学校内への米海兵隊CH-

図表2：米軍演習等関連事件・事故数の推移（件数）

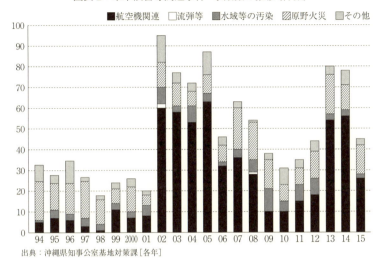

出典：沖縄県知事公室基地対策課［各年］

53D ヘリコプター墜落事故が発生し、県民に大きな衝撃を与えたのだ。沖縄タイムス社説は「沖縄国際大学へのヘリ墜落事故で米軍は当初、地元警察や消防を排除し、現場を管理した。地位協定の内規がどうであれ、明らかな主権侵害である」（沖縄タイムス2012年5月3日）と事故被害を越える重要な課題をも指摘している。

図表2で見たように、事故は航空機関連事故に留まらない。2008年12月、M-33の銃弾が金武町伊芸区のキャンプ・ハンセン近くの民家に駐車していた自家用車のナンバー・プレートから発見された。沖縄防衛局は実弾を使用しての訓練を控えるよう訴えたが聞き入れられていない。民家から数百mの距離で演習をすれば、こうした事故が起こり、人命を奪うことになりかねないことが容易に想像できるにもかかわらず、海兵隊は日本を防衛するために実弾での訓練が必要であると主張している。

また、パラシュート降下訓練や車両などのつり下げ訓練のような危険な軍事訓練も止むことがない。1965年6月、演習中の米軍輸送機から投下されたトレーラーが、自宅近くにいた小学生の上に落ち、圧しつぶして死亡させた。パ

ラシュート降下訓練による事故は、復帰後だけで40件を超えており、96年のSACO（日米特別行動委員会）最終報告で、降下訓練は伊江島で実施することと合意していたが、2017年には、嘉手納基地などそれ以外の場所で実施された。また、県や市町村の抗議にもかかわらず、集落の周辺での、米軍ヘリによる車両などのつり下げ訓練が引き続き行われている。

3 米軍基地の影響：騒音、生活環境

嘉手納基地および普天間基地周辺においては、依然として環境省の定める環境基準値を超える航空機騒音が発生している。地域住民の日常生活や健康への影響が懸念されており、基地周辺の学校では、授業が度々中断されるなど教育面でも影響が出ている。図表3は、嘉手納（上段）および普天間（下段）における騒音の記録データである。どちらも許容限界の70を超えており、爆音訴訟で違法状態であることは確認されてはいるものの、是正措置がとられてはいない。

2017年2月、那覇地裁沖縄支部は嘉手納爆音訴訟の原告2万2000人に対し302億円の賠償を支払うよう国に命じた。しかし、早朝および深夜における飛行の差し止めについては、「日米安保条約や日米地位協定によれば、国は米軍機の運航などを制限できる立場にない」として、これを退けた。

4 「人間の安全保障」問題であるのか？

以上、在日米軍の沖縄への過度な集中がもたらす「人間の安全保障」状況への影響を、犯罪、事故、騒音・生活環境に注目して整理した。こうした状況がある以上、県民が「沖縄県内の米軍基地を将来的にどうすればよいと思いますか」と問われた時に、「縮小する」49%、「全面的に撤去する」37%と、否定的な意見が多数を占めるのは当然である（沖縄タイムス・朝日共同世論調査、2012年4月）。

だが、こうした状況を発展途上国が抱えている貧困や飢餓の深刻な状態と同じ言葉で、同じように深刻だと考えることを躊躇する意見もありうるだろう。つまり、沖縄の状況は「人間の安全保障」問題であると言えるのだろうか。

沖縄の状況を「人間の安全保障」問題であると言うことは、それほど難しいことではない。以下、3点にわたって論じてみる。

第2章　人間の安全保障と平和

図表3：飛行場周辺におけるWECPNL（うるささ指数）の年度推移

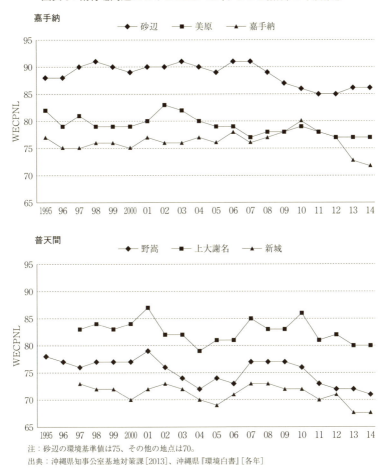

注：砂辺の環境基準値は75、その他の地点は70。
出典：沖縄県知事公室基地対策課[2013]、沖縄県『環境白書』[各年]

(1)　「恐怖からの自由」あるいは不安からの自由　　確かに、国連開発計画や日本政府の「人間の安全保障」概念は「欠乏からの自由」に軸足を置いており、その意味では沖縄の状況を発展途上国のそれと並べて比較するのは難しい。だが、先進国の「周辺」における「人間の安全保障」問題は、欠乏からの自由よりも不安・恐怖からの自由として現れることが多く、両者はともに重要な「人

間の安全保障」の構成要素である。『人間開発報告1984』でイタリアやスペインの失業が言及され、米国における犯罪の深刻さが報告されているのと同様に、沖縄の基地被害も論じられるべきだろう。

⑵ **人間の尊厳の保護**　沖縄は沖縄戦において本土防衛の「捨て石」とされ、その「本土」から27年もの間切り離され、米国の施政権下に置かれてきた。しかも、犯罪、事故、騒音の問題が解決されないままに、現在、県民の総意とも言える「普天間基地の県外移設」「オスプレイ配備反対」の声を無視して、その普天間基地に新しい輸送機が配備された。選挙で県内移設反対の候補者を何度当選させても、辺野古・高江での建設工事が進められていく。米国のルールでは危険であるはずの基地周辺に病院や学校があっても、沖縄では危険でないことにされてしまう。ハワイでは学校の騒音レベルを45デシベル以下に抑えるようにしているのに、普天間では81デシベルが観測されていても問題なしとされてしまう。「沖縄差別」との声は、こうした現実が人間の尊厳の保護という「人間の安全保障」問題であることを示している。日本政府が「人間の生存、生活、尊厳を危険にさらすさまざまな脅威」に対して取り組んでいくと言うのなら、当然、沖縄の米軍基地問題もそこに含まれるべきである。

⑶ **戦争の記憶**　沖縄において、戦争の記憶は「軍隊は住民を守らない」という言葉に象徴される。スパイ呼ばわりされ、壕を追い出され、食料を供出させられ、「集団自決（強制集団死）」に追い込まれた記憶は、自分たちの安全が国家の安全保障のための犠牲になっている状況をくっきりと映し出す鏡になっている。21世紀に米軍人が起こす犯罪（とりわけ性暴力）や米軍機の墜落、騒音が戦中・戦後の被害体験を呼び起こしてしまうケースを想像するだけでも、こうした不安・恐怖からの自由が深刻な「人間の安全保障」問題であることに思い至る。

　以上のように、沖縄におけるインセキュリティの現状を「人間の安全保障」問題であると再確認する時、それが沖縄におけるもう1つのインセキュリティ、経済的なインセキュリティと深く結びついていることが視野に入ってくる。

4　沖縄における補償型政治の終わり

　低所得や失業などの経済的なインセキュリティは先進諸国においても「問題」である。『人間開発報告書1994』は米国、英国、イタリア、スペインの若年層の失業率が14％〜34％と大変高いことを紹介しており、所得についてもEU の労働人口の28％にあたる4400万人が平均所得の半分以下しか受け取っていないと指摘している［UNDP 1994：25-26］。

1　沖縄における経済的な「インセキュリティ」

　復帰以降、4回にわたって10年間の沖縄振興開発計画と沖縄振興計画が立案され、実施されてきた。1972年からの3回の沖縄振興開発計画においては、「本土との格差是正」と「自立的発展の基礎条件の整備」が掲げられ、社会資本や生活環境の整備が積極的に進められた。2002年度からの沖縄振興計画では、「本土との格差是正を基調とするキャッチアップ型の振興開発だけではなく、沖縄の特性を十分に発揮したフロンティア創造型の振興策への転換を進める必要がある」との軌道修正がなされた（内閣府『沖縄振興計画』）。

　「本土との格差是正」と「自立的発展の基礎条件の整備」が掲げられた振興開発計画ではあったが、その結果は図表4・図表5に見るように、沖縄が期待したものとはほど遠かった。多額の公共投資にもかかわらず、県民所得は全国平均の70％前後と低いままで格差は縮まらず、失業率も1990年代に4％から8％へと悪化し、その後2010年頃まで8％前後で高止まりしてきた。

　産業構成においては、復帰以降、サービス業だけが大きく増えたが、製造業は弱体のままで、第1次産業・第2次産業は停滞している。自立経済の指標である財政依存度（県民総所得に占める一般政府最終支出と公的総固定資本形成の割合）は30〜40％と高止まりしており、全国平均（2009年度24％）との差は縮まらない。経済的自立の必要は叫ばれるが、その実現は現状のままでは望むべくもない。

　こうした県経済の現状は県民の意識にも反映している。沖縄タイムス社の県民世論調査（2007）によれば、「沖縄と本土には様々な格差がある」との見方

図表4：1人当たり県（国）民所得と所得格差の推移

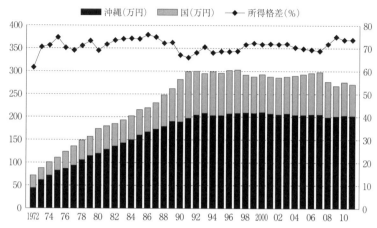

注：「1人当たり県（国）民所得」は左側目盛り、「所得格差」(国＝100)は右側目盛り。
出典：沖縄県企画部企画調整課[2016]

に対して、85％の回答者が「その通り」と答えている。さらに、どのような格差を意識しているのか尋ねたところ、低所得（48％）、基地問題（24％）、失業（17％）と、経済における格差を指摘するものが65％にのぼっている。

2　沖縄における補償型政治

日本政府は、こうした経済的格差の現実と認識をテコに、沖縄に基地を押しつけることに成功してきたというのが、ケント・E・カルダー［2008］の「補償型政治」の議論である。「補償型政治」とは、「要求を聞き入れる者と支持者に物理的な満足をもたらすような要求を満たし、それを喧伝することを基本とする政策」［カルダー 2008：203］である。彼は、このような富の分配に定期的に関わってくる人々のネットワークを「補償の輪」と呼び、基地に様々なサービスを提供する地元の利益団体を構成する、建設業者、基地労働者の組合、電力会社、軍用地主などがその受益者となっていると指摘している。

県全体で見た場合、1972年度に123億円だった軍用地料支払いは、2013年度には832億円に増大している。軍雇用者所得は240億円だったものが496億円

図表5：完全失業率の推移

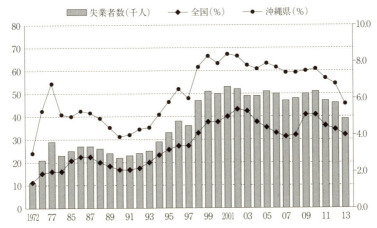

注：失業者数は左側目盛り、完全失業率は右側目盛り。
出典：沖縄県企画部企画調整課［2016］

へ、「米軍等への財・サービスの提供」も414億円から660億円へと、それぞれ増加している。全体としての基地関連収入は、1972年に777億円だったものが、3倍近くの2088億円に膨らんだ［沖縄県知事公室基地対策課 2016］。

基地所在市町村には、防衛施設生活環境資金、特定防衛施設交付金、基地施設所在市町村調整交付金や1997年から実施された基地受入の対価としての基地所在市町村活性化事業（島田懇談会事業）などがある。米軍基地再編交付金も含めて、これらは補償型政治の典型的な表現であり、「基地受け入れ」と「経済振興策」との「明示的なリンケージ」と呼ぶことができる。

これに対し、「補償」の名目が直接基地に関わっているとは限らない場合、これを「潜在的なリンケージ」と呼ぶことにしよう。潜在的であるのは、それが本来別の目的で利用されるはずの資金であるか、振興開発計画のように部分的にしか基地負担と関わっていない資金だからである。沖縄振興（開発）計画の予算、その高率補助、2000年度から約10年間にわたって1000億円が用意された北部振興事業などがこれに該当する。政府は2012年度からの沖縄振興一括交付金制度における沖縄関係予算約3000億円の内半分前後を使途が自由な一括交

付金とする方向を示したが、皮肉な見方をすれば、これもまた「潜在的なリンケージ」の範疇で考えることができる。

1996年のSACO合意以降、普天間飛行場の移設先として浮上してきた名護市では、受入の賛否をめぐって地元の意見が激しく割れていた。97年の市民投票では受入反対派が過半数を超えたが、北部振興事業、島田懇談会事業などの影響もあり、98年以降の3回の市長選挙ではいずれも移設容認派の候補者が当選してきた。
【→p.110】

1995年の少女暴行事件の後、大田沖縄県知事が中央政府の基地政策に反旗を翻した。沖縄県民の反基地世論の高まりを受けて、国の機関委任事務である駐留軍用地の代理署名を拒否したのである。その後、裁判闘争で敗れ、署名を応諾したが、中央政府からの公的資金の流れが悪くなり、98年の知事選挙では「県政不況」との批判を浴びて再選を実現できなかった。その後、3期の知事は政府の普天間移設計画に条件付きながら賛成してきた。

沖縄タイムス・朝日新聞の共同世論調査（2012年4月）によれば、「米軍基地は沖縄の経済にどの程度役に立っていると思いますか」との問いに対し、「大いに役に立っている」11％、「ある程度役に立っている」51％に対し、「あまり役に立っていない」29％、「まったく役に立っていない」7％との回答であった。

中央政府からの圧力があったとは言え、県知事も名護市長も長い間辺野古での新基地建設を条件付きではあれ受け入れようとしていたことは、補償型政治の成功の証と言ってもよいだろう。「核抜き本土並み」に代えて「格差是正」をスローガンとした復帰以降の沖縄社会の潮流が「巧みに」利用されてしまってきたと言えるだろう。

西川潤はそれが「振興」政策の一般的なカタチであることをこう指摘する［西川 2011：142］。

今まで「低開発」と縁のなかったような人たちが「振興」の対象に仕立て上げられる。（略）その代償は何か。膨大な財政資金の投入による土木工事、自然破壊、日本の外交や経済の補完化、そして何よりも「中央」と結託した権力者（政・業癒着）による地域社会の取り仕切り、これと裏腹の住民の自立性、自主的決定権の剥奪ではなかったか。アイヌ先住民も沖縄人も、「自立できない」のではなく、「自立できなくさ

せられてきた」のである。

「補償」の名目が直接基地に関わっている最近の例は、米軍再編交付金である。2007年度に始まり、16年度までに全国44の市町村に対し計838億円が支払われた（日本経済新聞2017年3月27日）。防衛省は米軍再編に協力的な自治体に対して交付金を渡し、さらなる協力を求めようとする。米軍再編で基地負担が増える自治体に対し、環境影響評価（アセスメント）の実施や工事の着工といった再編計画の進展度合いに応じて防衛予算から支給されるのである。一方、非協力的な自治体に対しては、米軍再編の進展に支障が生じた場合は減額、または交付を停止できるとの規定がある。典型的な「アメとムチ」の政策である。「カネを積んでいるのだから、沖縄には現状と今後の負担も甘受してもらうのは当然だ」「値段を釣り上げるための基地反対運動だ」との本土から沖縄に向けられるまなざしをそのまま政策化したようにすら見える。

3　補償型政治の終わり？

振興（開発）体制と補償型政治は、沖縄に米軍基地を置き続けるためのメカニズムとして機能してきた。しかし、政治的コンディショナリティのような交付金・補助金の利用がいつまでも成功し続けるとは限らない。国債の累積赤字に苦しむ政府の財政難は明らかであるし、基地受け入れとリンクする地域振興策が、必ずしも地域の自立につながっていないのではないかとの声が聞こえるようになってきたからだ。

政府からの交付金・補助金を含む基地関連収入に依存している自治体は、この資金が地域の経済に刺激を与え、自主財源の増加や失業率の減少、財政負担の軽減という地域の自立につながるような結果を期待している。しかし、地域によっては、順調な経済成長に結びついていないばかりか、むしろ依存度を高めたがゆえに財政が硬直化し、公債残高も失業率も高くなっているなどの実態が、次第に明らかになってきた［前泊 2009：132-136］。

名護市は、1997年に新基地建設の受入を条件付きではあるが容認した。95年における基地関連収入は20億円だったのに対し、2001年には90億円に増加し

た。この間、名護市予算に占める基地関連収入の割合は、6％から29％へと跳ね上がった。しかし、それが名護市の発展をもたらしたかといえば、そうではなかった。企業立地を期待した法人税収入について大きな変化はなく、完全失業率は8.7％から12.5％（2005）へと悪化し、市の負債は171億円から235億円（2004）へと膨らんだ［前泊 2009：135］。

2010年頃を境に、「基地がないと沖縄経済は立ち行かないのではないか」といった声に対し、むしろ「基地縮小こそが経済成長をもたらす」との主張が見受けられるようになった。琉球新報の社説は前者のような声に対し「これは先入観以外の何物でもない。基地返還前と返還後で経済効果が十数倍となった那覇新都心地区や、同じく170倍超の北谷町美浜・ハンビー地区の発展ぶりを見れば納得いくはずだ。沖縄は既に基地依存経済から脱している」（琉球新報2012年5月15日）と述べている。

軍用地料の増大に伴い基地関連収入自体が、増加してきたことは前述した通りだが、基地関連収入が県民所得に占める「割合」は、1972年の15.5％から2014年の5.7％へと減少している。軍用地料支払い額についても、その割合は2.5％から2.0％に減少している。軍雇用者数も1972年には1万9980人だったものが、2015年には8844人（56％減）となっている［沖縄県知事公室基地対策課 2016］。

北谷町は1981年に66ヘクタールが返還され、20年をかけて再開発が行われ、その結果、税収も経済波及効果も上がり、雇用も増大した。［前泊 2009：134］。87年に返還された牧港住宅地区がおもろまち（那覇新都心）として飛躍的に発展していることはよく知られている。補償型政治に典型的な「基地受け入れ」と「経済振興策」とのリンケージを期待する声は、むしろ少数派になりつつある。2010年1月名護市に「普天間代替施設」受入反対の市長が誕生した。09年の政権交代後の「県外移設、国外移設」との県民世論の高まりを背景に、名護市民は「基地とリンクしない振興策」を訴えた候補を選択したのである。2014年の名護市長選挙と市議会議員選挙では、「補償型政治はいらない」との名護市民の声が、より明確に示された。

さらに、2014年11月の県知事選では「オール沖縄」での新基地建設反対を掲

げた翁長雄志知事が誕生し、翌月の衆議院選挙でも「県内移設による負担軽減」を掲げる自民党は沖縄の4小選挙区で全敗した[3]。16年の参院選沖縄選挙区では、元宜野湾市長の伊波洋一氏が、現職で沖縄担当相の島尻安伊子氏に11万票近い大差をつけて初当選した。「私たちはもう補償型政治を必要としない」との声が全県的な拡がりを持ち始めた、あるいは、経済的なインセキュリティをテコに、補償型政治によって県民を「説得」して辺野古に総合的な海兵隊基地を建設することは不可能だとのメッセージが沖縄から発せられたと言える。

　ならば、基地依存・財政依存からの脱却をめざした「沖縄21世紀ビジョン」の将来像とその具体的な政策化を、開発至上主義的な振興開発計画に囚われない「豊かな暮らし」の実現にどうつなげるのか、が地域社会の課題となる。それが補償型政治の終わらせ方を左右するからだ。

　だが、補償型政治を実際に終わらせるという仕事は困難なものだ。「より豊かに」という合意はあるものの、それが「どのような豊かさなのか」についての合意は形成されていないというのが現状だからだ。「観光は平和産業。オスプレイが上空を飛び交ってリゾート地と言えるだろうか。辺野古移設は楽園の放棄だ」との県内ホテル大手のCEOの言葉（朝日新聞デジタル2014年11月9日）もあれば、沖縄が依存型の経済構造から脱し、観光や物流拠点としてアジアの中で競争力をつけていくとの見通しもある。

　「格差是正」をスローガンとした「開発主義の罠」に囚われていては、「脱基地経済宣言」とも言える県の基本構想「沖縄21世紀ビジョン」の実現も容易なことではない。ライカム（北中城村）やアメリカンビレッジ（北谷町）のような大型ショッピングモール中心の「都会的」な町並みばかりを造り続けるのは良策ではないだろう。「ウチナーンチュの誇り」にできる土地利用を基地跡地に実現するためには、米軍基地の段階的縮小を実現できるように利益を調整し、基地の跡地利用の仕方などに知恵を出し合って、「豊かさ」の中味を具体化させていかなくてはならないはずだ。

4　抵抗の理念としての「人間の安全保障」

　本章では、平和への「人間の安全保障」アプローチを紹介し、米軍基地問題

が沖縄社会にもたらしているインセキュリティを記述し、「復帰」以降の沖縄社会が補償型政治に対する依存を深め、そこからの脱出を難しくしてきた経緯を述べてきた。また、沖縄県民の中に「開発主義」的な色彩を帯びた「格差是正」のスローガンが浸透しているにしても、補償型政治に典型的な「基地受け入れ」と「経済振興策」とのリンケージを潔しとしない人々が増えていることを確認することができた。

　まとめに代えて、沖縄から見た平和への「人間の安全保障」アプローチについて整理しておこう。

　第1に、沖縄は国家が人々の安全にとって脅威となる典型的なケースを提供している。沖縄では日本の他の都道府県の人々が享受している民主主義が機能していないという意味で、人々は不平等を感じ、差別を感じている。

　第2に、沖縄において、「人間の安全保障」と「国家の安全保障」は基本的に対立している。在日米軍基地（専用施設）の7割を沖縄に集中させている日本政府の安全保障政策が、沖縄で米軍の犯罪、事故、騒音などの過重負担をもたらしている。

　第3に、中央政府は、経済的な不平等、あるいは経済的なインセキュリティを利用して、地方政府に難題を押しつけてきた。沖縄の側から見れば、経済的なインセキュリティを「克服」するために振興開発予算を受け取ることで、米軍基地がもたらすインセキュリティを引き受けさせられてきたのである。

　最後に、「人間の安全保障」と「国家の安全保障」が矛盾する場合に、「人間の安全保障」概念が「抵抗の理念」でありうるという大芝［2004］の主張に留意しておこう。権利が、政府や法によって人々に与えられたものではなく、人々が闘い勝ち取ってきたものであるとすれば、人々の安全保障もまた、そうであることを免れ得ない。「人間の安全保障」という言葉で沖縄の状況を記述する試みが「沖縄の声」を遠くまで運ぶことができなかったとしても、沖縄における人々の活動が、世界の他の場所でも通用する「人間の安全保障」概念の豊かさに貢献していることは確かだ。2017年においてもなお辺野古や高江で繰り広げられている沖縄の人々の「闘い」が「人間の安全保障」の内実をさらに形作っている。

【注】
1) 土佐は、日本の「人間の安全保障」政策について「『人間の安全保障』概念の中身を一部すり替えることで、再び国家安全保障政策に従属させようという動き」であると批判的な見解を示している［土佐 2001：171］。
2) 沖縄タイムスの比屋根記者は、ある全国紙記者が「お金をもらっておきながら、辺野古は受け入れないなんて、沖縄はわがままだ」とつぶやいたと書いている。「東京では、沖縄の基地問題は『カネ』や振興策と絡めて語られる。負担に応じた交付金、数々の振興策。カネを積んでいるのだから、沖縄には現状と今後の負担も甘受してもらうのは当然だという雰囲気は、想像以上だった」［比屋根 2012］。
3) 自公連立が3分の2議席を獲得した2017年の衆院選においても、沖縄では新基地建設反対の候補が3選挙区で勝利した。

【参考文献】
大芝亮［2004］「国際機構と人間の安全保障」高柳彰夫／アレキサンダー，ロニー編『グローバル時代の平和学4　私たちの平和をつくる』法律文化社
沖縄県［各年］『環境白書』http://www.pref.okinawa.jp/site/kankyo/seisaku/kikaku/hakusho/h26_hakusho.html（2017年8月23日閲覧）
沖縄県企画部企画調整課［2016］『おきなわのすがた（県勢概要）平成28年3月』http://www.pref.okinawa.jp/site/kikaku/chosei/keikaku/h24-okinawanosugata.html（2016年10月31日閲覧）
沖縄県知事公室基地対策課［2013］『沖縄の米軍基地平成25年3月』http://www.pref.okinawa.jp/site/chijiko/kichitai/22366.html（2016年10月31日閲覧）
沖縄県知事公室基地対策課［各年］『沖縄の米軍および自衛隊基地（統計資料集）』。http://www.pref.okinawa.jp/site/chijiko/kichitai/22366.html（2016年10月31日閲覧）
外務省国際協力局地球規模課題総括課［2011］『人間の安全保障：人々の豊かな可能性を実現するために』http://www.mofa.go.jp/mofaj/gaiko/hs/pdfs/hs_pamph.pdf（2012年10月31日閲覧）
勝俣誠［2001］『グローバル化と人間の安全保障』日本経済評論社
カルダー，ケント・E［2008］『米軍再編の政治学』武井楊一訳、日本経済新聞出版社
合意してないプロジェクト［2016］「元米軍海兵隊兵士の事件被害者を追悼し、十分な対応と真相究明、米軍の撤退を求める要求書」http://www.projectdisagree.org/2016/05/blog-post.html（2017年8月15日閲覧）
基地・軍隊を許さない行動する女たちの会［2016］『沖縄・米兵による女性への性犯罪（1945年4月～2016年5月）』（第12版）すぺーす結
栗栖薫子［1998］「人間の安全保障」『国際政治』117号
土佐弘之［2001］「『人間の安全保障』という逆説」『現代思想』29巻7号
内閣府沖縄総合事務局『沖縄振興計画』『沖縄振興開発計画』　https://www.ogb.go.jp/soumu/3702/index.html（2016年10月31日閲覧）
仲村清子［1995］「決意表明」　http://tamutamu2011.kuronowish.com/heiwanasimawokaesite.

htm（2016年10月31日閲覧）
西川潤［2011］「『辺境』をつくり出すのは誰か？」藤原書店編集部編『「沖縄問題」とは何か』藤原書店
人間の安全保障委員会［2003］『安全保障の今日的課題』朝日新聞社
初瀬龍平［2011］「『人間の安全保障』論と人々の安全」同『国際関係論：日常性で考える』法律文化社
比屋根麻理乃［2012］「記者有論」『朝日新聞』2012年3月27日
前泊博盛［2009］「『基地依存』の実態と脱却の可能性」宮里政玄ほか編著『沖縄「自立」への道を求めて』高文研
宮城晴美［2010］「沖縄からの報告：米軍基地の現状と米兵によるレイプ事件」『立命館言語文化研究』23巻2号
武者小路公秀［1999］「国家安全保障の限界とヒューマン・セキュリティ」『PRIME』7号
武者小路公秀［2001］「推薦のことば」勝俣誠編『グローバル化と人間の安全保障』日本経済評論社
武者小路公秀ほか［2002］「『人間安全保障』についての公開書簡」『世界』2002年5月号
Buzan, Barry［1983］*People, States, and Fear*, Boulder: Lynne Rienner.
UNDP［1994］*Human Development Report 1994: New Dimensions of Human Security*, New York: Oxford University Press.

■文献案内

ヨハン・ガルトゥング、藤田明史［2003］『ガルトゥング平和学入門』法律文化社
　平和学の第一人者であり、精力的な平和運動も続けているヨハン・ガルトゥングの平和理論への入門書。

人間の安全保障委員会［2003］『安全保障の今日的課題：人間の安全保障委員会報告書』朝日新聞社
　国連ミレニアム・サミットを機に設立された国連「人間の安全保障」委員会の緒方貞子とアマルティア・センを共同議長とする報告書。

武者小路公秀編著［2009］『人間の安全保障：国家中心主義を超えて』ミネルヴァ書房
　初学者には少しハードルが高いが、人間の安全保障の概念が与えてくれる展望を、開発・外交・紛争など様々な視角から見せてくれる。

第2部
沖縄の軌跡から考える平和

講和条約に署名する吉田首相
　国政への沖縄からの参加がまったく排除されたまま、日本の講和独立と引き換えに沖縄の施政権を米国に移譲する条約が1951年9月に締結され11月に批准された。1952年4月28日に発効し、米軍による沖縄支配の根拠とされた。
　　　　　　　　　　　　　　　　　　　　　　　　　　　（朝日新聞社提供）

全軍労スト

　全軍労は、軍雇用員の大量解雇やスト権否認、デモ・集会の禁止令などに対して結束して対抗した。全軍労は、24時間スト、48時間スト、そして72時間スト、さらにはその第二波、第三波ストまで計画し、徹底的に抵抗した。全軍労2万2000人以上が、2800人以上の大量解雇撤回を求めて、沖縄各地の基地ゲート前で、着剣した銃を構える米兵たちと必死に対峙する姿は、住民の共感を呼び、復帰運動の中心的な団体の1つとなった。　　　　（沖縄県公文書館提供）

【第2部の概要】

　第1部においては、近代の国際社会が主権国家を構成主体として成り立ち、主権国家相互の国際的関係の形成や再編のために「国家安全保障」が構築されてきたことが言及され、しかし、個人や社会の安全を重視すること、国家以外の要因による脅威を視野に入れていく必要性や、国会以外の主体が重要な働きを担うようになってきたことなどから「人間の安全保障」の概念が発展してきたが概括された。

　第2部においては、人間の安全保障を具体的に達成していく規範的な論理に焦点を当てていく。まず、第3章において、国際的な人権法及び人道法の発達史を概括し、国際的な人権の基準の視座から沖縄に対する歴史的不正義を明らかにしていく。次に第4章においては、日本国憲法の持つ人権、主権在民および平和主義を基盤とする平和的生存権を、沖縄の戦後と現在までの状況に照らし合わせて具体的かつ基本な権利として浮かび上がらせていく。

第3章　沖縄は平和か？
―― 戦争と暴力の源泉

島袋　純

■キーワード
歴史的不正義、国際自由権規約、人民の自決権、国連先住人民の権利宣言

1　沖縄は平和か？――暴力と人権侵害が制度化され蔓延する沖縄

　沖縄は平和か？　確かに沖縄戦以来、戦場となったことはなく、沖縄で戦死者がでたことはない。沖縄に住む人々の米軍基地反対運動は、あまりにも平和ボケしていて、脅威の認識も弱く、抑止力の必要性も考えることすらできなくなってしまったがゆえに、平気で米軍の撤退を唱えることができる無責任な運動なのだろうか。

　平和とはなんだろうか。狭義には「戦争がない状態」とされている。南国の桜がようやく咲き始め、鶯が花の間を飛び回る午後の公園に子どもを連れて遊びに行き、日向ぼっこしながら子どもが滑り台を滑っているのを見ていて、平和だな、と思ったりすることもないわけではない。が、それはすぐ、旋回してくるオスプレイの騒音に打ち消される。確かに激戦地であった高台にある公園だが、今ここに、殺し合いの戦闘はない。しかし、不気味な低重層のエンジン音は暴力的で心が落ち着かなくなる。昨日も、今日も、そしてきっと明日も軍用機が私たちの住処や職場の空を、子どもの学び舎や遊び場の上空を、飛び回る。それは、政府によって法律で制度化され、裁判所によって合法とされている。いくら訴えてもオスプレイが私たちの真上を飛ぶという暴力は止まらない。そういうところで、「平和」という実感を享受し続けることは難しい。

　「暴力がない状態」を平和と言う。さらに積極的には、暴力が構造化され制

度化されているところでは、平和はないと考えられている。沖縄に住む人々が平和を実感できないのは、人間の安全保障を否定する構造的な暴力が蔓延しているからである。なぜ、そういう状態になっているのであろう。なぜ、それは放置されているだろうか、何がこの暴力を正当化しているのだろうか。それとも自らの責任でそれを招いているのであろうか。

前章では国家安全保障から人間の安全保障へ発達してきた安全保障論が取り上げられた。本章では、国家による暴力の正当化と構造的暴力の正当化に対して、人間の安全保障の根幹にある人権および人道の思想が国際関係と国際法の中でどのように発展してきたか、すなわち国際立憲主義の発展を概括し、その議論を琉球／沖縄の歴史と現状に焦点を当てて浮かび上がらせようと思う。

2　近代国際関係の成立と国際法の発展

1　封建体制の終焉とウェストファリア体制への転換

暴力の応酬、武力の行使や戦争はおそらく人類の発祥以来、何度も繰り返されてきた。有史以来、人類の歴史、世界各地域の歴史は、戦争の歴史であると言っても過言ではないほど、多くの戦争が記録されている。しかし、近代以降の戦争はそれ以前とは比べようがないほどの大きな質的そして同時に量的転換がある。特に20世紀以降の戦争は、戦争による人類の絶滅を予感させるほどひどいものとなった。

ところで、近代以前の中世ヨーロッパは、ローマ帝国（神聖ローマ帝国）皇帝とローマ教皇を頂点とする身分制社会であったと言われる。皇帝が王や大貴族を臣下として忠誠を求めることと引き換えに、領地を封土として支配の特権を保障し、その特権を神が付与したものとして教会が正当化するという仕組みであった。人間は決して平等ではなく、封建的な身分により特別な権利を承認された者と、全く権利がないとされた者とが、固定された関係を保ち続けるという社会であったとされる。

ルネッサンスを経て、啓蒙が進み因習や魔術から解放され、世界は合理的客観的に解釈されるようになり、人間と社会についても科学的に認識していく態

度が広く共有されるようになってきた。にもかかわらず、戦争はより頻繁にそして大規模化しより悲惨なものとなっていき、さらに、構造的暴力は、ますますシビアなものとなって世界中に広がってしまった。近代以前にはあり得ない深刻な悲惨さと全人類地球規模で熾烈な暴力をもたらしている。

封建的な身分制社会から、人間の理性を尊重し自由で平等な個人からなる近代市民社会を生み出したのは、西欧近代社会である。特に重要なのが、中世キリスト教において育まれてきた自然法思想と自然権という概念ということに異論はないであろう［藤田 2010：11-18］。

国際法の歴史は、16世紀のスペインの神学者、ビトリアに始まるとされる。ビトリアは、新大陸の先住民らが非キリスト教徒であるという理由だけで、自然権を持たないとして自然法の保護の外におかれ、徹底的な迫害や殺戮にさらされていた。その新大陸先住民に対して、非キリスト教徒であろうとも、キリスト教徒と同じく自然権があり、したがって自然法の下にあり、権利や法による保護の対象となるとし、ヨーロッパ法の適用範囲を全世界に広げる思想的基盤を形成した［藤田 2003：97；広井 1997：113］。

しかしながらその一方、ヨーロッパ人の自然権への先住民による侵害が、先住民迫害の根拠として正当化される。自然権に優劣がつけられ、通商の権利などヨーロッパ人にとって都合のよい自然権が他の自然権に優位するとし、先住民による通商の拒否を自然権の侵害として弾圧することを認めたのである。ゆえに、結果として、ビトリアの思想は、ヨーロッパ人による世界の植民地化を正当化する最初の役割を担った［広井 1997：15］。

1648年のウェストファリア体制の確立により、近代主権国家が国際政治の中心となる。ウェストファリア条約により、神聖ローマ帝国は完全に廃止され、小国家や大貴族領を含め、形式的には対等で絶対的排他的な権力を相互に承認しあう中小国家の相互関係として近代国際関係の基盤が形成された。ヨーロッパにおいては、数十を超える主権国家が相互に関係を保ち、合従連合を繰り返しつつ、次第に英・仏・独・伊などの、現代に続く主権国家に統合されていく。その中で、主権国家間の戦争や和平、通商などにおいて相互関係を規定する外交関係が規範化されていった。国際法の主体は、絶対的排他的主権を持つ

主権国家にのみ限定されるようになり、それ以外の主体は、国際法の世界から姿を消していった。

　市民革命を経て自然権は、所有権を中心とする基本的人権として明確化されるようになる。西欧の近代主権国家は、国民に対する基本的人権の保障を国家の基本的任務として憲法や法律に明示するようになり、具体的に法制度化されていった。しかし、同時に個人の権利とその保障は主権国家内の問題とされ、国家への所属、国家の形態や状態いかんを問わず、普遍的な個人の権利およびその保障を基盤として個々人を国際法の主体とする契機は失われていった。

　失われていくどころか、西欧近代諸国のような権利や法が明文化された主権国家を文明国とし、そのような近代主権国家に所属する市民を文明人とし、それ以外の世界の地域や人々に対しては、非文明国や地域の非文明人として権利を持たず法の保障もないものとして扱われるようになる。しかも、非文明人に対しては暴力を用いてでも文明化することこそが文明人の使命であるとし暴力的な支配さえ正当化したのである［松井 2011：17-20］。

2　植民地帝国の発展

　近代資本主義システムが確立していくためには、「市場」の成立が必要である。そのためには所有権の概念の確立とその保障が欠かせない。所有権を前提とした契約の自由と契約違反に対する処罰や履行を強制する権力機構も必要となる。近代文明はこのような制度の確立の上に成り立ち、それを担ったのが、近代主権国家である。それを生み出したウェストファリア条約は、世界が資本主義システムで覆いつくされていく重要な起点でもある。

　西欧の近代主権国家は、文明国同士の対等な絶対的排他的な主権を、相互に認め合って、原則、各国の内政について不干渉とすると同時に、西欧以外の地域においては、すさまじい暴力と破壊による植民地化の激しい競争を開始した。

　非西欧地域においてトルコ、中国など統治権力が確定したところでは、武力の行使または威嚇によって不平等条約を結びつつ経済的な従属を強い、さらなる武力による威嚇や実際の行使によって政治的および軍事的従属を強いた。

第3章　沖縄は平和か？

　アジアやアフリカの大半の地域において、特定の領域と人民に対して固定的で統一された支配と権威が及ぶような国家的制度を形成しないような地域、あるいは国家的な制度があったとしても脆弱であった地域では、西欧列強によって先占者による「征服の法理」という正当性が用いられた。そのような地域は、どこの国の支配も及ばない「無主の地」であるとして、先占して土地の支配を確立し、さらに直接自国の新領土として宣言した。それに従属しない人々対しては、権利を持たない無法者が、権利を持つ者に対して権利の侵害を行っているとして武力討伐を行うなど弾圧し、植民地化を図っていった［松井　2011：19］。

　19世紀になると、西欧列強は、産業革命を経て世界の富を集中させるようになる。科学的合理的な生産性向上は、軍事部門に西欧各国に及び、圧倒的な軍事力を保有する列強が登場する。その軍事力を背景に、世界を文明化する使命を有するとしてこぞって世界の植民地化を推し進めた。西欧列強は市場を求めて世界中に植民地を作り、強大な植民地世界帝国となっていく。19世紀後半になると、太平洋島嶼を含め、アジア・アフリカのほとんどが西欧列強の植民地という状況になる。

　先発の英仏等諸国は広大な植民地を得たものの、国家統合や近代主権国家への移行が遅れたドイツ・イタリアなどは、植民地化を免れていた非西欧諸国・地域に対して、新たな侵略を企て植民地化を図っていく。しかし、やがて地球上が植民地で埋まりそれもままならぬ状態となり、英仏等の旧来の巨大な植民地帝国に対するドイツという新興の野心的な植民地帝国との正面対決、全面的な戦争に至る道が、1914年の第一次世界大戦に至る歴史と言われる。結果は、死傷者の数の歴史上あり得ないほどの増大と、民間人への被害の拡大である。第一次世界大戦では、国家内の人員や資源を極限に動員する国民総動員体制の戦争となり、その破壊力も被害もすさまじいものとなった。

　こうした状況の中、それまで植民地帝国による世界の分割支配を正当化する役割をはたしてきた国際法にも、戦争被害の重大な深刻化やすさまじい人権蹂躙の現実から、どうにかそれを押し留めるような国際規範の確立がようやく求められるようになってきた。

3　主権国家による武力行使の制限

　19世紀を通して激化し深刻化する戦争の被害の下、国際社会では、武力の行使または威嚇による新たな領土の獲得や人民の支配に対して一定のルールや制限の確立が模索されてきた［藤田　2003：6-20］。

　まずは、戦争や戦闘における人道的な制限である。非戦闘員である民間人や捕虜に対して、戦時および占領被占領を問わず、等しく普遍的な人権があることを前提に戦争に一定の制限を設けてルールを作り出す試みがなされてきたが、18世紀末から19世紀初頭、どうにかそれが明文化されて国際条約として承認される。それがハーグ陸戦条約である。

　この条約は戦争捕虜にも対戦国・占領地の民間人に対しても、基本的人権の尊重を戦争当事国および戦勝国に対して義務づける国際法である。捕虜の人道的な取り扱いの義務づけがよく知られているが、例えば、「第46条　家の名誉、権利、個人の生命、私有財産、ならびに宗教の信仰は、これを尊重しなければならない。私有財産は、これを没収してはならない」とあり、民間人の基本的人権を尊重するよう義務づけられている。

　次に、武力の威嚇による強制的な領土や人民の新たな支配もまた、不当なものとして認められるようになってきた。主権国家と主権国家との間に条約を締結する際、国際的に共通する規範が国際慣習法として成立してきた。二国間の「国際条約」は、非西洋地域の国家的な組織との間にも準用され、二国間条約を支える一般的な国際法規は、望むと望まないとにかかわらず、非西洋諸国もその体系に組み入れられることになり、国際的一般的な法規範としてまさしく全世界的な法規範として確立されるようになってきた。のちにそれは、ウィーン条約法条約として明文化されることになる。

　その結果、世界が分割されつくしてようやく、一方的な武力行使による支配の正当化である、「征服の法理」が国際法上無効とされることとなった。その後、いかなる地域であれすべての地域の人々に、侵害してはならない個々人の人権があり、すべての人民に同等の自決の権利があると主張されるようになった。

　第3に、戦争そのものを国際的に違法とする動きである。現在に至るまで何

が正当な戦争であり、何が不正な戦争であるのか、戦争の正当性を判断する国家の上位機関は存在しない。したがって、実際にはそれぞれが外交において自国の主張、自国の正義を繰り返し、それぞれの正義追及の延長上に戦争を始めていく、この状況を世界は追認するしかない、つまり正戦と不正戦を区別しない「無差別戦争観」が第一次世界大戦以前は、国際的に支配的な見解であった。しかし、戦争の質的量的な変化に伴い20世紀に入ると平和的解決の努力なくして戦争に訴えることを禁止する国際的規範が出現し始める。国際連盟規約ではこの流れを受けて、国交断絶のおそれのある紛争について、国際裁判・連盟理事会に付託することなく行う戦争（規約第12条）や判決・理事会の報告後3カ月間のモラトリアム期間に行う戦争（規約第12条）、判決・理事会の勧告に従う国に対する戦争（規約第12条・第15条）を禁止した［藤田 2010：17］。

第一次世界大戦における戦争の悲惨さは、欧州5カ国でのロカルノ条約（1925年）をもたらした。さらにブリアン・ケロッグ規約（不戦条約1928年）が締結され、戦争は違法化されるようになった。この条約は人類史上、戦争の禁止を法制化した画期的なものであった。【→1章 p.8】

しかし、それをもっても第二次世界大戦の勃発を押し留めることができなかった。その反省から、大戦後、これらの流れを受けてより戦争の違法化に積極的な国連憲章（1945年）が制定された。自衛権の行使（憲章第51条）および軍事制裁（憲章第42条）の例外を除き、武力の行使による威嚇が禁止された（憲章第2条）。

基本的には、戦争の違法化は、主権国家間の戦争について、国連や国際法を介してより厳しい制限を設ける趣旨である。直接的な軍事力の行使が対象となっている。しかし、見過ごすことができない問題として、第二次世界大戦中から戦後にかけての軍事的な占領地域や戦勝国のいまだ解放されない膨大な植民地に対する暴力的な支配、あるいは新たな植民地主義や特定の少数者への「構造的暴力」が、さらなる問題とされるようになった。

4　国連、人権と人民自決権の国際法

1945年、第二次世界大戦は、連合国の勝利で終わるが、単なる軍事同盟に留

まらない国際連合を生み出した。国際連盟は、第二次世界大戦の勃発を防ぐことができず、さらに過酷な戦争被害現実の反省から、理想主義的な国際連合の創設理念が採用されることになった。人道主義や人権概念の普遍的な発展もあるが、経済的にもブロック経済による植民地帝国の権益保護は、持たざる国々の武力による冒険的な打開策、すなわち軍事力の行使を招き、世界大戦の根源的な原因を招いたとされ、植民地の解放すなわち独立が国際社会の総意となる〔松井 2011：28-35〕。

国連憲章第1条に、人民の自決権が掲げられた。「第1条〔目的〕　2　人民の同権及び自決の原則の尊重に基礎をおく諸国間の友好関係を発展させること並びに世界平和を強化するために他の適当な措置をとること」と規定され、国連が自決権の主体を「人民」と明記したのである。

もちろん、強大な植民地帝国は、総論は賛成できても各論、つまり個別具体的な自国の植民地への適用は簡単に容認できない。しかし、既存の主権国家の支配下においても、政治的な地域の自由な決定を行う権利を有する「人民」が複数存在しうることを国連が確定し、多様な国際条約の根幹に置く展望が開けたことは極めて重要であった。

つまり、すべての人類が享受すべき不可侵の権利である人権の保障が掲げられたこと、さらには、その人権保障のためには、すべての人民が自決権を同等の権利として持つことが規定されたのであり、国連加盟国は、それを守る義務を有することとなった。

国連の創設期、国連憲章制定時以来、列強の植民地が人権侵害に直結しており、その解消が人類規模での世界的な課題であることは国際社会の共通の認識として明白にされてきた。したがって、主権国家を含めて政治的地位を自由に形成する権利が植民地の人々にもあることを認めざるを得ないことも共通に理解されるようになってきたのである。

国連では1948年の世界人権宣言の発布をはじめ、人権保障の国際的な規範や条約が次々と制定されていく。さらにその人権保障を実現するための自決権の規範が吟味され、その集合的権利を持つ「人民」とされる集団が幅広く考えられるようになってくる。

「世界人権宣言（仮訳文）
前　文
　人類社会のすべての構成員の固有の尊厳と平等で譲ることのできない権利とを承認することは、世界における自由、正義及び平和の基礎であるので、（中略）これらの権利及び自由に対する共通の理解は、この誓約を完全にするためにもっとも重要であるので、
　よって、ここに、国際連合総会は、
　社会の各個人及び各機関が、この世界人権宣言を常に念頭に置きながら、加盟国自身の人民の間にも、また、加盟国の管轄下にある地域の人民の間にも、これらの権利と自由との尊重を指導及び教育によって促進すること並びにそれらの普遍的かつ効果的な承認と遵守とを国内的及び国際的な漸進的措置によって確保することに努力するように、すべての人民とすべての国とが達成すべき共通の基準として、この世界人権宣言を公布する。」

　最初の文に、全人類に平等な基本的人権があることを宣言し、それをすべての国が認めることこそが世界平和の基礎であると宣言している。また、国連主要国である英仏等の広大な旧植民地帝国による植民地支配がその国際的な根拠を失っていくことを意味している。近代以降に西洋諸国が強制的に支配下に置いた植民地および植民地の人民は、自らの人権保障のために自決権を持つものとされ、第二次世界大戦後、自決権に基づいて次々と新たな主権国家として独立していった。

　1960年12月、国連総会は「植民地諸国、諸人民に対する独立付与に関する宣言」、いわゆる「植民地独立付与宣言」を採択した。前文には「いかなる形式及び表現を問わず、植民地主義を急速かつ無条件に終結せしめる必要があることを厳粛に表明」するとあり、この目的のために第5項では、「信託統治地域及び非自治地域又はまだ独立を達成していない他のすべての地域において、これらの地域の住民が完全な独立及び自由を享受しうるようにするため、なんらの条件又は留保もつけず、その自由に表明する意思及び希望に従い、人種、信条又は皮膚の色による差別なく、すべての権力をかれらに委譲するため、速やかな措置を講ずる」と規定され、国連はその支援に取り組むことが明言された。米軍政下にあった沖縄では、沖縄の民意を代表する議会に相当する琉球立法院が1962年のこの宣言の趣旨をそのまま用いた決議を2月1日に採択し、国

連および当時の全国連加盟国に送付している。

　国連の創設期に、常任理事国等の主要国政府が考えたのは、当然ながら既存の主権国家の国民こそが、自決権の主体であって、植民地人を想定したとは決して言えない。しかし、国連の創設には政府代表のみならず、国際的な市民団体も参加し、国連憲章の草案作成に加わった。自決権を持つ存在は、「国民」「民族（Nations）」ではなく「人民（Peoples）」とされ、ここから植民地や従属的地域が自決権を持つ主体として浮かび上がってくる可能性が萌芽した。その後、国連総会決議において「植民地独立付与宣言（1960年）」が採択され、実際に多くの植民地の「人民」が独立を求めていった。国連を討論と討議の場において、自決権の主体に関する議論は発展してきた。

　自決権の権利集団、行使集団として国際法上の主体として表れてくる「人民」が、既存の主権国家の構成員、すなわち形式的に「国民」とするならば、非公式的にあるいは実質的にも構造的、直接的な差別を受ける「少数派」も、国民とされ自決権を持たないことになる。既存の主権国家の成立期やそれ以降に、形式的には植民地とされないまでも実質的に従属する地域（従属的地域）に置かれた人々も、自決権を否定されることになる。植民地独立付与宣言においては、「植民地」を政治的地位に関する形式によって定めるのではなく、いかなる形態であれ実質的に従属する地域や集団に幅を広げ、そこで国家をこれから形成する可能性ある集団を「人民」として、自決権を与える形にしなければならないとされた。国連独立付与宣言は、すべての従属的地域の人々に対して自決権の付与を正当化する土台となったと言える。

　1966年になると、人権の保障と人民の自決権が一体のものとして規定される国際人権規約が制定される。国際人権規約は、社会権規約と自由権規約からなる。その共通する第1条に、人民の自決権が、明記されたのである。

>「第1条　1　すべての人民は、自決の権利を有する。この権利に基づき、すべての人民は、その政治的地位を自由に決定し並びにその経済的、社会的及び文化的発展を自由に追求する。」

世界人権宣言以来、人権保障を国際条約としていく試みがなされてきたが、

国際人権規約はその成果である。それは様々な個別の、個人として権利である基本的人権を列挙した条文から成り立つが、その第1条だけは、集団としての権利である人民の自決権が規定されている。個々人の人権保障の基盤には、その個人が所属する集団が集団の権利として、政治的な地位を自由に決定していく権利と、自らの経済的、文化的、社会的な発展を自由に追求していく権利に対する保障がなければならない。それがなければ個々の、個々人の人権も保障できないということである。

　さらに、近年では人民の自決権は、さらに武力や威嚇による人々の意思に反した併合、植民地化、強制的な支配を非正当化する方向で発展している。

　ウィーン条約法条約は、1969年国連に設けられた委員会の下に、これまでの国際慣習法を明文化していく形で成立した。国連の結成目的である国連憲章を条約の前文に導入し、「人民の同権及び自決の原則、すべての国の主権平等及び独立の原則、国内問題への不干渉の原則、武力による威嚇又は武力の行使の禁止の原則、すべての者の人権及び基本的自由の普遍的な尊重及び遵守の原則等」を、国際関係を律する基本原則としている。

　ウィーン条約法条約によって、暴力の行使または威嚇による植民地化は、禁止される。国際法は、暴力の行使および威嚇に基づく同意なき支配に対して、それを非合法化する方向で発展している。以下の条文で明らかである。

> 「第51条　条約に拘束されることについての国の同意の表明は、当該国の代表者に対する行為又は脅迫による強制の結果行われたものである場合には、いかなる法的効果も有しない。」

　かりに1879年に、琉球王国の人々が人民として自決権を有する存在であり、国連憲章の「人民の同権及び自決の原則」およびウィーン条約法条約第51条が、国際慣習法として既に成立していたというのならば、「琉球処分」すなわち、日本の琉球併合は、国際法違反ということになる［阿部 2015：260-263］。

第2部　沖縄の軌跡から考える平和

3　日本の琉球併合と沖縄支配

1　沖縄への歴史的不正義と暴力の制度化

　沖縄では現在、大きな歴史認識の転換が行われている。日本の琉球/沖縄に対する4つの処遇が、近代国家建設や敗戦で生じざるを得ない甘受せざるを得ない歴史的事象であったという認識から、国際法、人権法、人道法違反であり、極めて大きな歴史的不正義であるとする認識である。[1]

　第1にいわゆる「琉球処分」に対して、その言葉を用いず「琉球併合」と一般に言われるようになり、それを不正な強制併合、歴史的不正義とする歴史的評価への転換である。第2に、戦中戦後の処分とも言うべき沖縄の米軍による直接統治への恒久的な施政権分離と米軍基地建設に対する不正義の告発である。第3に、沖縄側の要望を完全に無視し、在沖米軍の基地権益を日本政府がそのまま保障することを確約し、その後も基地被害に苦しみ続ける沖縄を確定した沖縄返還協定の不正義と、第4にこの3つの歴史的不正義を全く顧みることもなく、また沖縄の人々の人権と民意さえ無視した形で、抑止力とは直接関係のない老朽化した米海兵隊普天間基地の代替施設として、新基地建設を海上保安庁や機動隊の暴力を用いて強行する現在進行形の沖縄に対する不正義である。日本政府の沖縄に対する処遇が歴史的不正義として認識されるようになってきたことである。

　この歴史的不正義という認識を根拠づける論理は、沖縄では近年「自己決定権」という言葉が用いられているが、国際法上の「人民の自決権」である。そもそも沖縄は自決権を持つ主体であり、自らの意思でそれを放棄したことはない。日米両政府は、その否認によって極端な人権侵害の上に成り立つ米軍基地を存在させている。

　琉球/沖縄は、そもそも国際的な約束を締結できる政治的実体として存在していた。1853年、日米和親条約この条約は、国際的な条約締結の主体として結んだものと言われている。翌年、琉球は、それとほぼ同じような内容の、琉米修好条約を結んだ。米国にとっては琉球国も、日本も同じような国際条約の対

象という証左である。つまり、自決の権利の主体として存在していたと言ってよい。琉球／沖縄の人々が自らの意思で自決権を放棄したことはない。この自決権を否定することによって、日米両政府によって、人権侵害の状態が合法化されてきた［阿部 2015：260-263］。

現在の日本政府の在沖米軍基地に対する施策は、強制的な新基地建設に見られるように沖縄の意思と自己決定権を無視した抑圧的な国策の推進と経済的補償による人権侵害受容の強制である。

2 原点＝琉球併合の歴史的不正義

いわゆる「琉球処分」が近代沖縄の出発であり問題の根源である。明治初頭に編成された47都道府県という日本の広域自治体の中で、北海道と沖縄は極めて特異な歴史的経緯により近代日本の国土に領土編入されている。ここでは、その概要を紹介するに留める。他の45府県は、歴史的な律令国家の復活という形式を用いつつ、「王土王民」に基づく「版籍奉還」という名目で、国土と国民に対する絶対的排他的な近代的国家主権を確立していった。しかし、律令国家においても幕藩体制においてもその外部にあった蝦夷地と琉球には、この論理の適用は不可能である［波平 2015：89-94］。

琉球国は、東アジアの国際関係または外交関係に相当する中国中心の朝貢・冊封関係の中にある国家として500年にわたって存続してきた。また、19世紀西欧諸国が築きつつあった近代国際関係においては、1854年、琉米修好条約を締結、55年琉仏修好条約、59年には琉蘭修好条約を結んでいる。まがりなりにも当時の国際関係の主体として存在していたという証と言える。

1879年の琉球併合は、日本軍が首里城を包囲する中で、首里城の明け渡し、王府の外交を含む政治的なすべての権限を日本政府に移譲し琉球王国を廃止することと、国王の東京移住を強要するものであった。この要求の拒否に対しては武力による占領が示されていた。このように琉球併合は、武力による威嚇の下に琉球国の意思に背き強制されたものであり、武力威嚇による領土の取得が認められていない当時の国際慣習法（後のウィーン条約第51条）に違反し無効である可能性が高い。以降、沖縄県人には日本人として同じ権利を認めず、内地

法とは別の法体系の「特別県」として組み入れた。

　琉球の支配層である士族層は、これに対して武力抵抗は断念したものの、不服従と非協力を誓い合い、士族の代表として北京に琉球救国活動の担い手、亡命琉球人を送り込んだ。これは侮蔑的に「脱清人」と呼ばれた。同時に東京に強制的に移住させられた国王とともに東京に移った者たちも、条約を結んだ友好国として義務を果たすべき米国、フランス、オランダをはじめ多くの国々の大使館に琉球救国の働きかけを行った。

　この琉球併合に対しては、清が日本政府に強く抗議し承認しなかった。翌1880年米国の大統領任期を終了し、北京旅行に向かう途中日本に立ち寄ったグラントは、琉球の地位に関する日清間の紛争に対して仲介を申し出、明治政府はその仲介の下に妥協案をねん出した。最終的な案は、沖縄本島以北を日本領として宮古島以南の先島諸島を清国領として譲歩することと、その代わりに清国から日本が貿易上の最恵国待遇を得る、という提案（分島改約案）を行っていた。

　米国は琉球との修好条約を結ぶ友好国として、元来、国際法違反の疑いの大きな琉球併合に対して、疑問を提示することこそが求められるべき関係である。それを完全に反故にし、琉球国の日本への併合を黙認したばかりか、分割案の仲介を行うことなど、明らかに修好条約の締結国としてあるまじき行動ということができる。

　琉球の日本への併合問題が、事実上の決着となるのは、日清戦争の勃発と日本の勝利が確定した1895年である。下関講和条約において、日本の琉球併合が議題として出され条約において認めたというものではなく、台湾の日本への割譲が講和の条件であり、琉球については議論の余地さえないものと考えられた。日清戦争後日本政府は、沖縄に近代的土地の所有権を設定していく。その中で王国の土地は日本政府により強奪され国有地とされ、多くの土地が本土出身者等に売却されていった［琉球新報社・新垣　2015：47-84］。

3　沖縄の放棄と分離

　次の過酷な日本政府の歴史的不正義は沖縄戦とその後の沖縄の取り扱いであ

第 3 章　沖縄は平和か？

る。1945年 6 月23日（一説には22日）が沖縄戦の終結の日と言われるが、それは、軍民にわたる捕虜禁止と戦闘継続の命令を出したまま第32軍のトップが自決し、組織的な抵抗が不可能となったというだけに過ぎず、泥沼の戦闘を軍民ともに継続しなければならない状況にあった。その最中の 6 月、日本政府は太平洋戦争終結のため、ソ連を仲介者として連合国に講和を求める準備を進めた。その任にあたったのは、近衛文麿である。日本政府によって考案された講和の条件のなか、領土問題については、「固有の領土」を持って満足する、とし、その固有の領土から沖縄を除外することが定められていた。

　日本政府や軍が、沖縄を「皇土」を守るための全住民の死を求める戦場と定め、さらに日本の「固有の領土」でもないと明言したことに符合するように、明治以降の日本の侵略による領土の剥奪を要求した1943年のカイロ宣言をもとにして詳細な日本の領土規定が置かれた45年 7 月 6 日のポツダム宣言では、日本の主権は、「本土 4 島及び連合国が定めるその周辺離島」に限定されるとされた。このような中で、沖縄戦は戦われたのである。

　米軍は1945年 4 月沖縄本島に上陸し、同時にニミッツ布告によって北緯30度（後に29度と変更）以南の旧琉球王国の領域、鹿児島県となっていた奄美諸島を含めそれ以南の全琉球を米軍政の下に置くと宣言した。【→4章 p.88】

　米軍は、自らを日本帝国からの琉球の解放軍として受け入れられることを望んだが、直接的な軍政による人権蹂躙は、すさまじいものがあり、沖縄の人々が容易に米軍を受け入れる状況にはなかった。最も深刻な人権蹂躙の 1 つは、土地の強奪である。地上戦が行われた沖縄本島および周辺離島では、沖縄戦の最中、収容所を建設し全住民を収容した。その収容期間中に沖縄の人々には土地の権利がないとし、沖縄の土地を強奪して基地建設を行っていった。

　普天間基地はその最たるものであり、戦前約 1 万の人々が住み、小学校や村役場、郡役所等が存在する豊かな土地であったが、住民の意思を無視して、残された建築物、集落、畑もすべて焼き払い取り壊しブルドーザーで埋め、住民を二度と故郷に戻れないようにして建設されたものである。伊佐浜や伊江島では戦後10年を経た1955年から米軍による土地の強奪、強制接取が開始している。その後、基地を受け入れざるを得なかった辺野古の場合も、拒否しても強

制接取すると脅して受け入れの甘受を迫るものであった。

　戦時国際法あるいは国際人道法と呼ばれる1907年のハーグ陸戦条約では、たとえ戦勝国占領国であっても、守るべき人権および人道が規定されている。その第46条に戦勝国に対して、民間人の土地の占拠を禁止することが明記されている。日本がポツダム宣言を受諾し、無条件降伏を調印しGHQによる占領が開始した後、いかなる理由でもってしても、沖縄の人々の土地の米軍による占領は、正当化できるものではない。明らかな国際法違反である。

　米軍は、沖縄を米軍の恒久的な基地として整備し、支配し続ける意思を有していた。かりに日本本土と全く同じ日本の固有領土であり日本の一部であり、日本民族の一部がたまたま沖縄に住んでいるに過ぎないということであれば、日本の講和（独立回復）に伴って、恒久的基地の存続は断念しなければならない事態になりうる。したがって、この論理は受け入れがたかった。

　しかし、日本の固有の領土ではなく、ポツダム宣言で除外されると解釈された日本の主権に属さない地域や人々であるとするならば、国連憲章に定められた人民の同権と自決権を沖縄が持つとして適用せざるを得ず、米軍の沖縄占領はそれまでの暫定的なものとして、将来的には沖縄の人民の自決権に基づく政治的地位の自由な決定に従わざるを得ないことになる。第二次世界大戦後、かつての日本の植民地、占領地域が次々と自決権をもとに独立し主家国家を建設したように、米軍の軍事占領から沖縄の人々が自決権を要求した場合に対抗できない。

　このジレンマに対する答えを用意したのは、1947年9月のGHQマッカーサーにあてられた天皇メッセージであった。沖縄を日本の領土でありその主権下に属するものの、米軍の望む期間、沖縄を米軍に貸借するという提案であった。「マッカーサ元帥のための覚書」は要約すれば以下の3点である。[2]

　①米国による琉球諸島の軍事占領の継続を望む。
　②上記①の占領は、日本の主権を残したままで長期租借によるべき。
　③上記①の手続は、米国と日本の二国間条約によるべき。

　この書簡を受理したシーボルト連合国最高司令官政治顧問は、率直に「a hope which undoubtedly is largely based upon self-interest（疑いをはさむ余地

第3章　沖縄は平和か？

なく主として self-interest〈私利私欲〉から出た要望)」と評価している。天皇は自らの地位の保全のために、沖縄を貢物のようにして米軍に差し出したということになる。日本に潜在的主権を残す、としたのは沖縄の人々のことを慮ってではなく、日米両政府による合意だけで、中国やソ連からの介入も国連からの介入も、そして沖縄の人々の要求さえも遮断することができることになるからである。

　この天皇メッセージは、その後のサンフランシスコ講和条約と沖縄の政治的地位の確定の基礎となった。条約第3条に沖縄の地位について日本は「合衆国を唯一の施政権者とする信託統治制度の下におくこととする国際連合に対する合衆国のいかなる提案にも同意する」ものとされ、その提案がなされるまで米国が施政権を担うこととされた。【→1章 p.14】

　国連の「信託統治制度」というものを隠れ蓑のように使っているが、この信託統治制度の下に沖縄をただちに置くというのではなく、それを将来、米国が国連に米国の信託統治下に置くと提案することについては、日本は同意する、ということである。それが何を意味するのか。

　沖縄の統治に対する主権が日本に残っているがゆえに米国の提案への同意の権利がある、という解釈もありうる。しかし、その解釈は無理がある。信託統治は、国際連盟の委任統治を引き継ぐ制度と言われ、敗戦国の植民地を戦勝国が、将来的な独立を前提として施政権者となることを国連が承認するものである。日本の南洋諸島は、旧ドイツ植民地から日本の委任統治領となり、第二次大戦後は米国の信託統治領となった。国連のこの仕組みでは本国の一部が、信託統治領になることは全く想定されていない。

　したがって、そもそも、日本に主権がある日本の本国の一部を信託統治におくことは不可能である。さらに、米国があたかも国連に対して近い将来信託統治を提案するかのように書かれているが、米国にその意思は全くなかった。

　最後の一文は、合衆国が琉球諸島の施政権(実質的な主権)を掌握するとの宣言であり、「日本」は、主語にも述語にもどこにもない。したがって、講和条約の締結国として、それを容認する立場ということが間接的にわかるものである。前の主権者であった日本は、米国が琉球諸島の三権(実質的に主権)を

75

掌握することをそのまま認めるということである。したがって、暫定的な米軍直接支配、というあいまいな形を装いつつ、沖縄の地位は、国連の信託統治制度の下にも置かれる可能性もなく、また日本の主権下に置かれるべき日本本国の一部とも明示されない、実質的な軍事占領の恒久的な継続という地位に置かれてしまったということができる。

かりに日本本国の一部であるとするならば、そこに対して日本法の適用除外地域とすることは、少なくとも憲法第95条の地域特別法、つまり、一の地域にのみ適用される法律について、住民投票に付す義務を設けた規定に従う必要がある。憲法以前に、衆議院参議院、内閣にただ1名の沖縄選出国会議員がいない中での、犠牲や負担を一方的に一地域に課す講和条約の締結と批准は、完全に代表無き決定であり、そもそもが無効だということができる。

4　沖縄返還協定の本質

沖縄返還協定は、1969年の夏から秋にかけて佐藤栄作首相の特使として若泉敬京都産業大学教授とその米留時代の友人でもある国防省文官モートン・ハルペリンとの間で交渉が詰められていった。非核三原則を基本政策とする日本政府に対して米国が沖縄の核兵器を撤去するのかが最大の懸念事項とされ、核兵器の持ち込みに関する秘密協定の疑惑が当初からあった。実際に有事の際の核の持ち込みに関して秘密協定があったことがわかっている。[3]

しかし、ハルペリンの証言により次のような協定の本質が浮かび上がってくる。60年代半ばに原子力潜水艦からICBM（大陸間弾道ミサイル）が常時世界のいかなる場所からも発射できるようになっており、沖縄からの核兵器の撤去に関しては、軍事上もはや何も問題がなかった。しかし、この撤去を最大の譲歩事項とする、その代わりに、軍事上のメリットが極めて大きい、(1)在沖米軍基地の恒久的な存続とその自由使用の日本政府による確約と、(2)安保条約の実質的変更、すなわち在日米軍基地全体について事前協議制や日本周辺の有事に限定されるというそれまでの安保条約の制約を外していくこと、の2点であり日米交渉の開始前の5月時点で米外交の基本戦略は決まっており、若泉敬はその罠にはめられたわけである。沖縄返還協定の締結を米国政府は「外交上の勝

第3章　沖縄は平和か？

利」としている。

　返還協定は、さらにその第3条において「当該施設及び区域が合衆国軍隊によって最初に使用されることとなつた時の状態」のまま置かれるものとなり、沖縄の人々の人権を犠牲にした米軍の不法占拠でしかない沖縄の基地は、この協定とそのための様々な特別法の制定により、形式的に合法化されることとなった。さらに、その第4条において、沖縄の人々の米軍基地による被害、米軍支配による被害に対して、日本政府は沖縄の人々に代わって、米国に対する請求権を放棄することを認めている。[4]

　このような返還協定が、沖縄の側の意思に沿うものかどうか、沖縄の適切な代表が適正な参加を行った上での交渉と締結なのか。残念ながら完全にそれを無視した上での返還協定の交渉と締結としか言いようがない。

　琉球政府では、長い自治権闘争を経て1968年政府主席の公選がようやく実現し、屋良朝苗主席が誕生していた。沖縄返還協定が判明した段階で極めて大きな危機感を持った琉球政府は、急遽、「復帰措置に関する建議書」（屋良建議書）を作成し日本政府に対して、沖縄側の要求を明示した。[5] 返還協定の本質を見抜いて批判し、当時の急速な米中接近、中国の国連常任理事国入り、そして終結が見えてきたヴェトナム戦争という急激に変化する国際情勢を正確に分析し、沖縄の米軍基地の撤去可能性を見通した上で沖縄の発展は沖縄が担うという、沖縄の平和と自治の主体的な確立を提言するものであった。

　しかし、それは完全に無視され、米軍基地を形式的に合法化する特別法をはじめとして、沖縄返還協定を実現するための多くの特別法からなる復帰関連法が1971年11月すべて採決されてしまった。その最もひどいそして復帰特別措置の核心にある法律が、「沖縄における公用地暫定使用法」（以下、「公用地暫定使用法」と略）である。公用地とは米軍用地のことであり、契約の対象者が日本政府に変わろうとも、当然ながら軍用地としての土地の賃貸契約を拒否し、土地の返還による権利回復を主張する地主が出てくることが予想された。したがって、その土地の所有権を制約し、返還を拒否し強制的に米軍用地として収用する特別な法律が必要となる。それが公用地暫定使用法である。

　公用地暫定使用法は、沖縄にしか適用されない、沖縄の人々の人権制約に関

わる地域特別法であり、元来、憲法95条の適用が要請され、住民投票がなされるべきところのものである。95条は、一の地域にのみ関する特別法は、国会の通過後、住民投票の付すべき旨が定められている。当該地域の住民による法律制定に対する立憲主義的統制の権利と具現化とを要求している。その法案について、国家安全保障に関わるものは、除外される、米軍に関係するものは、除外するという規定はない。すべての法律案に対して特定地域のみ適用されるのであれば、実施することを求めているのである。「国家安全保障は国の専管事項」という主張が繰り返し述べられてきたが、憲法95条では特定地域にだけに適用される安全保障関連の法律案についてさえも、その地域の住民が最終的に法律にする権利を保障している。

　1971年国会の沖縄関連法の制定手続において、琉球政府の意思、沖縄の意思が適性に反映されたとは言えない。その明白な拒否である。これこそが沖縄返還後の日本政府による沖縄支配の最も重要な仕組みであった。

　国際人権規約の共通第1条の規定の人民の自決権には、第1に政治的地位の自由な決定の権利がある。1972年の沖縄振興開発特別措置法を中心とする施政権返還後の沖縄の政治行政の仕組みは、先に述べた琉球政府の建議書や意思を反映したものということはできない。人民の自決権は、第2に経済的発展、文化的および社会的発展の自由を掲げている。しかし、沖縄振興開発の権限は、沖縄開発庁に置かれた。公共事業への投資に極端に比重を置かざるを得ない仕組みであり、総額が増大する可能性はあるが沖縄が自らの意思で経済的発展を追求できる仕組みではない。

　沖縄返還協定の米国防省の担当者であったM・ハルペリンは、当時の国際情勢において沖縄の米軍基地の整理縮小は可能であり、いったん施政権が返還された後は、日本政府が確実に在沖米軍基地の縮小を要求してくることを当然視していたと述べている。それを阻止したのは、日本政府の側であった。[6]

4 可視化される沖縄への暴力と人権侵害

1 国際都市形成構想と普天間基地問題

　1990年末に12年ぶりの革新県政として大田昌秀知事が誕生した。大田は、国が策定権限を持つ沖縄振興開発計画（三次振計）において、在沖米軍基地の整理縮小と既存の振興開発体制に変わる新たな沖縄振興のあり方を全く見通せないことに対して危機意識を持った。三次振計の開始する92年にはすぐに、復帰後初の沖縄県独自の基本計画というべき「国際都市形成構想」の策定に着手した［島袋 2014：114-136］。

　1995年にアメリカ兵による性暴力事件が起こり、軍用地の強制使用手続に関する知事の事務を拒否した大田は、東アジアの発展の中に基地無き沖縄を描いた国際都市形成構想を大々的に掲げることができた。2015年までの在沖基地の段階的撤去を計画化した基地返還アクションプランは、国際都市形成構想の前提条件と言ってもよい。これは、県内移設条件など全くない在沖米軍基地撤去に関する、沖縄県の正式な要求であったということができる。

　しかしながら、日本政府は、沖縄からの米軍の撤退を拒み、また海兵隊の沖縄駐留にもこだわった。当時のモンデール駐日大使は、海兵隊撤退の提案が日本政府からなされた場合は、米国は受け入れざるを得ないという認識であったという。しかし、日本側はこの沖縄の要求を無視した。1996年末日米合同委員会により形成された両政府の合意は、普天間基地の撤去でなく、県内移設というものであった。

　大田県政は、1996年前半、機関委任事務とされた代理署名を拒否し、国が知事を訴えるという代理署名裁判を争っていた。裁判の進行と同時期に並行して「国際都市形成構想」の実現支援を落とし所として政府との交渉を行っていた。96年4月に発表されたように普天間基地は閉鎖とし、その代替施設は小さなヘリポートを既存の基地内に置くとされた。ところが、このヘリポートがいつの間にか巨大な航空基地に変貌する。そしてこの新たな基地建設と密接に関連づけられた新しい補助事業が次々と導入されるようになる。それが、基地所

在市町村交付金(いわゆる島田懇談会事業)、北部振興事業、米軍再編交付金事業などである。1997年の名護市民投票では、辺野古移設の是非が問われ、反対が過半数を超える結果がもたらされたが、それを契機にいっそう新たな補助金は増えていったのである。【→2章 p.49】

　沖縄振興開発予算は、たとえ暗黙の前提であったとして「基地の補償」、「見返り」であると公には決して明言されず、あくまで「格差是正」や沖縄の特殊事情への対応ということが名目であった。しかしながら、90年代後半から導入された始めたこの新しい補助金は明らかに辺野古の新たな基地建設の補償的(見返り)な意味合いがあり、E・カルダーのいう「補償型政治」の仕組みということができる【→2章 p.48】。その後、沖縄に対する労苦に報いるという意味での「償いの心」は完全に消滅し、基地の見返りといういわゆる「リンク論」が与党幹部や大臣から頻繁に言及されるようになる。

　基地問題の本質は、その建設から現在そして未来に及ぶ人権侵害である。したがって金銭的補償によって人権侵害を受容するよう強制する言説ということができるが、その自覚は全くない。沖縄に対しては、全く別の基準で国策の強制と人権の侵害および自治への介入が行われている。

2　日本政府および自民党による沖縄の自治破壊

　2011年末、オスプレイ輸送機の普天間配備計画が明らかになると、沖縄では辺野古移設反対の声はさらに強くなった。県議会全会派全政党、地方4団体、主要経済団体および労組、社会教育団体の代表が結束して実行委員会を結成し、オスプレイ配備反対と辺野古移設反対を唱える県民大会の開催を企画し、2012年9月9日には10万人を超える大会を実現した。しかし、日米両政府はそれも無視し、10月1日にはオスプレイの普天間配備が実施された。県民大会実行委員会は、解散することなく、同実行委員会に参加した組織代表の署名捺印、さらに県内全団体に相当する41市町村の首長と議長の署名捺印を添えた、オスプレイ配備反対、普天間基地の閉鎖および県内移設断念を要求する建白書を作り上げた。2013年1月28日に、建白書作成に尽力した翁長健志那覇市長(当時)が、安倍首相に直接面会し手交した。

自民党執行部は、沖縄県選出の自民党所属国会議員に圧力をかけ、2013年11月25日、衆参の5人の議員の公約を撤回させて、辺野古容認の記者会見を開催した。さらに27日、自民党沖縄県連がこれまでの方針を撤回し辺野古容認を組織決定した。次年度沖縄振興予算の調整のため、12月16日に上京し、翌日午前、沖縄政策協議会（沖縄県知事と関係閣僚からなる一種の閣僚会議）に参加した仲井真知事は、同日午後には体調を崩したとして東京都内の病院に緊急入院した。19日には病状が軽減したとして仲井真知事は安倍首相と会談し、その後も政府関係者との会談や交渉が継続したが、その内容については一切公開されず発表されなかった。17日から25日にかけて入院中の知事の行動と意思決定については、県庁幹部の中においてもごく側近の者しか事情がわからず戸惑いが広がっていた。こうして25日には再度安倍首相との会談が設定され、要望予算に対する回答に謝意が示され辺野古承認の方針が示され、27日に仲井真知事は辺野古沿岸の基地建設のための埋め立てを承認した［島袋 2015：11-12、以下、主としてここを参照、引用を省略］。はたしてこの埋め立て承認は、政府の言うように適正手続ということができるのだろうか。

3　国際人権法の要請

　沖縄の人々に対して、国連人種差別撤廃委員会、自由権規約委員会は、「先住の人民（Indigenous people）[7]」と指摘し、その権利を保障するように、再三日本政府に対して、改善勧告や意見の提出を行っている。

　自由権規約は、参考にすべきというレベルではなく日本の法制度において直接的な法源であり、自由権規約を批准している日本は遵守する義務がある。日本国憲法および法律は、国際的な基準にしたがって解釈しなければならず、基準を満たさない法律は改廃または新規立法しなければならない。

　沖縄の場合、自由権規約委員会および人種差別撤廃委員会の再三の意見にもかかわらず、先住の人民との指摘に日本政府は論理的な反論ができていないにもかかわらず同意していない。

　自由権規約第27条は、文化享有権に限定されて解釈されてきたが、それに限定されずより広範な先住の人民の権利に関する国際連合宣言（2007年9月国連総

会決議、日本も賛成、以下、「権利宣言」と略)」で定められた権利が適用されることとなっている。自由権規約委員会は、2014年以下のような見解を日本政府に示した。

> 「先住民族の権利：委員会は、アイヌの人々の先住民グループとしての承認を歓迎する一方、琉球及び沖縄人というものを認めていないこと、並びにそれらのグループの伝統的な土地や資源に対する権利、あるいは彼らの児童が彼らの言葉で教育を受ける権利が認められていないことに関して懸念を改めて表明する（第27条）。締約国は、法制を改正し、アイヌ、琉球及び沖縄のコミュニティの伝統的な土地及び天然資源に対する権利を十分保障するためのさらなる措置をとるべきであり、それは、影響を受ける政策に事前に情報を得た上で自由に関与する権利を尊重しつつ行われるべきである。」[8]

自由権規約委員会は、自由権規約第27条のマイノリティについて、権利宣言に挙げられた先住の人民を内包するものとして捉え、権利宣言を用いて解釈すべきものと言及している[9]。琉球および沖縄の「伝統的な土地及び天然資源に対する権利」を十分に保障する措置を行い、影響を受ける政策決定手続に「事前に情報を得た上で自由に関与する権利（Free prior and informed consent：FPIC)」を尊重するというFPIC原則が、要求されているのである。

権利宣言第26条には、先住の人民が、「伝統的に領有もしくは他の方法で占有または使用してきた土地および領土を領有し、開発し、統制し、そして使用する権利を有する」と明記され、さらに「国家は、これらの土地と領域、資源に対する法的承認および保護を与える。そのような承認は、関係する先住人民の慣習、伝統、および土地保有制度を十分に尊重してなされる。」とある。また、第27条は「土地と領域、資源に関する権利を承認し裁定するために、公平、独立、中立で公開された透明性のある手続」を要件とすることを課し、先住の人民にこの手続に参加する権利を保障するよう義務づけている。さらに、第28条および第29条では、先住の人民が伝統的に所有し、または占有もしくは使用してきた土地、領域および資源ついては、先住人民の自由で事前の情報に基づいた合意を不可欠とし、それなく収奪、占有、使用することを禁止し、さらに先住の人民による伝統的な土地・領域・資源の保護や利用に対して、効果

的な参加を保障するように義務づけている。

4　日本政府による新基地建設は許されるか

　日本の法律において公有水面は国の管理となっており、辺野古の沿岸部および大浦湾の大半の水域を2014年7月2日官報告示によって立ち入り禁止とした。立ち入り禁止水域の拡大設定は、軍事施設や訓練区域を提供する日米地位協定に基づいて、日米両政府の合意のみで行われている。漁業権に基づいて名護漁協への補償は行っているものの、先住の人民の伝統的な領域に関する権利は、一切考慮されていない。名護市長および市議会、沖縄県知事および沖縄県議会は、明白に反対の意思を示していたが、それも何ら考慮していない。

　しかし、沖縄の沿岸部そして大浦湾は沖縄の人々の先祖伝来の領域である。それをこれまでのように利用する権利は沖縄の人々にある。辺野古沿岸や大浦湾は入会の海として、漁業権を持たない人々も海の幸を求めまた癒しの場として利用してきた。次々と新種が発見される生物多様性顕著な大浦湾でエコツアーやダイビングで利用も盛んになっていた。辺野古﨑の沖合にあり、立ち入り禁止水域にされた長島および平島は、周辺住民にとって神聖な島であり、辺野古では平島およびその周辺でとれる海産物を祭祀に用いるしきたりになっている。また、3月3日には「浜下り」という伝統的な行事があり、周辺住民が島を利用してきた。辺野古基地となっている辺野古の沿岸部および海底から、海上交通の要所であったことを示す歴史的な遺跡や遺品が次々と発見されている。名護市教育委員会からはその遺跡の保存を求める意見が出されている。このように、沖縄の人々の伝統的な領域と言える水域に対して、自由な、事前の情報に基づく同意を得る手続が一切なされていない。

　仲井真前知事が公約を転換し、埋め立て承認に至った経緯も、その後の埋め立て工事推進のための辺野古沿岸大浦湾の立ち入り禁止水域の拡大も、自由な、事前の情報に基づく同意がなく、伝統的な領域に関する権利が侵害されている。

　権利宣言第30条は、先住の人民の伝統的領域における同意なき軍事活動の禁止を規定している。ただ一つの例外は、「関連する公共の利益によって正当

化」された場合である。「公共の利益」の立証は、事業を進める国側にある。日本においては「公共の福祉」の概念が、人権侵害を正当化する唯一のよりどころである。しかし、それが政府の都合の良い解釈で幅広く用いられており、国際水準の「公共の利益の正当化」にほど遠いことが国連諸機関によって再三、指摘されてきた。さらに、日本でよく行われる比較衡量による利益の正当化も、多数派の利益および国家側の利益を比較の上でより大きな利益としマイノリティおよび先住の人民の利益を矮小化しかねない。第30条の規定はそれを防ぐ意味を持って規定されていると解釈されねばならない。

　「公共の福祉」に関して、さらに大きな問題がある。安全保障に関係する場合の軍事的公共性の具体的立証は、高度な政治的判断によるもので、司法に馴染まないとして、政府の主張する公共性の精査を司法は回避してきた。回避しつつ政府が主張する公共性、すなわち公共の福祉を結果として追認し基地の存続を認めてきたのである。

　しかし、在沖海兵隊の装備、設備、機能、役割等々は少し調査すれば把握できる。実際に日本周辺で紛争が起きた場合の対応についても、日米安保ガイドライン上明記されている。海兵隊の出番は想定されていない。したがって、森本敏元防衛大臣が、明言したように海兵隊を沖縄に置く軍事的合理性はない。制空権と制海権の確保が最も重視される日米安全保障において、海兵隊の軍事的貢献は極めて小さく、在沖海兵隊の基地撤去によって、あるいは辺野古基地の建設によって、抑止力や軍事力の何かが変わるような影響はほとんどない。海兵隊基地の存続や新設において、人権侵害を正当化しうる個別具体的な軍事的「公共の利益」は立証できず、よって、適正手続による同意が得られていない決定は認められるものではない。

5　平和を破壊する試み──人民の自決権を否定する国際条約は無効

　国連の自由権規約委員会は、沖縄の人々が自由権規約第27条のマイノリティに該当しさらに先住の人民として、先住の人民権利宣言が求める諸手続が適用されることを指摘している。人民の自決権は、同権利宣言第3条において、自由

権規約第1条とほぼ同じ人民の自決権の文言が規定されている。

　人民の自決権は、「一般国際法の強硬規範」との位置づけが有力である［阿部 2015：269］。すべての国際条約が、順守すべき上位規範で、それに違反する国際条約は、無効とされるものである（ウィーン条約法条約第64条）。人民の自決権の否定が、平和の破壊に直結してきたことを振り返り生まれた人類の英知であろう。人権と人民の自決権を否定した上で強行されてきた圧倒的な歴史的不正義の上でしか成り立ち得ない在沖米軍基地に関する日米両政府の合意は、琉球／沖縄の人民の自決権に背き無効と見なされるべきである。

　現在の日本の地方自治法、埋め立て法、行政不服審査法等々、様々な既存の諸制度も、琉球／沖縄の人民の自決権をもとに作られたものではなく、国際人権法の要求する適正手続の基準を満たしていない。沖縄に対する日米両政府の圧倒的な歴史的不正義と自決権の尊重に対する特別な配慮が全く考慮されていない現行法制度の適用が逆に不平等、差別、人権侵害を構造化、固定化するという問題すら発生する。

　しかし、国会にこの問題に対して特別な立法措置を講じる政治的意思もなければ、司法において沖縄の歴史的不正義と人権侵害が救済される可能性も、これまでの沖縄の幾多の裁判結果をもとにすれば極めて低い。このように、明白な不正義と人権侵害があるにもかかわらず、既存の国家内の制度において自決権が否定された、つまり内的自決権が認められず救済不可能な場合、国際法では、「救済的分離」として外的自決権（分離独立の権利）の行使が正当化されると考えられている。沖縄はもはやそういう段階にある。現在の自民党の改正憲法案は、立憲主義の死を意味する。それが実現した場合、沖縄が望んだ立憲主義的な統合は不可能となり、沖縄の人権と自己決定権もその暁には実現される可能性がなくなるであろう。沖縄への暴力はいっそうひどくなる。となると、外的自決の要求は、沖縄において顕著な動きとなっていかざるを得ない。

　基本的に主権国家間システムである国連においては、既存の主権国家の国境変更については、原則認めておらず（国連友好関係原則宣言1970年）、その場でマイノリティや先住人民の代表が自決権を主張したとしても内的自決権を想定する。しかしながら、辺野古基地建設が同意のための適正手続抜きに強行され、

司法もそれを容認したとすれば、日本の立憲主義は極めて不十分と見なされ沖縄には、救済的分離として外的自決権の行使が国際的に正当化され容認されていくことになるであろう。

　沖縄の復帰運動は、日琉同祖論に基づく民族主義的な側面を否定することができないが、土地の権利に関して立ち上がり社会的連帯を構築して闘った島ぐるみ闘争以来、権利回復を目指し広範な社会層が連帯したところに本質がある。現在進行形である新基地建設の反対運動もそのように捉えられてしかるべきである。沖縄に対する歴史的不正義を脇に追いやり、日本の法制度的枠組みや政治的枠組みの中で沖縄を捉える視座そのものが、沖縄の自決権を射程に入れず排除し、不正義と人権侵害に目をつぶる抑圧的な政治性を有している。

　国際人権法と人道法が求める人権と人道は、人間の安全保障の根幹にあり、国家安全保障を理由としてもその侵害や制約が許容されるものではない。国際社会はそれが平和を破壊していくものとして厳格に制限してきた。日本政府の沖縄に対する国策の強要は、平和の破壊そのものではないのだろうか。

【注】
1) 以下本章は、島袋純「中央地方関係の中の沖縄なのか」日本行政学会編『年報行政研究51』2015年の一部を本稿のために加筆修正して掲載した。
2) 進藤栄一『分割された領土』岩波現代文庫、2002年、28-76頁を参照。天皇メッセージ原文は以下にも掲載されている。沖縄公文書館 URL：http://www.archives.pref.okinawa.jp/uscar_document/5392（2017年12月8日閲覧）
3) NHK 戦後史証言アーカイブス「沖縄返還交渉の米側キーパーソンの一人」URL: http://cgi2.nhk.or.jp/archives/shogenarchives/postwar/shogen/movie.cgi?das_id=D0012100028_00000（2017年12月8日閲覧）
4) 沖縄返還協定は東京大学田中明彦研究室、以下を参照。http://worldjpn.grips.ac.jp/documents/texts/docs/19710617.T1J.html（2017年12月8日閲覧）
5) 琉球政府による「復帰措置に関する建議書」は沖縄県公文書館 URL を参照。http://www.archives.pref.okinawa.jp/proposal_document（2017年12月8日閲覧）
6) 琉球新報2015年11月6日付け「米国家安全保障会議（NSC）が1973〜76年に、72年の沖縄復帰を契機とした政治的圧力で在沖米海兵隊を撤退する事態を想定し、海兵遠征軍をテニアンに移転する案を検討していた（以下省略）」
7) "Indigenous Peoples"は、「先住民族」と訳する場合が多い。しかし本稿では「民族」に自決権が与えられるのではなく、「人民（People）」に与えられるという点に重きを置

き、国連や政府などの公的機関等による定訳として用いられている場合を除き、「先住の人民」と訳している。「先住民族の権利に関する国際連合宣言」は、は北海道大学アイヌ・先住民研究センターを参照。http://www.cais.hokudai.ac.jp/wp-content/uploads/2012/03/indigenous_people_rights.pdf（2017年12月8日閲覧）
8）　国連自由権規約委員会第6回日本政府報告書（CCPR/C/JPN/6）審査総括所見（2014年8月20日）。外務省 URL: http://www.mofa.go.jp/mofaj/files/000054774.pdf（2017年12月8日閲覧）
9）　自由権規約第27条「少数民族の保護」は、"minority"の文化享受権を保障するものと非常に狭く解釈されてきた。

【参考文献】

阿部浩己［2015］「人権の国際的保障が変える沖縄」島袋純・阿部浩己編著『沖縄が問う日本の安全保障』岩波書店

島袋純［2014］『「沖縄振興体制」を問う』法律文化社

島袋純［2015］「中央地方関係の中の沖縄なのか」日本行政学会編『年報行政研究50』

進藤栄一［2002］『分割された領土』岩波書店

波平恒男［2014］『近代東アジア史のなかの琉球併合：中華世界秩序から植民地帝国日本へ』岩波書店

波平恒男［2015］「沖縄がつむぐ『非武の安全保障』思想」島袋純・阿部浩己編著『沖縄が問う日本の安全保障』岩波書店

広井大三［1997］『国際法の歴史』こぶし社

藤田久一［2003］『新版国際人道法』有信堂

藤田久一［2010］『国際法講義［1］国家・国際社会』（第2版）東京大学出版会

松井芳郎［2011］『国際法から世界を見る：市民のための国際法入門』（第3版）東信堂

琉球新報社・新垣毅［2015］『沖縄の自己決定権』高文研

■文献案内

進藤栄一［2002］『分割された領土』岩波書店
　戦後の沖縄の施政権分離の根源がわかる。

松井芳郎［2011］『国際法から世界を見る：市民のための国際法入門』（第3版）、東信堂
　第2章のさらなる理解のために勧める。一般を対象とした非常にわかりやすい入門書となっている。

琉球新報社・新垣毅［2015］『沖縄の自己決定権』高文研
　第3章について参照すると良い。国際法から見た琉球・沖縄史の新たな事実の掘り起こしと世界的な少数派地域の自治権拡大あるいは独立の運動を紹介している。

第4章　平和憲法と沖縄

高良　鉄美

■キーワード
平和的生存権、米軍統治、安保条約・地位協定、復帰運動、地方自治、基地被害

1　沖縄戦と憲法の関係

　1945年4月1日、米軍の沖縄本島上陸の際にいわゆるニミッツ布告が出された。これは、地域住民が軍政長官であるニミッツ米国海軍元帥の監督下に置かれ、国や県の行政権を停止するという一方的宣言であったが、実質的に日本の統治制度から外れていく状況を沖縄に生み出した。大日本帝国憲法（明治憲法）は、このニミッツ布告以降沖縄において徐々に名目的な存在となった。南北100kmほどの沖縄本島にあって、米軍の支配下に入った地域とそうでない地域との間に、いわば明治憲法の分断状態があった。
　戦後、日本本土においては恒久平和を掲げた日本国憲法（以下、適宜平和憲法）が制定された。沖縄ではニミッツ布告以来、米軍統治（対日講和条約発効後は正式には米国施政権）下にあり、平和憲法は沖縄の本土復帰まで適用されなかった。ここでも平和憲法との分断がなされた。つまり、分断は、沖縄戦の結果だったのである。沖縄戦の教訓とされる「命どぅ宝（命こそ宝）」は、いわば「個人の尊厳」であり、悲惨な戦争二度と起こしてはならないという沖縄住民の思いとともに、戦争の放棄の憲法理念にも強く合致していた。それ故、公式に平和憲法から引き裂かれたことは、沖縄住民が対日講和条約発効日の4月28日を「屈辱の日」と呼ぶ要因の1つと言える。沖縄に対する主権は日本にある

と言いながら平和憲法から分離されていたことで、平和主義や基本的人権、国民主権などの基本原理は、ないがしろにされていた。沖縄の戦後史を鳥瞰することで、沖縄と平和憲法の関係を理解するための一助としたい。

2　米軍統治下の沖縄における平和主義原理、平和的生存権

1　平和主義原理と沖縄

　ニミッツ布告は、戦後も沖縄を日本本土と分離し、実質的な占領を継続させる要因になった。当時米軍は沖縄を「太平洋の要石（keystone of the Pacific）」と呼んだが、現在も同様の位置づけが続いている。つまり、実質的な軍事占領体制継続は、平和憲法制定後も、沖縄をその埒外に置くことを想定していたのである。そのことは対日講和条約第3条により米国が沖縄の施政権を持ち、同第6条により日本国から占領軍が撤退するとされながらも、沖縄の米軍基地は増強された事実に具現化される。そして憲法が適用された復帰後も、平和主義は政治的に歪められ、沖縄には活かされていない。日本国憲法の平和主義原理と安保条約が正面から抵触することを避け、米軍基地を自由使用できる場所、沖縄を平和憲法の外に置くことで、米軍の戦略が成り立っていた。沖縄を復帰という形で平和憲法下に置いた時点で、平和主義原理との抵触が合理的解釈の範囲を超える状態を生み出していた。

　1946年1月、GHQ は日本本土と北緯30度以南の南西諸島との行政分離を発表し、さらに50年2月、「沖縄に恒久的基地建設を始める」と発表した。実のところ、戦後すぐの沖縄は平和主義との乖離があったわけではなかった。米軍は沖縄を占領地としたものの、その地位の最終決定は延期されており、その間沖縄は「忘れられた島」となっていた［大田 1984：85］。しかし、49年10月の中華人民共和国の建国、50年6月の朝鮮戦争勃発等により、沖縄は米国の戦略上重要な位置づけとなった。それとともに、日本を自由世界に組み入れるための対日講和条約・安保条約締結へと急ぐことになり、沖縄は平和憲法との関係で前述のように分離されたのである。

　沖縄は朝鮮戦争の出撃基地となって米軍の要塞と化し、住民生活も軍事一色

となった。沖縄戦の記憶も薄まらないうちに、戦時対応の灯火管制により、沖縄本島全体が真っ暗になるなど、住民は「再び戦争の惨禍（憲法前文）」が起こるのか不安の闇に落とされた。例えば、朝鮮戦争勃発から4日後の1950年6月29日、米軍は沖縄全島に灯火管制指示を出した［大田 1984：453］。

　米国が沖縄の軍事的占領を継続する意思は、対日講和条約後も度々表明された。1953年11月、ニクソン副大統領が来沖し、「共産主義の脅威ある限り沖縄を保有する」と言明した。この約1カ月後に奄美諸島が返還されたが、米国による沖縄長期保有の取引材料という面が窺われた。アイゼンハワー大統領は54年1月の一般教書演説で「沖縄を無制限に管理する」と言明し、翌年も「琉球諸島の無期限占領」を表明した。日本政府との関係では、沖縄に対する主権は一応日本にあると確認する「潜在主権」の語を持ち出して、米国による沖縄保有の安全保障上の重要性を繰り返し唱えることで、戦略上合理性があると思われている面があった［中野・新崎 1976：56］。対日講和条約第3条は「法的怪物」とも呼ばれ、日本政府は「潜在主権」を残したとして連合国に感謝していた。53年12月の奄美返還協定、68年4月の小笠原返還協定など、沖縄返還への道は開けてきたが、決定的に異なるのは「米軍基地」の存在であった。本来の「平和」憲法への復帰とは異なる内容の沖縄返還協定が71年6月17日、東京とワシントンで署名された。

　沖縄では基地建設だけでなく、兵器等の配備についても米軍の意のままであった。1955年9月ムーア米国琉球軍司令官が沖縄へのナイキ・ミサイル配備計画を発表し、2年後にはナイキ基地建設用地の新規接収を発表した。さらに米軍は、60年3月には、ホークミサイル基地建設発表を、翌61年にはメースB基地建設発表を立て続けに行った。メースB等の核搭載兵器は、平和憲法によって制約を受ける在日米軍基地に比べ、沖縄では自由に使えると捉えられていた。また、在日米第3海兵師団が、57年8月、沖縄に移駐を開始するなど部隊の配備も自由であった。

　このように沖縄は、米軍によって基地化され、憲法の平和主義から米軍の聖域を作る役割を演じてきた。対日平和条約と安保条約の巧妙な擬制的調和と戦略的重要性を強調する沖縄分離政策によって、平和主義の埒外に置き、平和憲

第4章 平和憲法と沖縄

法を政治的に空洞化させてきたと言える。

2 平和的生存権（恐怖と欠乏から免れ平和のうちに生存する権利）

沖縄では広大な米軍基地の存在によって平和生存権を侵害する事件事故が、憲法制定期の早い段階から発生していた。初期の大事故として1948年8月6日、伊江島で起こった米軍の弾薬処理船爆発事故がある。連絡船も巻き添えになり、乗客らが吹き飛ばされ106人もの死者が出た。また、当時は不発弾の爆発事故も多く、働き手を失った家族は補償もない状態であった。大事故発生により沖縄で軍労務者の集まりが悪くなったが、報復として米軍は、食料配給停止命令を出した。食料を得るためには恐怖を選ばなければならず、「恐怖と欠乏から免れ平和のうちに生存する」状態からは程遠かった。

米軍機からの落下物事故も多発した。主な例を挙げれば、朝鮮戦争最中の1950年8月、読谷村でガソリン補助タンクが民家に落下し、4人が死傷した。51年10月に那覇市で、米軍機の補助タンクが落下して民家は全焼し、住民6人が焼死した。65年6月11日には、読谷村で、パラシュートをつけた米軍のトレーラーが目標地点を外れて民家近くに落ち、小学生女児が圧死した。米軍機からの落下物等の事故は、基地内外を問わずどこでも起こりうることで、米軍基地の過密さからすれば、事故の恐怖は常にあった。

米軍機そのものが落ちる事故はさらに恐怖をつのらせる。59年6月30日、沖縄本島中部の宮森小学校に米軍戦闘機が墜落し、小学生ら17人が死亡した。負傷者は210人にのぼる大惨事で、パイロットはかなり前から脱出していたにもかかわらず、米軍は不可抗力の事故と発表した。62年12月、同じく沖縄本島中部で米軍ジェット機が墜落し、住民2人が死亡、4人が重傷を負ったが、この事故でもパイロットは事前に脱出していた。この恐怖の冷めやらぬ同月20日、嘉手納町で米軍給油機が民家に墜落し、乗員5人と住民2人が死亡、9人が重軽傷を負った事故が発生した。米軍は住民の抗議を押さえるため、銃を持った兵士を警戒に当たらせた。

一歩間違えば、超大惨事と思われたのが、B-52墜落事故である。B-52大型戦略爆撃機は核搭載可能（通常は核兵器搭載）で、それが68年11月19日未明、

沖縄本島中部の嘉手納基地で離陸後墜落し、大音響とともに爆発炎上した。墜落場所は弾薬庫搬入ゲート付近で、火柱と黒煙が立ち上がり、爆発の轟音は遠く離れた那覇市でも聞こえたという。爆風で付近一帯の家々の窓ガラスは割れ、爆発音におびえながら、住民らは着の身着のままで避難した。戦場となったと見まがうほどで、ヴェトナムからのミサイル攻撃と思った人や沖縄戦を思い出した人も多かったという［中川 1998：250］。

　翌1969年7月8日、沖縄本島中部の米軍知花弾薬庫で大惨事となり得た毒ガス漏れ事故が起きた。米軍要員24人が病院に収容されたが、米軍は事故の発生を隠していた。発生から10日後の米国内の新聞報道によって明るみに出たもので、沖縄住民にとっては毒ガス兵器の存在さえも知らなかった。軍事優先を否定し、住民の生命を危険に陥れないという理念が平和的生存権保障の原点とも言える。平和的生存権こそが、米軍の戦略的基地と化した沖縄住民の求め続けてきたものであった。住民を恐怖に陥れた毒ガス事故に対し、住民の代表機関である立法院が全会一致で撤去決議を行い、島ぐるみの撤去運動が展開されて、米軍もようやく撤去を発表した。しかし、この事故発生から毒ガス移送を完了するまで、2年以上もかかっていた。

　基地経済と関わる住民生活上の平和的生存権侵害は、色々な局面で現れた。「タグボート事件」の発端は、ヴェトナム戦争中、米軍が沖縄住民乗組員に対し、大型タグボートによるヴェトナム行きを通告したことであった。基地内の労働組合（全軍労）が1965年5月以来、ヴェトナム行きタグボートへの乗組み拒否闘争を展開したが、結局1969年2月18日、解雇不安から沖縄住民24人が大型タグボートで出港した。経済面から、生命の危険と引換えにという沖縄住民の平和的生存権侵害が、如実に表れた構図であった。

　ここで挙げた平和的生存権侵害はほんのわずかな例である。後に言及する軍事基地のための土地強制接収など財産権も本来平和的生存権に含まれるものである。また、米軍人による犯罪なども、戦争に関わる訓練などに源を発する平和的生存権侵害の例と言えよう。このように、沖縄における平和的生存権の侵害は抽象的ではなく、具体的な形で現れており、戦争行為（訓練なども含む）によってもたらされたものである。

3　米軍統治下の沖縄における国民主権原理と基本的人権尊重原理

1　国民主権原理

　日本が敗戦を迎えた1945年8月15日、米軍占領下にあった沖縄では、本島中部の石川市において各収容所の住民代表からなる仮沖縄人諮詢会が米軍によって招集された。8月20日、仮沖縄人諮詢会は沖縄諮詢会の委員を選出し、沖縄戦後初の中央統治機関として沖縄諮詢会が設置された。米軍政府と住民の意思疎通をはかる機関としての沖縄諮詢会は、住民の声を米軍に反映する機能を一応持ってはいた。また、米軍主導ではあるが、日本の戦後初の男女平等選挙は沖縄で実施された（1945年9月20日の市会議員選挙、25日の市長選挙）。住民が選挙権を得たことは、後々、自治意識や主権者意識の発揚として、沖縄の平和運動、政治運動を強めることにもなった。

　沖縄諮詢会は1946年に沖縄民政府の設置によって発展的に解消された。その際米軍政府が民政府知事を任命していた。任命制は住民によるデモクラシーとは反するもので、住民の公選要求運動によって、米軍政府は知事公選制を認め、50年、公選知事を擁する群島政府を創設した。しかし、米軍政府は、群島政府を奄美、沖縄、宮古、八重山の4群島政府に分け、住民自治を分断した。51年4月1日、米国民政府は住民意思に基づく公選知事の群島政府を廃止し、代わりに琉球臨時中央政府を設置して、その行政主席を任命した。さらに、翌年4月1日、米国民政府布令により琉球政府が設立されたものの、米国民政府による行政主席の任命制はその後も続けられた。これに対し、選挙権を行使し、自治意識、主権者意識に目覚めた沖縄住民は主席公選制を訴え続けた。わずか6年足らずで中央機関を5度も変えた米軍の政策はデモクラシーと逆行していた。一方、沖縄住民の要求は明らかに自治意識・主権者意識に基づくデモクラシーのベクトルであった。

　日本国憲法の国民主権原理の採用により、象徴となった昭和天皇が、沖縄について、名目的に日本の主権を認めた上で、米国が沖縄を軍事的に25年または50年以上、長期占領することを望んでいたとされるのが、いわゆる「天皇メッ

セージ」である。実際沖縄は、1947年から25年後に復帰を迎えるまで、日本の潜在主権を認めた上で米国の施政権下に置かれた。

対日講和条約第3条で奄美・沖縄は日本本土と分離されたが、奄美諸島は1953年12月25日、日本に復帰をした。一方沖縄では、51年4月29日に、日本復帰促進期成会が結成され、60年4月28日結成の沖縄県祖国復帰協議会（以下、復帰協）へ引き継がれた。復帰運動の過程で沖縄における住民の自治意識や主権者意識は発展していった。復帰協のスローガンの中に、「沖縄違憲訴訟（後述）を勝利させ、日本国憲法の適用をかちとろう」というものや「安保条約を破棄し、憲法改悪軍国主義復活に反対しよう」というものがあった。復帰運動は復帰を求めただけでなく、自治権拡大、人権保障、反戦平和、民主主義擁護など多くの側面を持っていた。

1952年4月1日の琉球政府の設立により、住民の選挙による代表機関となった立法院は、米国民政府や米軍に対して、住民の意向を反映した数々の決議を行った。同年4月29日の「琉球の日本復帰に関する決議」が住民の復帰運動を高める原動力となった。54年4月22日には、任命制の行政主席に対し、主席公選早期実施を求める決議を可決した。土地問題に関しても、53年5月5日、米国民政府布告「土地収用令」撤廃要請を決議し、さらに54年4月30日、「軍用地処理に関する請願」を全会一致で採択して、「一括払い反対・適正補償・損害賠償・新規接収反対」という土地4原則を打ち出した。これに対し、ジョンソン主席民政官は「民政府補助金を取消し、議会解散を行う」と警告した。このような米国民政府の立法院への介入は、住民の民意に反するもので、米軍の統治政策に対する反発はかえって強まった。54年6月20日、米軍のブルドーザーで家屋が破壊され、土地が奪われたことなどに対し、伊江島の住民らによる「こじき行脚」と呼ばれる熱い訴えが行われた。また54年12月から翌55年にかけて、米軍が本島中部の伊佐浜の住民に対して発した立ち退き勧告に対し、住民らは座り込みで抵抗した。米軍の武力による強制接収のため、多くの負傷者、逮捕者が出たが、住民は戦争のために土地を渡さないという強い抵抗を示した。

軍用地問題に対する住民の反対運動は各地で継続的に行われ、島ぐるみの土

地闘争へと発展していった。1954年7月28日には那覇高校グランドで10万人以上が参加し、四原則貫徹県民大会が開かれた。人権侵害に対する集会も多く開かれ、55年9月の由美子ちゃん事件（米兵による幼女強姦殺害事件）を糾弾する人権擁護全沖縄住民大会（10月22日開催）に5000人が参加した。また、復帰を目前にした70年12月20日未明、沖縄住民を米兵の車が撥ねた事故をめぐり「コザ暴動」が発生した。同時期に、糸満の女性轢殺事件について被告米兵が無罪となったことに対する不満は、コザでの被害者の人権をないがしろにした米軍の対応への沖縄住民の反発と重なっていた。

1960年6月19日、沖縄を訪問したアイゼンハワー大統領に対し、約2万5000人の参加した大規模デモ（いわゆるアイク・デモ）が行われた。大統領の帰途のコースを変更させるほど激しい抗議であった。また、61年4月28日、祖国復帰県民総決起大会が沖縄本島の最北端辺戸岬において開催された。以後毎年4月28日には、辺戸岬付近で平和憲法下への復帰を願い、かがり火集会や海上集会が開催された。復帰運動の中心であった教職員の政治活動制限や争議行為の禁止など（米軍の意向）を盛り込んだ「地方教育区公務員法」「教育公務員特例法」のいわゆる「教公二法」阻止運動も激しいものであった。67年2月24日、立法院で同法案の強行採決の動きがあったため、沖縄教職員会などを中心に、一般市民も加わって、立法院周辺に2万人以上が集結し、ついに同法案を廃案に追い込んだのである。

このように米軍統治下の沖縄では、主として平和主義に関わる住民主体の運動等が憲法の国民主権原理に即して行われていた。

2　基本的人権尊重原理

復帰前の沖縄における人権問題は米軍や基地と関連しており、性質的に平和との関わりが強かった。1948年7月1日、戦時中の沖縄朝日新聞の編集記者らが中心となって、沖縄戦の体験を伝えることを使命に沖縄タイムスを創刊した。新聞は、沖縄住民の言論を捉えるとともに、新聞社自体が広く住民に米軍の状況や沖縄の政治的状況を伝える重要な役目を担っていた。

1950年5月22日、米国民政府布令に基づき琉球大学が開学し、沖縄で初の大

学教育が始まった。開学間もない53年（第1次事件）と56年（第2次事件）に、学問の自由や大学の自治が問われた「琉大事件」が起こった。第1次事件は原爆展開催や灯火管制無視、機関誌発行などを理由に学生を退学にしたものであった。

第1次事件は、大学が退学処分にし、米側の圧力はなかったとして、いまだ名誉回復はされていない。第2次事件は、米側の圧力があったとして2007年に名誉回復（退学処分の取消）がなされた。第2次事件は「島ぐるみ闘争」に参加した学生を退学処分にするよう米国民政府が大学に圧力をかけた事件であった。米国民政府の圧力は、琉大に対する財政支援の打ち切りを通告しただけでなく、沖縄経済に影響を与えながら、住民の非難まで利用しようと、オフリミッツ（米兵に飲食街への立入を禁止する命令）を発令した。当時の沖縄は「基地経済」に頼っており、オフリミッツは住民生活に大きな打撃で、「オフリミッツの責任は琉大にある」とした米国民政府の非難は大学にとって厳しいものであった。学生らを謹慎処分とした琉大の措置に対しても、琉大の廃止までほのめかし、退学を強く求めるなど米国民政府の介入は異常であった［仲地・水島 1998：141］。

労働基本権に対する米軍側の圧力も並大抵ではなく、1953年5月1日のメーデーに住民が集まった際、米軍は戦車を繰り出した。10月には、メーデー参加者を反米的と見なし、軍労務者の大量解雇が発表された。また、1955年3月、米国民政府は労働組合を認可制とする布令を公布した。労働組合や共産主義に対する米国民政府の姿勢は強硬で、1954年2月、沖縄教職員会の復帰運動への理解を求めた文書に対し、「教職員は児童生徒の教育に専念せよ」と回答した。54年8月、人民党中央委員の畠義基が逮捕されたのをきっかけに10月6日には、畠氏を隠匿幇助したとして、瀬長亀次郎ら約40人の人民党員が逮捕された「人民党事件」が起こった。

土地には軍用地問題がついて回った。1953年12月、米軍は武装兵を出動させ、那覇小禄近郊の土地を強制接収した。宜野湾の伊佐浜でも55年3月と7月に武装兵を出動させて、軍用地強制接収が行われた。55年6月13日には、伊江島で住民32人が基地内で農耕したとして米軍に検挙された。このような人権侵

害にあえぐ沖縄住民の人権擁護と自由人権思想の啓蒙・普及を目的に、61年4月、沖縄人権協会が設立された。

これまで、日本国憲法の平和主義、国民主権、基本的人権の尊重の視点から復帰前の沖縄の状況を見てきたように、それぞれが独立して発生したわけではなく、相互に深く関わり合った問題であった。例えば、基地の存在に起因したほとんどの事件は、平和主義と関わる問題で、事件内容は基本的人権侵害にも関わっており、さらにこのような人権侵害に対し、住民の総決起大会や立法院での抗議決議などが連動して行われてきた構図であった。

4　復帰後の沖縄と憲法

1　平和憲法への復帰

明治国家下の沖縄県は琉球処分以降、沖縄戦まで日本政府の強権に苦しんできた。復帰後の沖縄県も自治、人権の問題で政府に翻弄される共通面が見出せる。復帰により日本国憲法の基本原理が沖縄社会においても、実現されるべきであるが、憲法理念とかけ離れた沖縄の現状は日本の憲政の内実を浮き彫りにしている。

裁判所の見解によれば平和的生存権は抽象的だとされる[2]。しかし、沖縄における平和的生存権は、具体的な形で侵害されており、決して抽象的ではない。戦争関連行為としての米軍の演習や米軍機の墜落によって住民が犠牲になった場合、あるいは事件事故の危険に脅かされている状態の場合などは、平和的生存権の侵害にほかならず、補助金や損害賠償で済ませられるものではない。

平和的生存権侵害の現状は、米軍統治下と変わらないが、平和的生存権に絡んで訴訟を提起できるようになったことは日本国憲法下に復帰した重要な意義がある。一方で、復帰後、別の問題も生じた。復帰前は琉球政府が存在し、行政主席や立法院が、住民の命や生活に関わる問題について直接、米軍に対して交渉や抗議決議を行った。それが復帰後、米軍基地は国政の問題であり、一地方公共団体に過ぎない沖縄県が直接に取り扱うべきでないと政府は考えている。しかし、国政がすべて地方と無関係に運営されるとすれば、国民主権原理

の意義が問われる。安保条約の問題など、国政に深い関係がありながら、国民の意思を一切問わず、国民主権と無関係の領域のように扱われてきた。国民主権原理からすれば、安保の問題であっても国民の意思の反映は必要ではないか。実は最高裁は安保条約に対する憲法判断を回避したが、その際に究極的判断を国民に預ける旨を示していた。沖縄が復帰することで、国民主権、平和主義と安保問題が初めて正面からぶつかるはずであった。しかし、安保問題はいまだ沖縄の米軍基地の問題であるかのように捉えられている面がある。

　沖縄の基地問題は地方自治の本旨とも深く関連する。沖縄復帰後の米軍基地の継続使用が問題となった際、日本政府は、沖縄の米軍用地の使用に関する特別法の制定によって、米軍基地を強制的に無条件継続使用することを可能にした（61参照）。これは、憲法95条の地方自治特別法と関わりがあり、地方公共団体の住民意思の国政への反映と直結する。国民主権原理と地方自治との関係について、住民自治を国民主権原理と関連づける学説もある。

5　復帰後の沖縄における基地問題と平和主義原理

1　平和主義

　復帰後も沖縄の米軍基地はそのまま残り、日米安保条約体制に入ることになった。本来安保条約は沖縄を分離した対日講和条約とセットという米国の政策であったから、対日講和条約の沖縄分離を解消するといっても、安保条約がそのままである限り、沖縄を安保のひずみの中に置くものといってよい。このひずみが、沖縄における広大な米軍基地の集中であり、戦争放棄を定める平和憲法下の戦略的基地の聖域の存在である。沖縄復帰で、在日米軍基地は一挙に数倍にもなり、現在でもその総面積の約71％が沖縄に集中している。何よりも沖縄の米軍基地は戦略的前線基地という役割を有しており、在日米軍基地の大部分が性格を変えたことを看過したまま、裁判では相変わらず、米軍や安保条約を平和憲法の下で「一見極めて明白に違憲」ではないとしている点をどう考えるべきであろう。

　沖縄では、広大な米軍基地の温存によって、いまだ平和憲法の埒外に置か

第4章　平和憲法と沖縄

れ、単に平和主義だけでなく、国民主権や基本的人権、地方自治等に関わる憲法問題をも引き起こされている。沖縄返還協定そのものが平和主義に絡む問題であった。1969年11月21日の佐藤・ニクソン会談における沖縄返還合意の時点では、沖縄住民はいまだ復帰の内実を知る由もなかった。復帰前の沖縄は、沖縄戦の記憶も消えないうちに朝鮮戦争、ヴェトナム戦争と続き、米軍の出撃、武器・弾薬補給、爆撃機・戦車等の整備・修理、軍事演習等により、平和とは程遠い状態にあった。「基地のない島」への思いが「平和憲法の下への復帰」を求める運動に結びついたことは言うまでもない。

1970年頃から返還協定作成交渉が開始され、71年6月17日に返還協定が調印された。交渉過程で本土にはない特殊基地の取扱いや核兵器撤去、米軍基地使用継続が問題となった。結局、日本政府は大幅な譲歩をし、核兵器撤去は明示せず、復帰前と変わらぬ「基地の島」沖縄が返還されたに過ぎなかった。復帰後の沖縄における米軍基地使用条件を定めたいわゆる5・15メモ（復帰の日に由来）は、直接影響を受ける沖縄住民には公開されず、県道104号線越え実弾砲撃訓練実施の際も、米軍の活動を妨げない範囲で住民の県道使用が認められるという本末転倒な合意が日米合同委員会でなされていた。72年6月15日の防衛庁告示で合意内容が示されたが、米軍基地の返還もわずかで、その中には自衛隊基地に代わるものも含まれていた。

1971年に防衛庁は6300人の自衛隊沖縄配備を決定し、72年4月27日に第1陣が到着した。まだ「復帰前」であり、米軍に加え、新たな「軍隊」の配備に、翌日の4・28県民総決起大会は抗議の中で開催された。返還協定の内容に対する抗議と失望は、返還協定調印前の71年5月に決行された返還協定粉砕ゼネストや調印前日（6月16日）の屋良主席の調印式出席辞退表明にも示された。さらに、復帰当日、記念式典が那覇市民会館で挙行され、隣の与儀公園では抗議集会が開かれた。この一見奇妙な復帰への県民の向き合い方は、憲法の平和主義に反する政府の行為への「異議申立て」とも言える。

沖縄県民は復帰の意味を問わずにはおれない状況に直面した。復帰直後の5月20日、米軍のB-52爆撃機が嘉手納に飛来し、その後も頻繁に飛来したのである。1970年当時、米国民政府は屋良主席にB-52爆撃機の撤去を通告してい

たが、88年1月12日、B-52が12機嘉手納基地へ飛来した時点で、復帰後29回目となった。

復帰から現在まで、自衛隊は沖縄地域で米軍と大規模な合同軍事演習を行ってきた。1994年9月、基地視察中の宝珠山防衛施設庁長官の「沖縄は基地と共生・共存して欲しい」旨の発言に対して、多くの市町村議会が抗議決議を行った。宝珠山発言はその後の日米両政府による沖縄基地の機能強化、軍事協力合意などを見れば、更迭された宝珠山氏の失言ではなく、日本政府の意向と思われる。96年4月12日、普天間基地全面返還が日米間で合意されたが、県内移設条件付であることが判明した。同月17日には、安保再定義を含む日米安保共同宣言がなされ、翌97年9月23日に日米安全保障協議委員会は新たな「日米防衛協力のための指針」いわゆる新ガイドラインに合意した。沖縄の基地負担の削減とともに、日本全体の沖縄化が進んだとも言える。

1996年10月以来、イラク上空の監視活動に、嘉手納基地から数百人規模で部隊が派遣されていた。2003年、イラク戦争が始まり、湾岸戦争以来再び在沖米軍が新たな戦争に投入された。14年、集団的自衛権の行使を認める安保関連法の制定によって、沖縄県民の意思とは無関係に米軍の戦略によって戦争に巻き込まれる危険性はさらに高まった。憲法の平和主義は日米両政府によって骨抜きにされ、専守防衛を超えた積極的戦争主義の状況になろうとしている。

2 平和的生存権

復帰前の平和的生存権侵害は、米軍によるものであった。復帰後は自衛隊配備により、米軍に加えて自衛隊の事故も発生している。復帰後那覇空港はようやく米軍から解放されると思われたものの、自衛隊が供用空港としたため、同空港の事故が目立っている。復帰後1年足らずの1973年2月、米軍機が那覇空港で着陸失敗し炎上する事故が起き、翌月、今度は自衛隊機が同空港で事故を起こした。80年6月、自衛隊戦闘機が、83年6月、自衛隊大型ヘリが、84年6月、自衛隊機がいずれも同空港で着陸に失敗、炎上した。

その他、自衛隊那覇基地で空対空ミサイルの爆発事故（80年1月）や、那覇空港で自衛隊機が全日空機に接触する事故（85年5月）など、あわや大惨事と

第4章　平和憲法と沖縄

なりえたものもあった。2017年1月、那覇空港で自衛隊機が故障し、2時間近く空港が閉鎖、離着陸に大きな影響が出た。最近の5年間で7件の自衛隊機による滑走路閉鎖事案が発生している。現在沖縄は観光客が増加しており、ただでさえ離発着が過密な那覇空港は軍民共用の限界を超えていると言ってよい。

　米軍の墜落事故は復帰後も相変わらず頻発した。米軍のファントム機が、金武町キャンプ・ハンセンに墜落（78年5月）、沖縄本島最南端の喜屋武岬海上に夜間演習中の米軍のヘリが墜落（89年5月）、94年4月4日、沖縄市の黙認耕作地に米軍のF-15戦闘機が墜落、その2日後、今度は普天間基地で米軍ヘリが墜落炎上する事故が起きた。99年4月、米軍ヘリが北部訓練場沖合に墜落し、6月には、ハリアー垂直離発着戦闘機が嘉手納基地内で墜落・炎上した。2002年8月には沖縄本島南の近海で米軍F-15戦闘墜落事故が発生した。そしてついに、04年8月13日の金曜日、普天間基地に隣接する沖縄国際大学本館に米軍ヘリが激突し、爆発炎上する事故が発生した。学校内における墜落は、復帰前の宮森小学校米軍機墜落事故を思い出させ、県民は恐怖で、抽象的ではない平和的生存権侵害を実感した。最近では、16年9月、沖縄本島の東150km沖で米軍ハリアー機が墜落、また同年12月13日、米軍MV-22オスプレイが名護市の海岸に墜落、大破する事故が発生した。墜落現場は集落近くで、大惨事になりかねない事故であった。これを政府や本土マスコミは「着水」や「不時着水」と発表した。また、ほぼ同時刻に同型オスプレイが普天間基地で胴体着陸事故も起こしており、事故の多いオスプレイの配備に反対していた県民の懸念が現実化した。

　米軍機の落下物事故も地点予測ができない点では恐怖である。実際民間地域、生活区域への落下物事故が頻発しており、直撃すると死亡事故につながりかねない。76年3月、伊江島で米軍機の補助タンクが落下、93年12月、北中城村内の県道に米軍ヘリから重さ16kgの救難キットが落下、96年5月、糸満市の通学路に米軍機から重さ11kgのソノブイ（対潜水艦音波探査装置）が落下したが、奇跡的に惨事は免れた。2001年6月、宜野湾市内の民家に米軍ヘリから隊員用の携帯袋が2個（重さ計23kg）落下した。02年4月、米軍ヘリが普天間基地で、燃料補助タンク2個を滑走路に落下させ、その翌日にも、F-15戦闘

機から照明弾が落下する事故が発生した。同年10月、伊江島で米軍機から水缶60 kgが民間地域に落下する事故が起きた。

意図的な爆弾等の投下もある。96年12月、米軍の戦闘爆撃機が那覇空港の西約10 kmの海上に、450 kg爆弾を投棄した。97年2月、久米島沖の鳥島射爆場で95年末から96年1月にかけて、米軍が使用禁止の劣化ウラン弾を1500発以上発射していたことが判明した。米側は1年以上も日本側に通知せず、日本側も約1カ月国民に知らせなかった。環境、人体に影響する爆弾等使用に関し、事後の情報提供さえないことは、それだけでも平和的生存権の侵害となろう。

不時着等の実態は決して軽くはなく、想像以上に恐怖を与える。96年10月の米軍ヘリの不時着などは名護市の小学校からわずか50 mの地点であった。2002年8月、宜野座村の米軍キャンプ・シュワブ内の海岸に、普天間基地所属の大型輸送ヘリが煙を出しながら不時着した。民家も近く、村道から20 mの近さであった。

戦争さながらの恐怖を覚える問題もあった。2002年7月、久米島沖で操業中の漁船に、海面近くを低空飛行で米軍ヘリが近づき、威嚇する事件が度々起きていた。沖縄の漁業従事者にとっては、海の危険だけでなく、上空の恐怖も加わっている異常な現実がある。

米軍機関連の事故は復帰から2016年12月現在までの44年間で709件も発生している。そのうち墜落は47件、着陸失敗は19件、落下物事故65件、不時着518件にのぼる［沖縄県 2017：103］。

流弾事故も復帰前から度々発生しており、その恐怖は極限に達する。2002年7月名護市の畑で米軍基地からの流弾が農作業中の男性の2 m先に突き刺さり、男性は土煙に命の危険を感じて逃げ出した。この被弾事件後の9月、嘉手納町の公園に米軍の信号弾の金属片が飛来する事件が発生した。他にも銃砲弾等が発見され、流弾の実数ははるかに多いと考えられる。

身体を直接害する戦争関連行為は、平和的生存権の具体的侵害である。戦争関連行為に基づく殺人、強姦など人間の尊厳を侵す事件も復帰前同様多発している。1972年9月、米軍基地で軍雇用員射殺事件が発生した。73年4月12日、金武のブルービーチ演習場で、戦車による轢殺事件が発生、さらに4月21日、

第4章　平和憲法と沖縄

嘉手納基地内で米兵による日本人女性強姦事件が発生した。74年7月、伊江島の米軍射爆場で、米兵による地元青年狙撃件が発生した。日米地位協定によれば、公務中の事件の場合は米軍が第1次裁判権を有し、公務外の場合に日本側が裁判権を有する。しかし、公務中か公務外かは、ほとんど米軍の証明によるもので、公平性を欠く運用がなされている。しかも、第1次裁判権を日本側が有しても、好意的配慮により放棄されたケースがほとんである。前述の伊江島青年狙撃事件でも、有罪を証明できるという警察の主張にもかかわらず、日本側は第1次裁判権を放棄していた。地位協定の不公平な運用は、軍事政策を優先し、住民の人権が軽視された復帰前とさほど変わらない。

地位協定問題が再び焦点となり、全国的な問題に発展したのが1995年9月4日の米兵3人による少女強姦事件である。この事件では、地位協定第17条5C、起訴前の身柄引渡しが問題となった。問題含みの地位協定の内容、特に刑事裁判権に関わる問題は、米軍基地の集中に比例し、沖縄にひずみが集中している。少女強姦事件は、大田沖縄県知事による代理署名拒否を生み出す要因となり、日米安保を揺るがす事態にまで発展しつつあった。復帰後からこの年まで米兵による民間人殺害事件は12件発生していた。93年4月の海兵隊員による殺人事件、94年7月の海兵隊員による日本人女性殺害事件などが発生しており、そして戦後50年を迎えた95年、前述の少女強姦事件の発生である。人間としての尊厳がまざまざと侵害されるところに基地問題の本質がある。[4]

事件のたびに、米軍は綱紀粛正を口にするものの、米兵による強姦事件は後を絶たない。2001年6月、米兵による女性強姦事件が発生し、やはり地位協定の身柄引渡しが問題となった。02年3月、那覇地裁は加害米兵に懲役2年8月を言い渡した。ちなみに復帰後から16年12月現在まで、米軍構成員等の刑法犯は5919件に達し、そのうち凶悪犯罪は576件、粗暴犯が1067件、窃盗犯が2939件である［沖縄県 2017：106］。この統計に含まれない時期の16年4月28日に起こった、米軍属による女性強姦殺人死体遺棄事件（裁判中）に衝撃が走った。対日講和条約により、民意に反して沖縄が米国施政権下に置かれた「屈辱の日」の事件発生であったが、遺体発見後、事件が発覚したのは5月半ばを過ぎていた。

第2部　沖縄の軌跡から考える平和

　平和的生存権は、沖縄戦の戦後処理問題である不発弾とも関係している。現在でも年数十回もの不発弾処理の避難勧告が出されるが、実際に爆発し、被害者を出すケースもあった。1974年3月、那覇市の幼稚園で工事中に不発弾が爆発し、園児4人が即死、20人が負傷した。復帰後も、沖縄戦の問題がいまだ重く残っていることを痛感させた。復帰後、県内の不発弾処理量は81年度の82tをピークに、94年度頃では毎年50t前後であった。以後、95年度、96年度は30t台、97年度以降は20t台と減り、ついに2012年度は復帰後最小の18.9tとなった。自衛隊では過去の年平均処理量約50tを根拠に、不発弾処理終了は「およそ60年」と試算していたが、この状態だと県民が不発弾に悩む期間はさらに延びることになる。2002年3月24日には那覇市での250kg爆弾の処理に、復帰後最大の3万人が避難した。戦後、県内には約1万tの不発弾があったと見られ、復帰以前には米軍などが5500t程度を、復帰後は自衛隊などが約1800tを処理していることから、依然、2500t以上が残っているとされる。

　環境面における平和的生存権侵害も沖縄では如実に表れている。燃料、廃油等の流出による環境被害はその一面である。米軍基地等に起因する環境被害は、平和的生存権だけでなく、環境権にも関わる問題であるが、例えば、燃料の流出事故などは、爆撃機や戦闘機などに搭載した爆弾等に引火した場合、一般的な燃料流出事故とは異なる状況を生じさせる。米軍基地の場合には、大量殺戮兵器、大型兵器の貯蔵はもちろん、化学兵器、細菌兵器などの貯蔵さえ、疑念が持たれており、事故発生の場合、基地の島沖縄が恐怖に突き落とされるのは言うまでもない。燃料、廃油等の流出事故は、2008年から16年の9年間で49件も起こっている［沖縄県知事公室 2017：102］。

　米軍演習による火災の発生も環境と関わる。1980年10月に恩納岳で起きた火災は40日間も続いた。83年12月、金武町のキャンプ・ハンセン演習場内で原野火災が発生したが、この火災は実に同年19件目の発生となった。原野火災は復帰から2016年までの44年間で602件も発生し、合計約38km^{2}も焼失した計算になる［沖縄県知事公室 2017：104］。これは沖縄本島南部の西原町、与那原町、南風原町の3町の合計面積を優に超える。

　米軍機の離発着による騒音も健康被害があるだけでなく、戦争や墜落事故の

記憶を呼び起こされ、恐怖を感じさせるため、平和的生存権侵害の典型にもなりうる。1982年2月、嘉手納基地周辺6市町の住民が、午後7時から翌朝午前7時までの夜間飛行等の差止めと損害賠償を求める訴訟を提起した。94年2月24日の那覇地裁沖縄支部判決は、過去の損害賠償を認めたものの、「静かな夜を返せ」というささやかな要求は、認めなかった。しかも、騒音がひどくなることを承知で他から引越してきた場合には、賠償が減額されたり、認定されなかったりするという「危険への接近」を理由に減額され、請求が切り捨てられる内容であった。それでも、嘉手納基地の爆音に対して損害賠償を認めた同判決を受けて、沖縄県は95年度から健康影響調査を開始した結果、96年3月には日米合同委員会小委員会において「夜間の飛行は必要と限られるものに制限」と規定した騒音防止協定が締結された。

　1998年5月22日の控訴審（福岡高裁那覇支部）判決は夜間飛行の差止め請求を棄却したものの、賠償額を一部引き上げた。さらに「危険への接近」法理を全面的に排斥し、1審判決を一歩進めた。同判決確定後、改めて、嘉手納基地周辺の住民約5500人が米軍機の早朝・夜間の飛行差し止めを求めて第2次嘉手納爆音訴訟を提起した。さらに、2万2054人のマンモス原告団で第3次訴訟を提起し、2017年2月23日、那覇地裁沖縄支部は約302億円の損害賠償を認める判決を下した。嘉手納に続き、普天間基地爆音訴訟も提起された。普天間、嘉手納両基地では、1996年締結の日米間騒音防止協定において合意された夜間から早朝の飛行制限時間帯の騒音発生回数が、米国における9・11同時多発テロ発生の2001年、突出して増加しており、周辺住民の生活環境に大きな影響を与えた。米国の事情により、沖縄住民の平和的生存権侵害状態が左右される実態を浮き彫りにした例と言えよう。

　復帰時に本島中部の米軍貯油施設内で、地中に有毒物質のテトラエチル鉛が投棄され、汚染物質が放置されていることが、2002年5月に判明した。県は当時、米軍に撤去を求めたが、米軍側が撤去したことを示す記録は見当たらず、住民の要請は未解決のままである。13年6月に沖縄市サッカー場で、米軍の枯葉剤のものと思われるドラム缶80本以上が発見され、汚染問題が指摘されていた。さらに、15年6月、新たにドラム缶17本が発見された。それらの近くのた

まり水から地下水環境基準の２万1000倍のダイオキシンが検出された。近隣の嘉手納町、北谷町、読谷村さらには普天間基地のある宜野湾市でも汚染物質問題が起こっている。米軍基地に起因する環境汚染も相変わらず、住民の平和生存権を脅かし続けている。

　2017年10月11日、高江集落そばの牧草地に米軍大型ヘリが不時着、炎上した。事故現場の土壌には有害物質が確認された。12月７日、宜野湾市で、園児らの遊んでいる保育園の屋根に米軍ヘリの部品が落下した。一歩間違えば、大変な惨事になっていた。そのわずか６日後の13日、今度は普天間第二小学校の校庭に米軍ヘリから90cm四方の金属製窓枠が落下した。体育の授業中で、落下の際にはねた小石が、男児の手に当たってけがをした。大惨事の発生と紙一重の中で授業を受ける子どもたちは常に危険の中にいる状態ともいえる。

　特定の地域だけに負担を集中させ、住民の生命、財産が脅かされる状況は歪(いびつ)な安全保障である。12月に沖縄県がすべての米軍機の飛行中止と緊急点検を強く求めていたにもかかわらず、2018年の年明け早々の１月６日、沖縄本島中部地区の伊計島で米軍ヘリが住宅から100ｍのところに不時着した。８日午前に、このヘリを別の大型ヘリがつり上げ輸送し、住民の不安をつのらせた。それも束の間で、同日夕方、今度は読谷村で米軍の攻撃ヘリが不時着した。リゾートホテルから約250ｍ、住宅地から約300ｍの距離であった。１月23日夜、沖縄本島の西方海上にある渡名喜島で、米軍の攻撃ヘリが集落から約300ｍ先の村営ヘリポートに不時着した。

　県議会は２月１日、臨時会議を開き、普天間飛行場の即時運用停止や学校、住宅等の上空での米軍訓練飛行中止を求める抗議決議と意見書を全会一致で可決した。他に、日米地位協定の抜本的改定、日本の航空法の順守、在沖米海兵隊の早期国外・県外移転なども求めている。地位協定改定の提案もせず、事故のたびに米軍側に再発防止を要請したと言うだけでは日本政府の当事者能力が疑われる。

6 復帰後の沖縄における国民主権原理と基本的人権尊重原理

1 国民主権原理

　沖縄の国政参加は復帰に先立つ1970年11月15日の国会議員選挙に始まった。しかし、これは特別法によるものであり、憲法の国民主権原理に基づいて実施されたものではなかった。したがって、この国政参加は恩恵的側面が強く、当時の沖縄住民に対して国民と同様の主権者として認めたものではなかった。国民主権は、日本国憲法に組み込まれた原理として、単に選挙権があるだけでなく、真に主権者として扱い、その意思を重視するものであって、国政であろうと地方政治であろうと同じ構造を持っているはずである。

　憲法第95条は、一の地方公共団体にのみ適用される法律（地方自治特別法）については、たとえ国会を通過しても、その地方公共団体の住民による住民投票において過半数の賛成を得なければ、法的効力を認めない旨を定める。これはまさに国民主権に関する原理が直接的・個別的に示されたものであろう。国政選挙は一足早く行われたものの、沖縄住民は憲法上の主権者として扱われただろうか。

　米軍基地維持のために、日本政府は平和憲法の諸原理を繰り返し蔑ろにし、沖縄の自治・自立は侵されてきた。「沖縄における公用地等の暫定使用に関する法律」（公用地法1972年5月15日施行）の制定やその後の米軍基地維持のための立法はこの最たるものと言える。公用地法は沖縄という一地方にのみ適用される法律であり、本来ならば憲法第95条に定める住民投票がまさに必要な地方自治特別法であった。しかし、沖縄は法制定当時まだ復帰しておらず、憲法上の地方公共団体には当たらないとして、住民投票を行わなかった。そして、この法律は復帰後即座に沖縄にのみ適用された。すぐにも憲法上の地方公共団体になることが明らかで、沖縄県民は国民主権の担い手になるのであり、憲法第95条に定める住民投票を行えたはずであった。沖縄返還前に国政参加を前倒ししたものとは、時期的にずっと後であったにもかかわらず、政府の恣意的な解釈によって、憲法の地方自治および国民主権原理から排除されたのである。

第2部　沖縄の軌跡から考える平和

　1977年5月18日、公用地法による米軍基地の使用期限が切れて4日後、国はいわゆる「地籍明確化法」を制定し、その付則で公用地法の米軍基地使用を5年延長した。憲法上の地方公共団体になったにもかかわらず、住民投票に関する憲法95条を適用しなかった。82年の5月14日で期限切れとなる地籍明確化法による公用地法の再々延長はなかった。それは、60年の現安保条約後適用例がなく眠っていたいわゆる「駐留軍用地特措法」が、5月15日から沖縄の米軍用地に適用されたからである。同法は制定以降長期にわたって沖縄にのみ適用されており、実質的には一地方公共団体のみに適用される法律である。本来は住民投票を必要とする法律に対する国民主権・住民主権原理からの要請は、96年9月8日、全国初の県レベルでの住民投票（沖縄県民投票）へと実を結んだ。
　地方自治の問題に関わるものとして、「慰霊の日」休日廃止問題がある。1988年に地方自治法が一部改正され、第4条の2が新規追加された。それまでなかった地方公共団体の「休日」に関する定めができ、「休日」は土日祝祭日・年末年始、国民の祝日の中から定めることとなった。沖縄の慰霊の日（6月23日）はいずれにも該当せず、沖縄県議会は、規定に基づいて慰霊の日休日廃止条例案を検討することとなった。89年4月の県遺族連合会の慰霊の日存続要請をはじめ、県内各方面から批判が噴出した。同年の「慰霊の日」当日、法律による地方公共団体の休日指定は地方自治の本旨に反し、違憲の疑いがあるとして、県内の憲法・行政法研究者による休日存続を求める声明も出された。結果、同条例案は審議未了となり、廃案となった。地方自治法の規定は91年に「特別な歴史的、社会的意義を有し、住民がこぞって記念することが定着している日」は休日と定めることができると追加改正され、慰霊の日休日は存続することとなった。
　戦後50年目の1995年2月、今後も沖縄の米軍基地を固定化、強化する動きが米国の東アジア戦略報告（ナイ報告）に示された。折しも米軍用地の契約切れを2年後に控え、駐留軍用地特措法に基づく軍用地強制使用手続が始まっていた。反戦地主らは、戦争のための軍には1坪たりとも土地を貸さないという信念の下、契約を拒否してきた。当時同法によれば、地主が契約拒否をした場合には、市町村長が、さらに、市町村長も拒否した場合には、都道府県知事が

「代理署名」を行うとされていた。国（防衛施設庁）はこれまで同様、沖縄県知事が代理署名をするものと見込んでいた。しかし、大田昌秀沖縄県知事は、ナイ報告が出された時点で、代理署名に難色を示した。沖縄戦50年を迎え、平和理念に基づく「平和の礎」が建立され、6月23日の慰霊の日に除幕された。知事はむろんのこと、県民の心に戦後50年間の変わらぬ基地の重圧と日米両政府の沖縄政策に対する強い不満と疑念がうっ積していた。

　同年9月4日、米兵による少女強姦事件が起こると、基地の固定化によって事件・事故の犠牲になると危惧し、県民の怒りは爆発した。9月28日、大田知事は代理署名拒否を県議会で表明した。県民の思いは、知事の代理署名拒否表明を強く後押しした。県民の怒りの大きさを示すように、少女強姦事件を糾弾する10・21県民総決起大会では、8万5000人が会場を埋め尽くした。米軍綱紀粛正、被害者への謝罪と完全補償、基地の整理縮小、地位協定改定が大会決議であった。後二者は翌年の県民投票の問いそのものであった。

　代理署名を拒否した知事に対し、12月7日、総理大臣は地方自治法151条の2（旧規定）に基づく職務執行命令訴訟を福岡高裁那覇支部に提起した。総理大臣が知事を訴える前代未聞の裁判となったが、実質的原告は沖縄県民で、県側が日本政府の沖縄政策の不誠実さを追及するものであった。そして、県側は、沖縄の歴史や文化、社会にまで言及し、県民の財産権、平和的生存権、人格権など、基本的人権が米軍基地によっていかに侵害されてきたかを切々と訴えた。また、国中心の現在の権力構造に対し、憲法の地方自治のあるべき姿をも問うものであった。口頭弁論のたびに、基地の重荷を訴えるため、裁判所近くでは県民集会が開かれた。福岡高裁那覇支部は、現地調査や関係地主などの証人採用も行わず、わずか4回の口頭弁論の後、翌96年3月25日、大田知事に代理署名を命ずる判決を下した［高良 1997：110］。

　知事側の上告後、同年7月10日、最高裁としては異例の口頭弁論が開かれ、知事本人も県民を代表して、切々と基地の重圧と日本政府の復帰後の政策および駐留軍用地法の違憲性とを訴えた。最高裁は、8月28日には、砂川事件（最判昭34・12・16）を引用し、安保条約・地位協定が一見明白に違憲でない以上、駐留軍用地特措法も違憲ではないという必要条件と十分条件とが嚙み合わない

判決を下した。戦略的性質の基地に対して、「一見極めて明白に違憲でない」と捉えることは司法権による憲法破壊を招く恐れがあろう。

　最高裁判決の翌日、沖縄県民投票が告示された。6月制定の県民投票条例に基づいて、県内各地で説明会や学習会が開かれ、「地方自治は民主主義の学校」を地で行く住民の意気は高揚していた。9月8日の沖縄県民投票結果は、投票率59.53％で、約54万人もの住民が投票し、基地の整理縮小・地位協定改正に約48万人が賛成を投じた［高良　1997：185］。なお、県民投票3日前の9月5日、基地の整理縮小と地位協定改定とを別々に問う、高校生による模擬投票が県下63校で実施され、3万6000人が投票した。

　代理署名拒否、職務執行命令訴訟、県民投票等日本中を巻き込む民主主義と地方自治とを問う大きなうねりは、9月13日の大田知事の署名代行表明で急速にしぼんだ形となった。しかし、この間に得たものは簡単にしぼむものではなかった。1996年4月12日に橋本首相が、普天間基地の5〜7年以内の全面返還を発表したが、評価する一方で県内移設条件のため反対の声も上がっていた。これにより普天間基地の代替地が問題となり、名護市が候補地に上がると地域住民の中で強い反対論が出てきた。名護市では海上基地建設をめぐり、住民投票を望む声が高まった。住民投票の設問（4択制）をめぐり、名護市議会で紛糾した後、海上基地建設の是非を問う住民投票が97年12月21日に行われ、反対派が投票総数の53％を占めて、県内移設への市民の反対の意思が示された。それにもかかわらず、名護市長は24日、住民投票結果を無視し、建設容認を表明した。これに対して98年1月20日、名護市民投票裁判が始まった。2000年5月9日那覇地裁は原告らの請求を棄却する判決を下した［高良　2001：33］。

　1997年4月、政府は5月15日の強制使用期限を控えた米軍用地約3000件の不法占拠を避けるため、期限切れ後も暫定使用を可能とする米軍用地特措法改正案を国会に提出した。県民世論の反発が強い中、同改正案は法案提出から1週間で9割の圧倒的多数を得て衆院を通過、17日には参院でも8割の圧倒的多数で可決された。これは、圧倒的多数決による異例の速さで、一地方公共団体の住民のみをターゲットにした法改正であり、民主主義を土台とした国民主権による多数決なのか、大きな疑問が残った。

県民大会は復帰後何度も開催されてきた。1987年6月、2万5000人が参加して、広大な嘉手納基地を初めて「人間の鎖」で包囲した。嘉手納基地の包囲行動は90年にも行われた。戦後50年・平和大行動の一環として、復帰記念日の前日95年5月14日、今度は普天間基地を1万7000人の「人間の鎖」で包囲した。また、沖縄サミット開催前日の2000年7月20日には、2万7000人が参加した「人間の鎖」で3度目の嘉手納基地包囲となった。基地の過重負担と基地整理縮小、21世紀の平和発信拠点への脱皮を望む県民の願いを国内外に強烈にアピールした。懸案事項の普天間飛行場の県内移設反対、頻発する米軍の事件・事故に対する抗議の意も込められていた。

2004年9月12日には、沖国大米軍ヘリ墜落事故（8月13日発生）に抗議する宜野湾市民大会が、沖国大で開催され、市民3万人が参加した。07年9月29日、宜野湾市海浜公園で、「集団自決」の軍命を削除した教科書検定意見撤回を求める県民大会が開かれ11万人の参加者で埋め尽くされた。同じく海浜公園で12年9月9日に行われたオスプレイ配備反対県民大会では10万1000人が怒りの声を上げた。16年6月19日、米軍属による女性強姦殺人死体遺棄事件（裁判中未確定）に抗議する県民大会が那覇市で6万5000人が参加して開かれ、「怒りは限界を超えた」の意思が示された。

県民の代表機関である県議会の決議等も重要な住民意思の反映である。本土復帰直前の1972年1月から2001年12月までの30年間に県議会が可決した抗議決議と意見書の件数は合計665件で、このうち米軍基地関係は285件約43％を占めている（琉球新報2002年8月29日）。

このように復帰後も幾度となく示された平和や自治への民意は国民主権原理に直接結びつき、復帰前からの直接民主主義的住民運動と軌を一にしている。このことは、日米両政府が沖縄の平和と自治と人権の保障を阻んできたことを浮き彫りにしていると言えよう。

2　基本的人権の尊重原理

基本的人権の尊重を謳った日本国憲法下に復帰したにもかかわらず、米軍基地から派生する人権侵害はなくなる気配を見せていない。米軍統治から日本復

帰という沖縄の地位的変化の中で顕在化した人権問題として、まず、沖縄の無国籍児問題が挙げられる。沖縄女性と米兵との間に生まれた子の中には、父系優先血統主義と生地主義をそれぞれ原則とする日米の国籍法の狭間で、要件を満たさずに無国籍となる者もいた。その後、国籍法が父母両系血統主義に改正されたため、無国籍児問題はほぼ解決された。関連した子どもの問題として、沖縄に限らないが、アジア女性と米兵との間の子、いわゆるアメラジアン（アメリカ＋アジア）の問題がある。沖縄では、米軍基地内で教育を受けてきた子どもが、父母の離婚によって基地内の教育を受けられず、孤立したり、劣等感を持ったり、学力問題にも大きく影響している。日本政府は問題の所在さえ認識できず、公的な支援対策が整備されていない。県内の自治体が小規模のアメラジアン・スクール開設を支援し、対策が執られている程度である。

　子どもの教育を受ける権利、学習権に関する問題として、米軍機騒音による授業の中断がある。騒音発生のたびに、学習への集中力が途切れ、それを戻すまでの時間が浪費されている形になる。小中高12年間でトータル何学期分もの授業時間が失われることになる。また、難聴や精神的安定欠如など、健康面の影響も懸念される。

　法の下の平等の問題として、思想信条による差別に関わる反戦地主重課税訴訟がある。伊江島の米軍用地を所有する反戦地主が国との賃貸借契約を拒否した。そこで那覇防衛施設局は強制使用の申立てを行い、県収用委員会は1987年5月15日からの10年間の強制使用裁決をした。これに伴い当該地主は損失補償金を受領したが、一括払いされた補償金を名護税務署長は87年度の不動産所得と見なして約3400万円課税した。この税額は10年間契約した地主より約2200万円も多く、不公平として所得税更正の請求をしたが、不認容の処分を受けた。これに対し、憲法の法の下の平等に反するとして処分の取消を求めたのがこの訴訟である。那覇地裁は94年12月、同一目的のための土地使用形態であり、課税も同一に扱うべきとして税務署長の処分を取消す判決を下した。しかし、96年10月、福岡高裁那覇支部は、契約地主が1年分の賃料であるのに対し、原告らは損失補償金の全額払い渡しを受けており、その年度の総収入に差がある分の累進課税に過ぎないとして、憲法第14条、第19条違反はない旨判断した。社会

第4章　平和憲法と沖縄

生活の面においても米軍基地問題が、いかに影を落としているか浮き彫りにされている。

　1988年12月、那覇防衛施設局長は対潜水艦戦作戦センター（ASWOC）の建築計画通知書を那覇市建築主事に提出した。那覇市の住民が情報公開条例に基づき、同計画通知書関連文書の公開を求めたところ、市は当初非公開としたが、異議申立て後、89年9月、公開決定を行った。これに対し、防衛施設局（国）は公開決定処分の取消を求めるとともに、執行停止を申立てた。那覇地裁は翌月、44点の図面中21点について判決確定まで公開停止を決定した。この裁判の特異性は、那覇市が市民に行った処分に対して、第三者である国が取消を求めた点にあった。那覇地裁は95年3月、国に取消訴訟の原告適格がないとして、訴えを却下し、さらに念を入れて、本件情報は秘匿されるべき情報に当たらないと判断した。控訴審の福岡高裁那覇支部は、96年9月、原告適格の存否について検討するまでもなく、本来行政機関内部で調整すべきもので、「法律上の争訟」とはいえないとして訴えを却下した。最高裁も1、2審と同様、国の訴えを却下し、国の敗訴が確定した。防衛秘と国民の知る権利が問題となったわけだが、那覇市がいち早く情報公開条例の制定に取り組んだ背景には、沖縄において悲惨な戦争被害や米軍統治下での人権侵害の経験から、人権保障の大切さと自治権の必要性を強く感じていたことがあった［仲地・水島　1998：135］。

　沖縄戦の実相に関わるものとして、新平和祈念資料館展示改ざん問題がある。1975年6月の開館以来、「沖縄戦の記憶」を留め、多くの資料が展示されていた沖縄県立平和祈念資料館が、2000年に向けて新しく建築されることになった。事の始まりは、新資料館の展示内容を沖縄県幹部が監修委員会の承認を得ずに改ざんしようとしたことにある。これが1999年夏に発覚し、県政を揺るがす問題となった。98年の知事選で県政が代わり、平和行政の後退が懸念される向きがあった。新平和祈念資料館の展示内容変更の情報から、琉球新報が取材を続け、ついに8月、展示内容改ざん問題を報じた。平和団体をはじめ、県民の間から批判が噴出し、県議会でも改ざん問題が取り上げられた。県側は陳謝したものの、責任を明確にせずにいたが、県民注視の中で、展示作業は基

本的枠組みから大幅にずれることはできなくなった。こうして、翌2000年4月1日、新平和祈念資料館が開館した。

　沖縄の人権問題に、沖縄戦、米軍統治、日米安保政策の問題がかくも大きな影を落としているということに今更ながら驚かされる。

7　おわりに——検証沖縄復帰と平和憲法

　2017年、沖縄は復帰45年を迎えた。現状はどうかと言えば、復帰時に比べ、港湾、道路、公園、公共施設などハード面の整備や生活水準の向上はあったが、平和や自治といった面では、むしろ後退の感さえある。これには、復帰して45年たっても、国土の0.6％の面積しかない沖縄に、依然として在日米軍基地面積の約71％を置いている現実が関係している。平和憲法の下への復帰というスローガンには、沖縄住民に多くの被害を与えてきた米軍基地が撤去、あるいは少なくとも本土並みの比率になるという平和主義原理への期待があった。しかし、現実は平和主義が、日米軍事協力強化や安保関連法制、改憲論議、さらには米国の戦争への日本政府の支持等によって、意図的に意味を失わしめられ、むしろ日本全体の沖縄化が進んでいる。

　復帰初期の沖縄においては、国民主権原理は国政選挙に限定されているかのように、捉えられた向きがあり、復帰前の島ぐるみ闘争のような、住民意思を直接表明する（憲法的な意味での主権者の意思表明、政治参加）形態は、さほど多く見られなかった。やがて復帰の内実が、憲法理念と離れていることに気づくと、各種の県民総決起大会や住民投票など住民の直接参加形態が復活してきた。主権者直接参加形態は、沖縄を除くとあまり見られなかったが、最近は本土自治体でも見られるようになった。ともあれ、駐留軍用地特措法問題に代表される実質的に沖縄だけに関わる法律の制定改廃など法的なレベルでの、県民参加はいまだ巧妙に排除されている。

　これまで述べてきたように米軍基地に起因する問題が沖縄の人権問題の中核を占め、これに加えて、自衛隊に関わる問題、沖縄戦記述に関わる教科書・教育問題等も絡んできた。沖縄の復帰を挟んだ過去と現状は平和憲法の不適用、

適用にかかわらず、憲法原理の重要性を浮かび上がらせてきた。能動的意味において、今後の日本の沖縄化は、平和憲法原理の再確認が全国各地の自治的歩みの中で進むことを期待したい。

【注】
1) 米国のタイム誌フランク・ギブニー記者が1949年11月28日、米軍の軍紀乱れや無為無策を批判した「沖縄―忘れられた島」を発表した。
2) 代理署名訴訟をはじめ、平和的生存権を訴えた裁判で、最高裁は、その抽象性を理由に権利性をことごとく認めていない。ちなみに下級審では認めているものもある（長沼事件第1審判決、自衛隊イラク派遣違憲訴訟名古屋高裁判決）。
3) 砂川事件最高裁判決は、「違憲なりや否やの法的判断は……、終局的には主権を有する国民の政治的批判に委ねられるべきものである」と判示した。
4) 1995年の10・21県民総決起大会における大田知事の最初の言葉は、幼い少女の人間としての尊厳を守ることができなかったことに対する謝罪であった。96年3月7日、那覇地裁は少女強姦事件の3被告に7年～6年6月の実刑判決を下した。

【参考文献】
大田昌秀［1984］『沖縄の帝王高等弁務官』久米書房
沖縄大百科事典刊行事務局編［1983］『沖縄大百科事典』上・中・下巻、沖縄タイムス社
沖縄タイムス社編［1996］『50年目の激動』沖縄タイムス社
沖縄県知事公室基地対策課［2017］『沖縄の米軍及び自衛隊基地』統計資料集平成29年3月
高良鉄美［1997］『沖縄から見た平和憲法』未來社
高良鉄美［2001］「住民投票の法的拘束力：名護市民投票裁判を素材にして」琉大法学65号、33頁以下
中川義朗編［2000］『現代の人権と法を考える』法律文化社
仲地博・水島朝穂編［1998］『オキナワと憲法』法律文化社
中野好夫・新崎盛輝［1976］『沖縄戦後史』岩波書店

■文献案内

　大田昌秀［2004］『沖縄差別と平和憲法』BOC出版
　　戦後の米軍による沖縄の基地化政策や日米合作の沖縄分離、米軍統治下において沖縄住民が追い求めていった国政参加や主席公選などの選挙権問題、さらには教育権や財産権（軍用地問題）その他の人権侵害について考察している。戦後沖縄の女性たちの権利闘争に論及している。
　石原昌家・仲地博・ダグラス＝ラミス編［2005］『オキナワを平和学する！』法律文化社
　　9.11以後の米国の軍事戦略と沖縄との関係や代理署名訴訟など基地の島沖縄が戦

第2部　沖縄の軌跡から考える平和

　　後60年目に問うことを多角的に盛り込んだ書である。沖縄国際大学構内米軍ヘリ墜落事故や沖縄戦体験記録にも言及があるほか、世代間座談会も掲載されており、沖縄の現状を把握するのに適している。
ガバン・マコーマック、乗松聡子［2013］『沖縄の〈怒〉』法律文化社
　　沖縄戦、日米同盟、復帰そして辺野古、高江をめぐる問題について言及している。特に、辺野古高江をめぐる民意と民主主義について論究しており、沖縄の歴史の中でいかに民意がないがしろにされてきたか、考察したものである。未来の沖縄への展望も組み込まれている。
由井晶子ほか［2016］『希望の島・沖縄：アリは象に挑むⅡ』七つ森書館
　　辺野古新基地建設問題を中心に書かれた『アリは象に挑む』の続編的位置づけであるが、環境アセスメントや仲井真前知事による埋立て承認、翁長新知事による埋立て承認取消、これらをめぐる一連の辺野古訴訟など最新の状況に言及している。米軍属による女性強姦殺人事件関連の言及もある。

第3部
マイノリティの視座から考える平和

「たかえをすくえ」(2016年8月、A3BC：反戦・反核・版画コレクティブ制作)
　沖縄島北部の東村高江では、米海兵隊北部訓練場の着陸帯建設に反対する座り込みの直接行動が2007年から続いてきた。2016年7月、日本から増派された機動隊がこれを排除、工事が強行された。東京を拠点とする版画集団が運動への連帯を表明し共同制作したこのバナーには、地域住民と県内外からの人々が協働して築いた市民的不服従の姿や、反基地運動が生物多様性への高い関心を持って実践される様子が描かれている。飛び交う無数の蝶は、同年春に起こった米軍属を容疑者とする強かん致死・殺人・遺体遺棄事件への追悼と抗議のモチーフとなったもので、長期化する米軍駐留がもたらす性暴力で犠牲となった魂の解放への祈りを暗示している。

平和を目指す沖縄の社会運動の多様な相貌

高江「座り込みガイドライン」の手作り看板は、非暴力、非組織的な参加意思の尊重、運動そのものを楽しもうとする姿勢など、目指すべき社会運動のスタイルや理念を雄弁に語る（写真左、2017年7月阿部小涼撮影）。不服従の直接行動は時に権力との緊張的場面を誘発し、社会暴力が可視化される（写真右上、2016年7月22日東村高江、横山知枝氏提供）。2017年6月に開催された「軍事主義を許さない国際女性ネットワーク会議 in Okinawa」には、米軍が長期駐留する世界の諸地域から女性たちが集まり「軍事主義に抗し、持続可能な未来を！」を主題に活発な議論が交わされた（写真右下、2017年6月26日源啓美氏提供）。

【第3部の概要】

　マイノリティとは、政治的・社会的な劣勢にあって差別と抑圧の中で声を聞き届けられない人々を指す。その存在は代表制をとる民主主義の必然とも言え、その視座から希求される平和は、草の根の人々による社会運動という窓を通して観察可能だ。
　米軍占領以後、今日に至るまで沖縄で闘われ続けている反基地闘争は、まさにマイノリティの視座から平和を問い続ける営みであった。第5章では、社会運動について、中でも暴力／非暴力と草の根の市民性の理論的な枠組みを示し、それらを用いて沖縄の運動を考察するよう読者に促す。その試みの1つとして、沖縄の反軍事主義運動に固有の理念と方向性を示したジェンダー視角に焦点化したのが第6章である。

第5章　社会運動と平和

阿部　小涼

■キーワード
社会運動、平和運動、直接行動、非暴力／暴力、市民性、変容の政治

1　社会運動から平和を考える

　平和とは、争いのない平穏な状態と見ると同時に、実現すべき理想や希望として共有されてきた概念であろう。これは裏を返せば、その前段階としての争いの状態を自明視している。自然状態を闘争状態と位置づけるホッブズを持ち出すまでもなく、「積極的平和主義」の語の濫用と受け止められる用法も、誤用とまでは言い切れない。「武力を持って平定する」という思想は、むしろ歴史的には「平和」という語に組み込まれていたのであり、平和は、あらかじめ統治をその概念に含み込んでいる。【→1章、2章2)】

　では、平和を、統治の目的ないし結果としてのみ、捉えなければ、どうか。レベッカ・ソルニットは、災害に見舞われた時、一時的にではあれ、相互扶助の共同体が出現することを観察した。市民性がその重要なカギを握っていることを明らかにしたソルニットは、むしろ統治のシステムが解体した時にパラダイスが出現すると論じている［ソルニット 2010］。

　一方、統治が災厄によって解体せずとも、統治によらずに平和をめざそうとする行為がある。諸社会において「草の根（grassroots）」と呼ばれる人々（市民、庶民、民衆、人民など時代によりその呼称は変化してきた）の、平和を要求する動きがそれである。そこでは平和は願い祈る対象ではなく、人々が闘い勝ち取るものとしてめざされる。このような平和を要求し達成しようとする社会運動

を、平和運動とひとまず定義しておく。

　本章では、この統治に拠らない平和の形象として、社会運動から平和を考えてみよう。社会運動によっても平和はめざされる。この時平和をめぐるどのような問題系が出現するのだろうか。

2　社会運動論の登場

　社会運動論の教科書に従えば、社会運動とは次の4つの条件で定義される。

> 社会運動とは、①複数の人びとが集合的に、②社会のある側面を変革するために、③組織的に取り組み、その結果④敵手・競合者と多様な社会的な相互作用を展開する非制度的な手段をも用いる行為である。［大畑ほか 2004：4］

　4番目の項では、現行制度に限定されない行為があることを肯定し、また敵手に打ち克つという目的に限られない「相互作用」を観察可能にするなど、対象となる運動に拡がりを持たせる実に魅力的なものとなっているが、定義自体は、常に例外や再検討を要請されるだろう。定義の厳密さを目指す姿勢の対極にはシドニー・タローのように、社会運動とは「たたかう集合行為である」という大きな概念で語ろうとする態度もある［タロー 2006：21-23］。社会運動の様々な論を整理したニック・クロスリーは、「運動」という語をその元々の「動く」という動態にこだわって次のような認識枠組みを示した。

> 運動という活動は、必ずしも事前に予期したり統制したりすることができないような出来事の連鎖を引き起こし、それは時に、揺り戻しや別の意図せざる反応を誘発したりする。［中略］またそれは社会における権力の形態や配分、ならびに民主主義の妥当性や限界をめぐる問いでもある。実のところ社会運動とは、権力、正当性、そして民主主義をめぐる自然の実験室なのである。［クロスリー 2009：23］

　権力の正当性や民主主義を問う人々の動き。このようにして、現在の地点に立って、過去を振り返った時、歴史の闇に埋もれた様々な人々の実践に「社会運動」という語は光を当てることができる。だからといって渦中にある人々が、当時それを「社会運動」と認識して自覚的に取り組んでいたわけではな

い。1976年に上梓されカルチュラル・スタディーズの基礎的文献となったレイモンド・ウィリアムズの『キーワード事典』では採り上げられなかった「運動」は、その趣旨を受け継いだ2005年の『新キーワード事典』で見出し語として登場しているのを確認できる。

> 二つの世界大戦によって政治的境界線がひきなおされてのち、デモクラシーは拡大基調にあったが、それでもなお北米大陸および連合王国内の国々におけるマイノリティ諸集団は、支配的社会集団が享受しているのとおなじような権利と生活水準をもとめ、闘争をおこなっていた。そのとき、「運動」という言葉は、政治・経済・文化的変化、そしてとりわけ社会的変化をもとめて、人びとの集団がよりあつまることを意味しはじめたのである。そして合州国における、市民権運動［公民権運動］、ブラックパワー・ムーヴメント、反戦運動、学生運動、女性運動、ゲイ・ムーブメントによって、これらの運動を総称する言葉の登場がうながされた——社会運動（social movements）という言葉の誕生である。［パットン 2011：337-338］

列挙された具体項目には、公害や核開発への反対も含めた環境保護運動を加える必要がありそうだ。とまれ、従来はパニックやヒステリーのような非合理で非日常的な現象と捉えられてきた人々の集合行為の捉え方に大きな修正を迫ったのが、1960年代の社会学者スメルサーの『集合行動の理論』と「社会運動」という認識枠組みであった。このような集合行為理論の精緻化を受けて、社会運動研究が興ったのは70年代初頭であると考えられている［Edwards 2014：1］。それはどのような時代だったのだろうか。

ヨーロッパでは、ニュー・レフトの誕生に呼応した労働者階級の、革命のみを目指さない市民性の要求を「新しい社会運動」と捉えたフランスのアラン・トゥレーヌらが登場していた。イタリアではアルベルト・メルッチがアウトノミア（職場や学校などの自律をめざす創造的運動）を目撃し『現代に生きる遊牧民』を著した。そのメルッチが提起した社会運動を分析するための仮説は独特の視角を具えている。「社会運動は、分析によって創り出された対象である」「社会運動は、闘争を表現する集合的行動である」「イタリアでわれわれが経験している新しい階級運動は、経済的発展の歪み、社会システムの崩壊、政治システムの危機と結びついている」「暴力は、イタリアの新しい運動を特徴づけ

る闘争と危機の独特の組合せである」。すべてを紹介することはできないが、人々の集合行動に意味の拡がりを捉えようとするメルッチの仮説を日本に紹介したのは、社会運動を「文化＝政治」と捉えた毛利嘉孝であった。仮説は「68年以降の学生運動とポストフォーディズム体制の新しいプロレタリアートの運動の連携が大衆的な運動として結実する、いわゆる『イタリアの77年』のただ中に書かれた」という。単なる抽象化ではない生々しさ、「伝統的な左翼エリートによる啓蒙的言説が有効性を喪失」したとの感覚や「連帯の困難さ」という背景がまとわりついている。毛利はこの仮説の今日的感覚との共振性に注目する。メルッチの仮説には、西洋的な合理主義的価値から除かれてきた文化的なものが情動や身体に訴える、その質を汲み上げようとする視座が含み込まれていると毛利は考えたのだ［毛利 2003：190-200］。社会運動を目的論的に裁断すれば、闘争の勝利とその成果のみが評価軸となる。だが「新しい社会運動」論が重視したのは、文化的表現としての観察であった。

　米国では、アフリカ系を人種差別する諸法を撤廃させる公民権運動が、法的平等の達成の後にも残存した社会的差別への抵抗運動として深められていた。1960年代に多発した「暴動」（riot）が一括りにかれらを捜査と鎮圧の対象としたことに対して、人種差別への抗議、叛乱（rebellion）、蜂起（uprising）という別の解釈可能性が求められたことと無関係ではないだろう。沖縄に照らして言えば、70年12月のコザ暴動が抗議行動という解釈に開かれていたことを想起できる。並行して、先住民、ラティノス、アジア系などの権利運動が活性化し、フェミニズム、ゲイ解放、環境保護、ヴェトナム反戦運動などと有機的に交錯し触発し合いながら、米国独自の社会運動の季節を迎えていた［高祖 2006］。

　日本においては小田実が、ヴェトナム戦争時の反戦運動に平和運動の転機を見出していた。「他の平和運動と有形無形につながりのあるいろんな運動」や「『運動』を形成しないまでも社会に底流としてある人びとの動き」を大きく捉えようとする点で、ここにも「新しい社会運動」の時代精神が共有されている。小田が強く意識したのは、強大な力の均衡と現状維持を車の両輪とする強者の平和の正反対にある「弱者の反戦」という位置だった。小田にとり、平和運動とは、市民による反戦として捉えられており、その重要な転機は「被

害者であるがゆえに加害者であるメカニズム」の発見だったという。ベ平連（「ベトナムに平和を！」市民連合の略称）が、戦争を対岸の火事として見る見方を大きく変えた切っ掛けは、小田の場合、「安保条約とアメリカの占領下にあった沖縄の位置によって日本が戦争に加担させられたから」だった［小田 1987：12-13］。

　1966年8月11日から14日まで開催された日米市民会議でのスピーチは、小田の、加害者としての反戦の思想がよく表れている。

　　ベトナム戦争の残虐行為の写真を見ると、そこに出てくるのは、まず、かわいそうな被害者の姿である。しかしそれだけではなくして、私の目に入ってくるのはその残虐行為を加えている手です。その手の姿が私の目に現れてくる。その手はひょっとすると自分の手であるかもしれない。そのことをまず私は考えます。実際のところ私たちは原理的に言ってベトナム戦争に加担している。そういった加害者の立場を私たちは認めなければいけない。［小田 1968：43］

　これはただ一人、小田のみに着想されたことではなく、ベ平連に緩やかに共有された認識であった。例えばいいだももは、第二次世界大戦後の日本における反核運動の先に迎えたヴェトナム戦争という危機を、平和運動の主体性＝当事者性の危機と看取し、これを乗り越える思想として、ベ平連を捉えていた［小田 1968：17］[3]。あるいは一橋ベ平連の設立者であった井上澄夫も[4]「われら戦無派」と題して自身の運動参加の契機を次のように述懐した。

　　僕たち戦争を知らない世代がベトナム反戦運動をするのは、戦争体験者の厭戦感情を僕たちが共有しているからではなくて（もちろん、僕たちにも、当然のこととして厭戦感情があることは否定しないが）むしろ、自分たちがベトナムの人びとに対して加害者があることを拒否したいからである。戦争体験者はたしかに戦争を知ってはいるが、それは自分が被害者・犠牲者であるという側面でのみ戦争を捉えているのであって、もう一方の当事者、日本軍によって侵略され、略奪され、暴行され、虐殺された東アジアの諸民族のことなどきれいさっぱり忘れているのである。被害者意識だけの厭戦感情が、ベトナム反戦運動を十分に理解しえないのは、このような加害者意識の欠落によるものと僕は思う。［小田 1969：187］

　戦争体験を持たない「戦無派」世代から反戦の意義を探り当てようとする井

上の、市民としての加害性の認識が表明されている。戦争の回顧は過去に照らした省察を生む重要な振る舞いだ。だが、確かに戦争の記憶の継承だけでは、「戦後」という時間の経過において平和がどのように目指されたのかについての批判と反省が欠如している。これは当たり前のことではない。例えば沖縄においては「戦後」という時間を空白と捉える見方があり［目取真 2005］、米軍占領と1972年日本への施政権返還というモメント（省察のための契機）があり、特に「復帰運動」への批判と反省が、その後に続く今日の市民運動の素地を支えていると言っても過言ではないからだ。

小田の整理に従えば、日本においてはヴェトナム戦争をモメントとした加害者意識の覚醒があった。こうして「平和」は、新しい市民の運動を大きく包摂する欠かせないイシューとなった。にもかかわらず、社会運動論という地平から、平和（運動）は殆ど分析の対象とされてこなかったように見える。ある場合には平和は社会運動の当然の目標として自明視され、一方で平和主義は、ときに暴力的手段をも用いると定義される運動を弱体化するものと見なされた。

3　平和（主義）運動の無力化？

平和運動と呼ぶときの「平和」の位置づけ・機能・効果について考えてみる必要がある。つまり、平和運動とは、①現在の平和な状態を維持する運動なのか、現在の非平和状態を打開し「目的」としての平和を掲げる運動なのか、②運動の「手段」なのか、③運動を支える理念・倫理なのだろうか。

ここで問題となるのは、①と②との差であろう。掲げた目標を市民の手で勝ち取るという運動の実践局面は、しばしば、方法としての平和＝暴力の否定・拒否と衝突するからだ。

ラディカルな環境保護運動に身をおくデリック・ジェンセンは、手段としての平和主義が運動を無力化すると厳しく批判する論者の一人である。彼の著作を映像化したドキュメンタリ作品「*END: CIV*」で描かれる『スターウォーズ』のパロディはこの立場を要領よく伝えている。あのブロックバスター的興行映画で描かれた宇宙戦争が、実は「宇宙非暴力直接行動」であったと翻案される

のだ。ダースベイダー率いる帝国軍への対抗は、この翻案物語(パロディ)では、反乱軍によ武力闘争を否定し、歌を歌い、裁判闘争に持ち込み、環境保護を訴え、消費者に訴えるキャンペーンを展開し、最後に地球は敢えなく滅亡に至る。

あるいはアメリカ先住民運動を支持する論客ワード・チャーチルに言わせれば、米国における平和主義は「感情的な上品さ」「ファンタジー」である。合州国の軍事主義、あからさまな人種主義、地域社会に根を下ろすファシズムを前にして、「パシフィズム（平和主義）という使用済みの60年代大衆運動のブツ」を依然として「アメリカ・アクティヴィズム」のお手本と掲げる向きを手厳しく批判しているのである［Churchill 2007：46-47；チャーチル 2008］。

「革命」が「社会運動」に収斂し、平和的手段による運動のみが正当化されることは、自己防衛のための武装闘争を歴然とした選択肢と考える先住人民・少数人民の分離独立運動が悪魔化され危険視されることに直結した。事実、米国内では FBI が COINTELPRO[5]と呼ばれる盗聴・囮捜査・メディア戦略を用いて、公民権活動家、ブラックパンサー、ヤングローズ、チカノ運動、先住民運動、ヴェトナム反戦運動などを幅広く標的としたことが明らかとなっている。また、米国では特に環境運動の先鋭化をめぐって、平和主義方針への疑念が論争化した。世界貿易機関（WTO）への対抗を掲げた1999年のシアトルで起こった、後にブラック・ブロックと呼ばれるようになる直接行動への批判と反批判がその一端を示している。

「平和運動」が平和的手段のみを用いる（べき）運動と一括りにされる中で、様々に批判されている様子が浮かび上がるだろう。多くは平和運動が掲げる「非暴力」が、運動そのものの力を削いでいるという見方に焦点化している。この種の批判は、多くの運動体に対して平和運動とは何かを内在的に再検討する契機をもたらしている。

一方、日本においては、道場親信が、日本における「市民運動」が市民参加行政へとすり替えられていく局面に警鐘を鳴らす。

> 「新しい市民社会」「新しい市民的公共性」が称揚される一方で、その「市民」「市民社会」のなかには、批判的・抵抗的運動の要素は排除されてしまっているのである。かつて「市民」概念は、日本社会にいまだ存在せざる「理念」を表現したもので

あったり、伝統や権威に対する批判的対峙、メディアに対する批判的意見形成を目標とした〈啓蒙的プロジェクト〉であったわけだが、いまや「市民」からそのような理念性、批判や抵抗の要素は閉めだされて、一面的な「参加」「パートナーシップ」ばかりが論議され、予算を投下される状況である。そこでは「市民」は予定調和的に行政や企業と協働するものとあらかじめ位置づけられてしまっている。［道場 2008：207-208］

　無力化が批判されるのは、権力者の側が「平和主義」を利用して市民運動の管理を強化するからである。1つの事例を挙げてみよう。米国では2004年の大統領選挙を目前に控え、ニューヨーク市で共和党大会が実施される運びとなった。イラク戦争の最中にあって、グローバル都市、アクティヴィストの町であるこの場所で、ブッシュ再選をめざす共和党が大会を開催することの政治的意味が問われ、多種多様な抗議行動が展開した。このときニューヨーク市当局が発表したのが「平和な活動家は歓迎します」キャンペーンであった。
　社会運動の暴力を問う前に、まず権力は暴力とどのような関係にあるのか。これを考察したハンナ・アーレントを引いておこう。

> 政治的にいうとすれば、権力と暴力は同一ではないというのでは不十分である。権力と暴力とは対立する。一方が絶対的に支配するところでは、他方は不在である。暴力は、権力が危うくなると現れてくるが、暴力をなすがままにしておくと最後には権力を消し去ってしまう。ということはつまり、暴力に対立するのは非暴力であると考えるのは正しくないということである。非暴力的権力というのは、実際のところ、言葉の重複である。暴力は権力を破壊することはできるが、権力を創造することはまったくできない。［アーレント 2000：145］

　アーレントの見方によるならば「暴力」とは、権力の終わり、あるいは権力の失敗を示している。これは統治という観点から暴力の発現する地点を観察したものとして受け止められるだろう。しかし社会運動の観点から見ればどうだろうか。抵抗・闘争が、アーレントの言う「権力」すなわち正当性を得た政治の内にあるような、そのような抵抗・闘争は、社会運動の領域であろう。だが、そもそも「政治」の領分を決定しているのは誰か問われることがなければ、抵抗・闘争は、「暴力」のレッテルを貼られて取締の対象とされる。

道場の言う「市民参加行政」や当局が歓迎する「平和な活動家」とは、コンセンサス（調和）重視の市民社会が、いまここにある階級・人種・性の抑圧を再び黙殺し、抗議の声を「暴力」とレッテル貼りする、予防や監視の政治と並行して起こっている。「社会運動」の理解によって改めて見出された相互扶助的な社会を、再び馴致ないし粉砕する統治の力が迫り上がったところに、ネオリベラリズムという今日的な時代の特徴を看取することも出来るだろう。鉄の女と呼ばれた英国の首相サッチャーが「社会などない」と発言したことはよく知られている。時代の変化に照らしてみれば、社会そのものの粉砕、運動の停滞があったのであり、運動における平和主義を、押し並べてシニシズムと捉えることも、無力化と捉えることも、今少しの留保が必要ではないだろうか。

人々はどのような闘争線で、どのような「たたかい」の政治を営んできたのだろうか。改めて草の根、市民の側から非暴力ないし暴力について考えることが、1つの回路を導く。

4　暴力について考える

暴力について論じた小さな本が多くの運動の現場で読まれている。それが向井孝の『暴力論ノート』である。向井は、まず暴力を①物理的力の行使②加害の意思③自己の立場の強制／他者存在の否定＝対話の拒否、の3つに腑分けした上で、個人による暴力と質的に異なるものとして、「社会暴力」を捉えた。その上で、社会暴力は、疑似非暴力体制として存在する秩序の維持装置なのであり、①加害者と被害者の位置が対等ではなく逆転がない②加害者の圧倒的に優位な状況下で、弱者に一方的に行われる③加害者個人は背後にある法的な組織にいつでも逃げ込める④被害者が孤立した個人の状態に引き剥がされ、正当防衛を否定され、自己責任を負わされ、「悪」とされるなどの特徴を挙げた。

向井は、非暴力を精神主義、心情的、厳格な倫理主義の高みに至った境地のように限定的に扱ってしまうと、不服従・無抵抗＝相手の暴力をふせぎもせず逃げもしないという「手段」を用いた直接行動の意義を十分に説明できないと考えた。

> たしかに非暴力の一面の特性は倫理性ともいえる。しかし、非暴力もまたちからであることにおいて、本来倫理的な善悪の意味を持つものではない。それは、あくまで方法であり手段なのである。その目的、意図において、暴力、非暴力というちがうかたちのちからの行使の意味が決定されるのである。［向井 2011：24］

　向井孝の暴力論は、「国家」との関係から暴力を解釈する、非暴力直接行動論となっている。無力やシニシズムとは全く異なる、非暴力直接行動というちからの行使という説明は、平和運動の無力化という批判に応えるものになっていると言えよう。
　社会運動が求める平和は、「国」「国家」を媒介とする平和からは（時に支えることがあっても）一線を画す。国家が行う疑似非暴力体制を見えるようにするちからの行使が、非暴力直接行動、平和を求める社会運動なのである。このようななかで、問われているのは、平和を求める社会運動は「暴力」をどのように表象、表現行為するのかだろう。暴力論は、こうして、社会運動においてこそ求められた思想であり、非暴力を定義するために求められたと読み直してみたい。向井が暴力を論じた主眼もまた、非暴力を解き明かすことにあった。
　暴力／非暴力を論じる際に欠かすことができないのは、マハトマ・ガンディーと、マーティン・ルーサー・キング Jr. の言葉と思想だろう。近年では、これらの思想が、国家権力にとって都合の良い飼い慣らされ易い非暴力ではなかったことが丁寧に紹介されつつある。
　例えば、向井の暴力論の再読を促した酒井隆史は、ガンディーとキングを、マルコムＸ、フランツ・ファノンやブラックパンサー党へと接合させながら、一方を非暴力＝無抵抗、他方を暴力に二極化する単純化から、彼らの思想を解放しようと論じた［酒井 2016］。
　公民権運動の指導者キングは、Ｊ・Ｆ・ケネディ政権とのコンセンサスを重視する中で、非暴力主義の象徴的存在として焦点化されたために、同時代のマルコムＸやSNCC（スニック）など対照的に「急進的」と見なされたアクティヴィストたちから厳しい批判がなされてもいた。だが、マルコムＸ暗殺、シカゴ・フリーダム運動を経て、ブラック・パワーをその置かれた地域固有の文脈から理解するよう努め、ヴェトナム反戦を公然と訴え始めていた。その矢先のキング暗殺

であった。いずれも先に述べた COINTELPRO の捜査対象であったことが既に明らかとなっている彼らから、深められたかも知れないその先の「非暴力」思想を聴き取る機会は、まさに暴力の発動によって永遠に絶たれてしまった。だが、残された多数のテクストから、思考の足跡を辿り直すことはできる。例えば、直接行動が引き起こす緊張を建設的なものであると、1963年にバーミングハムの獄中から支持者に書き送った次の文章は、非暴力直接行動の基本文献となっている。

　「なぜ直接行動を、なぜ坐り込みやデモ行進などを。交渉というもっと良い手段があるではないか」と、あなたがたが問われるのはもっともです。話し合いを要求されるという点では、あなたがたはまったく正しいのです。実に、話し合いこそが直接行動の目的とするところなのです。非暴力直接行動のねらいは、話し合いを絶えず拒んできた地域社会に、どうでも争点と対決せざるをえないような危機感と緊張をつくりだそうとするものです。それは、もはや無視できないように、争点を劇的に盛りあげようというものです。緊張をつくりだすのが非暴力的抵抗者の仕事の一部だといいましたが、これは、かなりショッキングに伝わるかもしれません。しかし、なにを隠しましょう、わたしは、この「緊張」ということばを怖れるものではないのです。わたしは、これまで暴力的緊張には真剣に反対してきました。しかし、ある種の建設的な非暴力的緊張は、事態の進展に必要とされています。[キング 2000：96]

　キングは「暴力的緊張」とは異なると注意深く言葉を選びつつ、直接行動を「緊張」「対決」として積極的に要請していることがわかるだろう。社会の中で「見えない人間」にされてきたアフリカ系の闘争線＝争点を、危機感と緊張によって創造的に見えるようにするキングの「たたかい」の戦略は、当局に飼い慣らされる非暴力とは異なる地平にある。これを暴力／非暴力の線引きによって単純に切り分けることはできない。

5　反抗は権利なのか

　暴力／非暴力と重なりつつ別の拡がりを持つ軸に、合法／非合法の線引きがある。法への不服従はどのように考えられてきたのだろうか。例えば日本国憲法には、抵抗権・革命は権利として明示的に記されていない。その意味で市民

第3部　マイノリティの視座から考える平和

社会の実力行使に対して抑制的であると解釈する立場もある。

　レベッカ・ソルニットは、ソロー、奴隷制度廃止運動、トルストイ、女性参政権運動、ガンディー、キングなどを列挙しながら「原子爆弾が20世紀最悪の発明であるとしたら、市民的不服従（Civil Disobedience）と非暴力の実践は20世紀最善の発明であり、爆弾へのアンチテーゼである」という［ソルニット 2005：56-57］。このように不服従を正当と考える古典的テクストとして、しばしば引き合いに出されるのが、19世紀米国の思想家ヘンリー・ソローである。奴隷制とメキシコ戦争に反対してマサチューセッツ州への納税を拒否し収監されたソローは、「人間を不正に投獄する政府の下では、正しい人間が住むのにふさわしい場所もまた牢獄である」と断言した。投票権の行使や納税拒否を「平和革命」と定義するソローのこの文章は、「非暴力」の主張として誤解ないし拡大的に解釈されがちであるが、この定義に続けて彼は「統治される者が忠誠を拒み、役人が辞職するときこそ、革命は成就する。いや、たとえ血が流されようとも、それがどうだというのだ。良心が傷付くときは、一種の血が流れるのではあるまいか？」と厳しく言い募るのである［ソロー 1997：30-32］。

　市民革命によって成立した諸国には、このように革命を権利として構成するところがある。フランスで移民の市民権を論じるバリバールは、反抗を個人化することなく解放せよと促す。

　　公民的（civique）不服従であって、市民的（civile）不服従ではない——対応する英語の表現〈civil disobedience〉をあわてて書き替えることによって、信じこまされているように。実際、問題はたんに権威に反対する個人ではない。むしろ問題は、重大事態に際して、国家への「不服従」を公然と率先して行うことによって、市民権をつくり直すような市民である。［バリバール 2000：23］

　財産所有などに代表される私有権的市民ではなく、政治参加などの公民権的市民の不服従が解放されなければならないと説くバリバールは、市民性の政治は「支配構造をラディカルに変革し国家を開明化する努力に訴え、かつ同時に、革命、反乱、蜂起を開明化する努力にも訴える。一方は他方なしには進まない」［バリバール 2003：58］と述べる。開明化という語によって、バリバール

は、市民や国家をもたらした近代を、さらに洗練し研ぎ澄ませようと企図している。「国家」がならず者である時、このような市民による変革の行為は、国家だけでなく、暴力そのものの開明化に向かうとバリバールは主張しているのである。民主主義と抵抗は相互に正当性を保障する関係だと説くのはイタリアのアントニオ・ネグリだ。

> 暴力のなかには必然的なもの、そして、かろうじて合法だと認められているようなものもある。たとえば、ストライキにおける暴力などがそうでしょう。抵抗権は基本的なものですし、ほかに不服従の権利もそうです。これらは根本的な権利なのです。そしてまた、これこそがクレームすなわち要求というものであり、真の平和主義の根源にあるものなのです。[ネグリ 2008：95-96]

ここでネグリにおいて言われる「暴力」は、向井の整理した「ちからの行使」に通じる内容を持っているだろう。

このような価値観を実践に移した例は枚挙に暇が無い。イギリスでは、1981年、グリーナムコモン米軍基地へのトマホーク核ミサイル配備に反対してゲートを占拠し座り込んだ「グリーナムの女たち」と呼ばれる運動がある。彼女たちのピース・キャンプは、支持者を拡大して1991年に米軍基地を撤退させる原動力となった［キドロン 1986］。また、1996年には、4名の女性たちが、東ティモール攻撃に使用する目的でインドネシア政府が購入予定の戦闘機を家庭用ハンマーで叩き、計器盤・レーダーシステム・翼ほかを破壊して非武器化し、逮捕され、無罪判決を勝ち取った。これは「プラウシェア」として広く知られる平和運動の方法であった[7]。4人の中の1人、アンジー・ゼルターは、自らの行動を自らの言葉で次のように説明している。

> 国際法にはあらゆる個人、あらゆる国家、そして今この裁判が行われている法廷も従う義務があります。インドネシアは組織的に一貫して国際法を侵害してきました。わがイギリス政府とブリティッシュ・エアロスペースはこれらの犯罪および主要な国際法の侵害の共犯者です。なぜならこれらのホーク機の輸出はイギリス政府が公式に認可したものですが、それは実際には国際法違反にあたるのです。国際法の遵守に努め、そのような恐るべき犯罪が行われるのを防止しようとすることは、すべての市民の権利であり義務です。ですから国際法に従って積極的行動をするのはわたしたちの

義務であり、その合理的な実践としてプラウシェア行動は合法化されるものです。
［ゼルター 1999：127］

抵抗を権利として認識し、壊れた民主主義を修復するのは、市民に備わった義務だと理解されている。この時市民とは、イギリス国民から地球市民という視座に矛盾なく接合しているように見える。しかし、あらゆる人々が、「国民」から同心円を拡大するように「地球市民」を名乗る条件の下にあるわけではない。

6　ポスト新しい社会運動と市民性、変容する主体

　国民国家の外部を暴力の荒れ地と認識するホッブズ的な想像は、国家を構成しない人々を「未然」「未満」の状態に放擲する。脱植民地化をめざす人々にとって、革命と社会運動とは同じ時間軸の中で複雑な権力の線を描く。あるいは難民など流転・移動を余儀なくされた人々は、権利を持つ権利が否定されていることを解決できない矛盾に貶められる［ベンハビブ 2006］。一方アーレントの信頼する「共和国」の内においても、公共性が縮小し構造的暴力が発動している。国民国家の内部にありながら暴力にさらされている人々もまた、その構造化した暴力を問うことができない。

　統治ではないグラスルーツの市民が要求する平和、という時、市民とはどのような人々のことを言っているのだろうか。平和運動の「市民性」を問う時、西洋中心主義的な「普遍性」のなかでカントの「永遠平和」に向かう世界市民性は、現実に起こった歴史を十分に語り得ないことがわかる。具体的には、文化的アイデンティティに基づいて権利を主張するマイノリティの運動に特徴的に起こった矛盾である。それは、権利の主張と権利の履行の間に断層がある状態。自己認識と自己の決定を代行する政治とのズレの問題と言えるだろう。

　今世紀の社会運動論が、アナキズムに親和性が高いのは、まさにそのような代行政治を独占する国民国家の枠組みを批判する立場に立つからだ。例えば土佐弘之は、国際関係論の「リアリズム」論からの解放のヒントを、国境を超え

第5章　社会運動と平和

たアソシエーション（共通の目的でつながりあう組織）という意味でのアナキズムに見出そうとしている［土佐 2006：27-29］。今日なお、この惑星が国民国家で埋め尽くされたわけではないことは、例えばピエール・クラストル［1989］や、ジェームズ・C・スコット［2013］などの国家に統治されない人々の歴史人類学研究によって理解されるようになった。これを転じて、国家の統治によらない社会の可能性を積極的に肯定する思考が、「アソシエーション」の語法に現れていると言える。フレーム（認識枠組み）を変えて眺めれば、世界にはそのような事例が多数存在するのを確認することができる。

　「新しい社会運動」が、60年代以降をそれ以前と決別しつつ分析する中から取り出された概念であるならば、90年代からゼロ年代へと接合されたポスト「新しい社会運動」は、そのようなアナーキカルな視角からの問題提起と実践の積み重ねだった。T. A. Z.（Temporary Autonomous Zone）は、瞬間にしか存続しない理想社会を肯定的に評価する枠組みを提示し、1999年 DAN（Direct Action Network）によるWTOシアトル会議粉砕、2009年スペインの15M運動（怒れる人々の運動）、「アラブの春」から、ニューヨークに波及した「オキュパイ」運動は、占拠した運動空間で理想社会を先取り的に叶える「予示的政治」という概念を押し広げた［ライターズ・フォー・ザ99％ 2012；グレーバー 2015］。これらの源流にあるのは、1994年メキシコのサパティスタ民族解放戦線（FZLN）による「権力を取らずに世界を変える」運動など、被抑圧者・植民地から発信された社会運動の思想であった。

　マイノリティの視座からの社会運動は、近代的市民という自己認識の無前提な統一性についての修正を迫るものともなった。だが文化的多様性の承認は集合的アイデンティティに基づく配分の正義のうちに主体を固定化してしまう。文化的差異に根ざす差別と闘い平等を要求する政治が、集団としてのアイデンティティを本質化しているとの批判に応えられず、存立基盤を損なってしまう。そのような疎外に対しミシェル・ヴィヴィオルカは、政治の源泉となる自己を、「差異の三角形」、すなわち、集合的アイデンティティ・近代的個人・主体という、相互に補完し合う複雑さに分節化して考察するよう提起した［ヴィヴィオルカ 2009］。集合性と近代という要素を導き入れ、二項対立や二分法を

133

回避するこのアイディアは、差異の政治を、エスニック・アイデンティティに基づく本質主義への回帰とのみ短絡するのではなく、複雑な開放性の中で解釈しようとする可能性を開くだろう。

もう1つ重要なのは、スチュアート・ホール、ポール・ギルロイら、カルチュラル・スタディーズの論客たちからの問題提起である。ホールは、カリブ海植民地のアフリカ系の経験から、抵抗の源泉たるアイデンティティを「あるもの」であるのみならず「なるもの」、すなわち変化していくものと捉えた［ホール 2014］。またギルロイは、近代が特定の人々に対して否定した公正や正義を要求する政治は近代の言葉の反復によって合理的に語ることができる「約束履行の政治」（politics of fulfilment）であるとし、さらにこれを超え出ようとするユートピアの構想を「変容の政治」（politics of transfiguration）と呼ぼうとするのである［ギルロイ 2006：78-80］。

7　沖縄から考える

ここまで大きく平和運動、あるいは市民運動と平和に関わる理論的整理を試みてきた。改めて本章において立てた問いをまとめておこう。平和を考える上で、平和を求める市民の地平から、暴力とは何かを考えると同時に、直接行動における「ちから」の行使を、国家のフレーミング（枠付け）する「暴力」から引き離して論じることが重要であった。この時、平和を求める市民運動は、個人に収斂する「社会暴力」に対する抵抗として捉え返されることになるだろう。また社会運動論の隆盛と並行した「新しい社会運動」の実践的理解における、「予示的政治」概念は、抵抗そのものが、新しい生き方であるという主張であった。これは「たたかい」の政治から権力奪取という統治を求める感性／陥穽を脱構築する概念となった。このとき市民性や主体も変容を迫られる。特にマイノリティの視座からは、権力による多様性の相互承認と契約履行の政治に留まらない、変容の政治へと超え出ようとする運動がめざされてきたのである。

最後にこれらを補助線として、沖縄で、沖縄を事例として、沖縄という空間

第5章　社会運動と平和

から考えてみるよう促して本章を閉じたい。社会運動理論の総括を行う著書の執筆中に1999年シアトル WTO 会議への抗議行動を見たクロスリーは「反資本主義」という「界(シャン)」を析出しつつ執筆を終えている。これに倣って、沖縄における社会運動の「界」として、平和＝反軍事主義を捉えてみよう。

　沖縄において、1996年 SACO 合意に端を発し辺野古・高江・普天間で続く反米軍基地闘争は、県内のその他の基地問題への抗議を生成／再生させ、拡がりを持ちながら、当然のこととして平和運動として取り組まれている社会運動である［浦島 2015］。だが、世界の様々な反戦・平和運動が、軍隊や軍事主義そのものの否定には即自的につながるわけではない。沖縄の反基地闘争を、平和を求める市民運動として改めて定義しなおすのは重要な作業となる。また、基地反対運動から導き出される非軍事主義の構想は、沖縄の自己決定権追求の延長上にも重なる。これを対日本、対米国的なマイクロ・ステイト実現を目的とする独立運動としか見なさないならば、生物多様性、非戦、ジェンダーなどのスキームを網羅しようとする運動の豊穣さを切り縮めてしまう。国家のフレーミングする平和からではなく、社会運動がフレーミングしてきた平和によって位置づけ、説明する試みとして、沖縄の抵抗・闘争スタイルに注目し、その①過去の継承、②水平軸のネットワーキング、③生活世界への執着という3つの相互作用を捉えておきたい。

　1990年代後期からの沖縄の平和運動界を特徴づけるものに、長期に及んで維持される反基地運動の座り込みと、T. A. Z. 的な人間の鎖による基地機能の封印がある。稀有の例外事態として、2012年には、約3日間に及ぶ普天間基地の封鎖があった［宮城・屋良 2012］。これらは、実力行使によって勝利を奪取するというよりは、将来へ向かう意志表明の可視化というプロジェクトであったと見ることが出来るだろう。そこに賭けることができるのは、過去の運動を継承しているという確信に満ちているからだ。

　座り込む人々の脳裏には、1950年代に伊江島で土地闘争を闘った指導者、阿波根昌鴻の「陳情規程」や「乞食行進」などが、武器を持たない無名者たちによる不服従の技術として想起される［阿波根 1973］。座り込んで土地を明け渡さない昆布闘争、安田の伊部岳実弾演習阻止闘争［森 2015］、安波のハリアー

第3部　マイノリティの視座から考える平和

パッド建設阻止闘争、本部町 P3C 基地反対闘争［豊原区民と連帯する会 1995］、喜瀬武原実弾演習阻止闘争などの経験が、語り継がれ、歌に乗せて、今日の現場に活かされている。今日、辺野古・高江を始めとする米軍基地反対の現場では、長期的に取り組まれている座り込み阻止行動によって、これを強硬排除して建設を推し進めようとする日本政府という権力の示す暴力性が顕在化している。「世替わり」と言われるように支配者が交替した沖縄において、その時代の支配者の暴力を見えるように、人々が不服従という「ちから」を行使する、今日的な言葉で言う市民的不服従の非暴力闘争が、継承されてきたことを確認できるのではないだろうか。

　選挙政治をも含めた合意を調達しながら「島ぐるみ」をめざすことの重視も、沖縄の歴史性に負っているスタイルの1つであるし、その対極にあるかのような1970年暮れのコザ暴動は、「暴動」でありながら抑揚の効いた創造的な集合行為として、一瞬の祝祭的空間の共有として記憶されている。

　また、沖縄の反基地闘争は、水平軸のネットワーキングに回路を見出してきた社会運動として特徴づけられる。今日の韓国における反基地運動との長期に及ぶ相互交流、次章で見る「基地・軍隊を許さない行動する女たちの会」の国際連帯を具体的に挙げることができる。歴史を振り返れば、ベ平連とヴェトナム反戦米兵が沖縄で接点を持ち、沖縄の反軍労働闘争や環境運動とも交差した[9]ことは、ネットワーキングもまた過去のスタイルの継承であることを示すだろう。公式の代表政治や人種・国境を超えて、被害を受ける当事者としての水平性から連携することの意義を、沖縄の草の根の運動は見出してきた。また、そのような具現化したもの以上に想像力によるつながりの重要性がある。プエルトリコ、ビエケス島の反米軍基地運動は、1970年代ハワイイの先住民運動が取り組んだカホオラヴェ米軍基地撤去闘争に学んだと言われるが、このビエケスの運動が沖縄に市民的不服従の可能性を鼓舞し、沖縄の運動は、現在、そのスタイルと価値を再びハワイイの人々に照らし返している。このような隠されたアーカイヴズに相互に想像的に触発されながら、反基地運動が闘われている。

　ここで言う水平軸とは、沖縄における思想性を水平に拡がり響き合う波紋のように捉えた岡本恵徳の「水平軸の発想」の語によっている。岡本は、沖縄の

第 5 章　社会運動と平和

共同体的性格が本土への系列化・画一化に雪崩れ込む時、そのような政治を拒否する倫理を追究した思想家であった［岡本 2007］。その水平軸という思想に触発されつつ、さらなる沖縄の運動の特徴を、生活世界への執着に見出すことが出来る。岡本が、政治学者の新崎盛暉とともに切り結んだのは、CTS 反対闘争の安里清信ら「金武湾を守る会」の社会運動であった。代表を置かず生活者としての視点を重視したこの市民運動は、「海と大地と共同の力」を合い言葉として座り込みによる阻止と裁判闘争を闘った。玉野井芳郎やフェリクス・ガタリ、宇井純などオルタナティヴ、環境主義の思想が彼らと並走し、同時代的にヴェトナム反戦米兵らの共感と共闘を触発しつつ、生活者という立ち位置を手放さなかった［安里 1981；上原 2013；CTS 阻止闘争を拡げる会 1981］。こうした運動スタイルが、例えば、東アジアの国境問題を論じる新崎盛暉の「生活圏」思想にも継承されていると見ることが出来るのである［新崎 2012］。

【注】
1) 2015年に来沖したヨハン・ガルトゥング【→はしがき】は、安倍政権の「積極的平和主義」発言に対して、「私が1958年に作った『ポジティブ・ピース』——積極的平和を安倍首相は盗んで、全く反対のことをやろうとしている。本来の積極的平和とは中国や韓国、ロシアなどの国々と仲良くすることだ。しかし、安倍首相が積極的平和という言葉を使ってやろうとしているのは戦争の準備だ」と指摘した。『琉球新報』2015年8月27日16面。
2) フーコーの統治性などの概念に接続して考察することも重要であるが、ここではまず、統治を国・議会・行政などに代表される制度的政治作法として捉えている。統治を志向する点で、NGO などの活動も統治による平和に関連している。人権をめぐる国際的な「アドヴォカシー」活動は社会運動として分析される場合もあるが、例えば市川ひろみは、国際会議に出席する NGO のエリート性について批判的視点を提示している。市川ひろみ「平和を再定義していたアクターとしての NGO」（書評・毛利聡子『NGO から見える国際関係：グローバル市民社会への視座』法律文化社、2011年）『平和研究』第39号「平和を再定義する」2012年149頁。
3) いいだももは、1965年時点でE・P・トムスンやステュアート・ホールの重要性に言及しており興味深い。イギリス、バーミンガムに出現した彼らの思想潮流が後に「カルチュラル・スタディーズ」として世界的に浸透するのである。
4) 井上は後に意見広告運動の事務局に加わり、沖縄の一坪反戦地主会関東ブロックにも参加した。後述する安里清信の著書出版に際して聞き取り役を務めている。
5) Counter Intelligence Program の略称、対敵情報作戦。沖縄では軍政府内に設置された部局 CIC が、反基地・独立・共産主義などのアクティヴィストを捜査対象とした。

6) ソロー「市民の反抗」は1848年の講演を元に発表された。
7) プラウシェア（鋤）とは武器を鋳直して農具にしようという聖書の言葉に由来する。1970年代米国のヴェトナム反戦運動の最中、核弾頭の先端部を家庭用ハンマーで叩いて使用不能にする運動として始まった。「プラウシェア」を1990年代の英国で実践したアンジー・ゼルターたちの姿は、グラフィティ界きってのアクティヴィスト、バンクシーの制作した以下の批判的娯楽番組の中で見ることができる。*The Antics Roadshow* (Banksy and Jaimie D'Cruz/2011/UK/48min.)。
8) 辺野古新基地建設反対運動については、浦島悦子がインパクト出版会から継続的に著書を発表し、市民の側からその変遷を克明に捉えている。
9) ヴェトナム反戦運動期の反戦兵士、沖縄の労働者、日米の反戦アクティヴィストたちの姿を映像に捉えた極めて興味深い記録として、『沖縄エロス外伝「モトシンカカランヌー」』（N.D.U.／1971／87分）と、DVDで復刻された*FTA*（Francine Parker/1972/US/96min.）がある。

【参考文献】
安里清信［1981］『海はひとの母である：沖縄金武湾から』晶文社
阿波根昌鴻［1973］『米軍と農民：沖縄県伊江島』岩波書店
新崎盛暉［2012］「沖縄は、東アジアにおける平和の『触媒』となりうるか」『現代思想』vol. 40-17（2012年12月号特集「尖閣・竹島・北方領土：アジアの地図の描き方」）
新崎盛暉編［2014］『沖縄を越える：民衆連帯と平和創造の核心現場から』凱風社
アーレント，ハンナ［2000］『暴力について：共和国の危機』山田正行訳、みすず書房
ヴィヴィオルカ，ミシェル［2009］『差異：アイデンティティと文化の政治学』宮島喬・森千香子訳、法政大学出版局
上原こずえ［2013］「民衆の『生存』思想から『権利』を問う：施政権返還後の金武湾・反CTS裁判をめぐって」『沖縄文化研究』39号
大畑裕嗣・成元哲・道場親信・樋口直人編［2004］『社会運動の社会学』有斐閣
浦島悦子［2015］『みるく世ややがて』インパクト出版会
岡本恵徳［2007］『「沖縄」に生きる思想：岡本恵徳批評集』未來社
小田実編［1968］『市民運動とは何か：ベ平連の思想』徳間書店
小田実編［1969］『ベ平連：巨大な反戦の渦を！』三一書房
小田実［1987］『強者の平和弱者の反戦』日本評論社
キドロン，ビーバン『Carry Greenham Home グリーナムの女たち』［1986］（日本語版制作ウィメンズネットワーク／監督　村井志摩子／編集　矢端則子／台本　近藤和子／イギリス／60分）
ギルロイ，ポール［2006］『ブラック・アトランティック：近代性と二重意識』上野俊哉ほか訳、月曜社
キング，マーチン・ルーサー［2000］『黒人はなぜ待てないか』（新装版）中島和子・福川博巳訳、みすず書房
クラストル，ピエール［1989］『国家に抗する社会：政治人類学研究』渡辺公三訳、水声社

第 5 章　社会運動と平和

グレーバー，デヴィッド［2015］『デモクラシー・プロジェクト：オキュパイ運動・直接民主主義・集合的想像力』木下ちがやほか訳、航思社
クロスリー，ニック［2009］『社会運動とは何か』西原和久ほか訳、新泉社
高祖岩三郎［2006］『ニューヨーク烈伝：闘う世界民衆の都市空間』青土社
酒井隆史［2016］『暴力の哲学』（増補改定版）河出書房
CTS 阻止闘争を拡げる会［1981］『琉球弧の住民運動』三一書房
　＊同名の雑誌全号を集成した復刻版が2014年に合同出版より刊行されている。
スコット，ジェームズ・C［2013］『ゾミア：脱国家の世界史』佐藤仁監訳、みすず書房
ゼルター，アンジー［1999］「地球市民の責任：東チモールとプラウシェアの平和運動」大庭里美訳『世界』1999年11月号
ソロー，ヘンリー［1997］『市民の反抗：他五篇』飯田実訳、岩波書店
ソルニット，レベッカ［2005］『暗闇のなかの希望』井上利男訳、七つ森書館
ソルニット，レベッカ［2010］『災害ユートピア：なぜそのとき特別な共同体が立ち上がるのか』高月園子訳、亜紀書房
タロー，シドニー［2006］『社会運動の力：集合行為の比較社会学』大畑裕嗣監訳、彩流社
チャーチル，ワード［2008］「病理としての平和主義：米国の疑似プラクシスに関するノート」森川莫人訳『アナキズム』第11号
土佐弘之［2006］『アナーキカル・ガヴァナンス：批判的国際関係論の新展開』御茶の水書房
豊原区民と連帯する会編［1995］『P-3C をぶっとばせ：沖縄・豊原区民の闘い』凱風社
ネグリ，アントニオ［2008］『未来派左翼：グローバル民主主義の可能性をさぐる（上）』廣瀬純訳、NHK ブックス
バリバール，エティエンヌ［2000］『市民権の哲学：民主主義における文化と政治』松葉祥一訳、青土社
バリバール，エチエンヌ［2003］「暴力とグローバリゼーション：市民性の政治のために」松葉祥一・亀井大輔訳、三浦信孝編『来たるべき〈民主主義〉：反グローバリズムの政治哲学』藤原書店
パットン，シンディ［2011］「Movements【運動／ムーブメント】」ベネットほか編『新キーワード事典：文化と社会を読み解くための語彙集』河野真太郎ほか訳、ミネルヴァ書房
ベンハビブ，セイラ［2006］『他者の権利：外国人・居留民・市民』向山恭一訳、法政大学出版局
ホール，ステュアート［2014］「文化的アイデンティティとディアスポラ」小笠原博毅訳『現代思想』（総特集・ステュアート・ホール［増補改訂版］）vol. 42-5（2014年4月臨時増刊号）
道場親信［2008］『抵抗の同時代史：軍事化とネオリベラリズムに抗して』人文書院
宮城康博・屋良朝博［2012］『普天間を封鎖した4日間：2012年9月27日〜30日』高文研
向井孝［2011］『暴力論ノート：非暴力直接行動とは何か』（増補版）「黒」刊行同人
目取真俊［2005］『沖縄「戦後」ゼロ年』NHK 出版

第3部　マイノリティの視座から考える平和

メルッチ，アルベルト［1997］『現在に生きる遊牧民（ノマド）：新しい公共空間の創出に向けて』山之内靖ほか訳、岩波書店
毛利嘉孝［2003］『文化＝政治』月曜社
森啓輔［2015］「占領下社会運動における『環境保護』フレーミングの可能性と課題：沖縄県国頭村伊部岳実弾射撃演習阻止闘争を事例に」『一橋社会学』7巻
ライターズ・フォー・ザ99％［2012］『ウォール街を占拠せよ：はじまりの物語』芦原省一訳、大月書店
Churchill, Ward [2007] *Pacifism as Pathology: Reflections on the Role of Armed Struggle in North America*, Oakland, CA: AK Press.
Edwards, Gemma [2014] *Social Movements and Protest*, New York: Cambridge University Press.
END: CIV ［2011］（フランクリン・ロペス監督／日本語字幕：島大吾／75分）（https://sub.media/video/endciv-3/）

■文献案内

季刊『けーし風』新沖縄フォーラム刊行会議
　1993年創刊以来、沖縄における社会運動の現場と併走し記録と批評を行う雑誌であり、運動資料としても特筆すべき存在である。

渋谷望［2003］『魂の労働：ネオリベラリズムの権力論』青土社
　ネオリベラリズム批判を経由した社会運動論を思考するための基本文献。略して「たまろう」。

ジャック・ランシエール［2008］『民主主義への憎悪』松葉祥一訳、インスクリプト
　不合意からこそ出現する政治、民主主義とは何かを考える上で、同著者の『不和あるいは了解なき了解』［2005］インスクリプトと併せて読んでほしい。

廣瀬純［2016］『資本の専制、奴隷の反逆：「南欧」先鋭思想家8人に訊くヨーロッパ情勢徹底分析』航思社
　たたかう人々の声をラ米から南欧へと接続する編者が紹介する事例と思想。

第6章　ジェンダーと平和

阿部　小涼

■キーワード
　ジェンダー、フェミニズム、差異、平時における暴力、ミソジニー、
　インターセクショナリティ

1　ジェンダー視角の重要性

　歴史が事実を証明しているように、男性が「ぼくはわが祖国を守るために戦っている」と言い、そして同じ言葉をくり返し、そのようにして女性の愛国的感情を目覚めさせようと努めるとき、彼女は「わが『祖国』とは、アウトサイダーの私にとっていったい何を意味するのでしょうか」と自問するでしょう。[中略] アウトサイダーは続けて言うでしょう。「なぜかと言えば、実際のところ、女性として私には祖国がないのです。女性として、私は祖国が欲しくはないのです。女性としては、全世界が私の祖国なのです。[ウルフ 2006：161-163]

　これは、平和主義の基本文献としてしばしば参照されるヴァージニア・ウルフの「3ギニー」からの引用である。再読してみて、それが国民国家批判に通じている点に改めて瞠目させられる。ウルフは「わが祖国を守るため」との感情に雪崩れ込む愛国者に合流するのではなく、国家の外部（アウトサイダー）に身を置くことによって戦争を拒否することを選ぶ。「女として私には祖国がない」とは、銃後の母の平和の希求ではないアナーキスト的想像力の発露であり、家父長制とそれに基づく国家そのものを非暴力化する思想であった。
　イギリスのメアリ・ウルストンクラフト、フランスのオランプ・ド・グージュらの18世紀のテクストにも見られる通り、近代の国民国家を構成する「市

民」の創出時、その市民の権利から女が排除されていることは、既に同時代的に批判されていた。青山薫は、人権に女が含まれていないと異議申立をしたこの重要な事実から、フェミニズムはその出発点から、人権概念の変革の原動力でもあるという［千田ほか 2013：133］。

　前章で見たように、平和を求める社会運動の理解において、個人に収斂する「社会暴力」に抗する抵抗は、極めて重要であった。沖縄においては、反軍事主義として出現する生活者としての実践を考察するよう提起したが、この要諦は「個人的なことは政治的なこと」という言葉でフェミニズムが切り拓いた地平であり、政治においても、社会運動の論理と方法にとっても、もはや欠くことができない。それは1990年代以降のポスト新しい社会運動を解説する論客たちの多くが、フェミニズムを理論的支柱として挙げていることからも、理解できるだろう。ジョン・ホロウェイによればそれは、見えない者たちがその存在を「見えるようにする」ことを求めた闘いであったという。

> 　叛乱する運動はすべて、見えないことに抵抗する運動なのです。もっともはっきりした例といえば、フェミニズム運動でしょう。フェミニズム運動を通じて、それまで見えなかったものを見えるようにするために多くの闘いがおこなわれてきました。女性に対しておこなわれてきた搾取と抑圧が見えるようになってきましたが、それだけではなく、この世界における女性の存在が見えるようになり、女性の存在が大きく抹殺されてきた歴史が書き換えられるようになったのです。現在闘われている先住民の運動においても、「見えるようにすること」は中心的な課題です。そのことがもっとも力強く表現されているのは、サパティスタがかぶっている覆面です。われわれが顔を隠すのは、見られるようになるためであり、われわれの闘いは顔をもたない者たちの闘いなのだ、というわけです。［ホロウェイ　2009：308］

　ホロウェイは、蜂起の際に目出し帽やバンダナで顔を隠したことで知られるメキシコのサパティスタの例を、フェミニズムと並べて挙げながら、隠すことで存在が見えるようになる逆説を説明している。「見えるようにする」とは、見せかけの男女平等や、マイノリティに対する同化強制を通した平等ではない。搾取と抑圧が見えるように、抹殺されてきた歴史が書かれるようになることだが、政治的存在としての可視化が、即座に別のアイデンティティの政治へ

第6章　ジェンダーと平和

雪崩れ込むことについても、同時に警鐘を鳴らしているのである。あるいは、デヴィッド・グレーバーはオキュパイ・ウォールストリートなど、米国の直接行動に自らも参加しつつ理論化に寄与してきた人類学者であるが、彼の仕事は常に、フェミニズムが平等主義、合意形成に果たした役割を強調する。

> 私が幾度も強調してきた「コンセンサス・プロセス（合意形成過程）」は、事実フェミニストの伝統のなかで培われたものです。［中略］これはアメリカにおける社会運動に歴史的に深くかかわってきたクエーカー教徒が何百年もの間、発展させてきた技術でした。それを60年代の新左翼以降、それに対して出発したフェミニスト運動が、大きくなるに従って突き当たった組織化における障害を解決する技術としてクエーカー教徒から学んだのです。そしてそれをアナーキストたちが継承したのです。［グレーバー　2009：100］

　平和を求める社会運動を推進し切り拓いてきた理論的貢献の要諦の1つは女性をめぐる女性たちによる認識変革であった。だが、近代市民の成立当初から論じられてきているにもかかわらず、女性に限られないジェンダー、セクシュアリティの問題は、後回しにされてきたという体験を多くの人々が持っている。今日なお、民主主義や平和を論じる公論から、うっかり多様な性の存在が排除されていることを気にとめないならば、それは奇妙という以上に深刻な状況とは言えないだろうか。
　しかし皮肉なことに、「平和」と「女」の関係はしばしば当然視されてきた。これを「本質化」と言い替えてもよい。国連や行政の要職から、草の根の「ママたち」まで、平和は、女性性あるいは母性に本質的なものとして押しつけられ、恰好の「活躍の機会」として提供されている。そのようにして女性たちは、公論からの排除と同時に固有の領域での限定的な活躍を期待されてきたのである。権力との対峙の場面において果たす女性の役割は、人々の注目と共感を呼ぶ。だからこそ、女を本質化するフレームに雪崩れ込むこの種の情動には警戒が必要だろう。支配と被支配の分断線は国家当局と対峙している「こちら側」にも無数に引かれている。ホロウェイやグレーバーしかり、女性のアクティヴィズムに言及する時に、しばしば気に懸かるのは、結果として女性が平和主義を体現するものとして本質化されてしまう作用だろう。そのようなジェ

ンダー編成への批判的視点を持たずに女の「主体化」を求めることの陥穽については、竹村和子が次のように厳しく論及している。

> 現体制における主体化はかならず「他者」を必要とするので——国家や資本の外部にいる女たちとのあいだに、まさにドメスティック・イデオロギーがおこなった分断をさらに深刻な形で踏襲することになる。またたとえそのような弊害を回避しようとして、女に「内在する」あるいは女たちを「連帯させる」平和主義や母性主義の物語に頼ったとしても、今度は、男たちによってつくられた女の本質的気質という桎梏に、女が進んで身を投じることになる。なぜなら、平和的で母性的で魔術的な優しさや柔らかさや不可思議さこそ、ドメスティック・イデオロギーが女に配備した気質であるからだ。[竹村 2000：96-97]

このような本質化の再生産に巻き取られないためにも、出発点として、市民の権利の当初から、性差別は批判されていたこと、女性性を本質的に平和と同一視することの問題性については既にフェミニズム、ジェンダー研究が批判的に論じている水準であることを、本章では出発点としよう。

その上で、次節で「ジェンダー」の定義について簡単に確認し、第3節で平和論に深く関わる沖縄の女性運動の具体的事例を採り上げる。さらにその他の重要な論点として、植民地主義、人種主義との交点を考え、理論的な整理を行うことを本章の課題としたい。

2　ジェンダーを定義する

「ジェンダー」gender という語は、日本語では特に社会科学の用語としてカタカナ書きで採用することによって、生物学的な性とは区別した社会的な性別役割分類について言う語として意識的に使われてきた。理論的な分析語としての有効性に対して、社会的性差は生物学的性差と区別しうる、という前提認識をかえって強化するほうに働いた。これを批判した論客として、ジュディス・バトラーが挙げられる。生物学的性差もまた、言語によって説明される限り、社会的に構成されたものという認識論的範疇を超えることはない。歴史学では、ジョーン・スコットの定義が重要だ。ここに引いて何度も繰り返し確認し

第6章　ジェンダーと平和

ておきたい。

　　これらの論文におけるジェンダーとは、性差に関する知を意味している。私は知という言葉を、ミシェル・フーコーにならって、さまざまな文化や社会が人間と人間の関係について——この場合には男と女の関係について——生み出す理解という意味で用いている。こうした知は絶対的でも真実でもなく、つねに相対的なものである。こうした知は、それ自体が（少なくともある意味で）自律的な歴史をもつ大きな認識の枠組みのなかで、複雑な方法によって生み出される。その用法や意味するところは政治的抗争の対象となり、権力関係——支配と従属——を構築するための手段ともなる。知はたんに観念ばかりでなく制度や構造とも関わっており、特殊化された儀礼であると同時に日常の慣習でもあり、それらすべてが社会的関係を作りあげている。知とは世界を秩序立てる方法であり、それゆえ知は社会の組織化に先行するのではなく、社会の組織化と不可分なものである。
　　したがってジェンダーとは、性差の社会的組織化ということになる。だがこのことは、ジェンダーが女と男のあいだにある固定的で自然な肉体的差異を反映しているとか、それを実行に移しているといった意味ではない。そうではなくてジェンダーとは、肉体的差異に意味を付与する知なのである。［スコット　2004：23-24］

　この点でジェンダー研究は、人種主義研究が、白人性に付与されてきた権力を炙り出したことに相似する。米国における移民と人種を論じる過程で、ディヴィッド・ローディガーやマシュー・ジェイコブソンらは、白人性が成立していく過程で、根拠のない差別を正当化するために、近代や科学が総動員されたことを「ホワイトネス研究」として明らかにしてきた。性差もまた同様に、というよりは同時に輻輳しながら、支配と従属を編制する言説として機能してきたのであり、ジェンダーとは、性差に基づく資源と権力の配分の政治と定義してみることにしよう。
　フーコーが概念化したように、権力は遍在しながら発動する。ばらばらな星々に補助線を引いて星座が見えるように、ジェンダー、人種の補助線を結んだ関係の網の目の中に見えて来るものである。合理的な根拠がないにもかかわらず、根拠のない差別を正当化するために、近代や科学が総動員された。性と人種はその代表的な参照項であった。これを明らかにする思想・哲学の系譜が、ジェンダーの視角と言ってよい。

女性という存在の承認要求の主張に端を発して、男性性と非男性性との間に引かれた権力の差異を発見し論じる。対象項として措定される「男性性」をも見えるようにする。さらに性の有り様自体が二項に決定できない、多様な拡がりと変容に富むものだとの理解を拡げる。このような性をめぐる差異の理論の系譜を「ジェンダー研究」と呼ぶことにしよう。

フェミニズム、ジェンダー研究は、よって、女（だけ）の問題、女（ならでは）の主張ではない。男性中心主義・父権主義的な空間に紅一点が補足され「女性ならではの視点」が加わることで、見かけだけの多文化的平等をコスメティックに補完することではない［モーリス＝スズキ 2002］。等閑視できない男性性へ集中する権力の偏差についての批判である。それによって男性性という牢獄をも見えるようにする主張であり、すなわち、この課題に無関係だという人はいない。また、性差は極めて政治的な課題であり、私的で個人的なこととして矮小化してはならないのみならず、私的で個人的なことが公論から排除されてきた近代そのものを問い直そうとする。さらに、人種や階級の問題と対比して、いずれか優劣をつけて論じることも意味がない。人種の内部にも性差の課題はあり、性差を論じる中にも人種主義が貫かれていた。

ジェンダーとは、性差に基づく資源と権力の配分政治である。その差異に意味を付与し決定しているのは誰かを問うことが、重要となる。

3 沖縄、女たちの反軍事主義

1995年、沖縄の平和主義に極めて重要な画期となったのが、「基地・軍隊を許さない行動する女たちの会」（OWAAMV：Okinawa Women Act Against Military Violence、以下、行動する女たちの会と記す）の設立である。米兵の集団による小学生への性暴力事件発生の報を受けて、即座に、軍隊の廃絶と同時に被害者の保護に努める主張を公表した行動する女たちの会は、以後の沖縄社会において、欠くべからざる存在となった。[1]

この「1995年」は沖縄の反基地・平和運動の画期として度々捉え返され、指標とされてきた。しかし「少女」というアイコンから引き出される父権主義的

第 6 章　ジェンダーと平和

情動や「事件」という突発的事象からではなく、被害者が意思を持って抗議を表明したこと、その声を引き受け政治に接続するアクティヴィストたちが存在したこと、これらをこそ、転機と捉えなければならない[2]。

ジャーナリストの山城紀子は当時のことを次のように振り返る。

性暴力という概念は、手に入れた概念であり、そうでないころは受けた側が恥ずかしいもの、汚いものとしてずっと隠蔽されてきた。1975年の国際婦人年を機に、なぜ女は内で男が外か。男女の不平等という問題からスタートし、埋もれていた見えなくされていた問題に出会って、性暴力という概念に出会う。
　軍隊の持つ暴力性、戦時下、紛争下で女性、子どもに何が起きるか考えた。その時に安全とは相いれないという形で、新しい視点で沖縄戦、基地、軍隊を見るのが近年の女たちの運動だと思う。(『沖縄タイムス』2015年11月23日16面)

山城の言葉にあるように、1975年以来の気運の高まりと、国連主導の世界女性会議に並行して開催されるNGOフォーラムは、フェミニスト、そしてジェンダー研究の国境を超える重要な討議空間を提供した。このようにして生まれた討議空間において、軍隊と性産業・性暴力のつながりが論じられたのは、1985年第3回世界女性会議（ナイロビ会議）NGOフォーラムのワークショップでのことだった。市民権と同時に誕生していたはずの女性の権利、性差をめぐる長い討議の歴史に鑑みて、軍隊・軍事主義と性暴力の認識は極めて近年の達成であることに改めて気づかされる[3]。1993年ウィーンで開催された国連人権会議は、ボスニア・ヘルツェゴビナの紛争下における集団性暴力の報告のほか、「慰安婦」問題、ドメスティック・ヴァイオレンスなどが問題提起されていた。山城は沖縄にも存在した「慰安婦」に引き寄せつつ、性暴力という概念で見た場合、沖縄は戦争において加害の地でもあったとの理解を重視していた。

こうして迎えた1995年第4回世界女性会議（北京会議）であった。NGOフォーラムに沖縄から70名を超える多数の参加があったことは、当時の大田昌秀革新県政下で参加が積極的に呼びかけられたところによるものだが、それにも増して、アジアで開催されることの意義、そして沖縄という討議空間の成熟もあっただろう。

1995年北京会議に参加した女性たちの功績は、「構造的暴力」という認識の

発見であった。この認識枠組みによって、紛争時と平時を切り分けることなく、軍隊そのものの暴力性を問題とする視点を獲得した。中でも長期駐留軍・常備軍に対する批判的視点を獲得したことの先進性が注目される。沖縄の女たちに軸足を置いた経過については行動する女たちに並走した研究者の秋林こずえが折々に端的な報告を行っている。ここで行われた「軍隊・その構造的暴力」ワークショップについて秋林もまた、「戦後の米軍による性暴力だけでなく沖縄戦での日本軍「慰安婦」制度も踏まえ、軍隊を分析したもの」となったことを指摘している。構造的という分析眼は、ガルトゥングのそれと同時性を共有しつつも、「全く別に、女性たちが創出した概念」であると秋林が強調するように、軍隊を「制度化された暴力」と見る認識であった［秋林 2004］。

沖縄では、1995年へ至る過程で、米兵による性暴力事件が頻発していた。93年5月の事件では、容疑者逃亡と国際司法機関による追跡の末に、沖縄の被害者が告訴を取り下げるという事態を招いた。94年4月11日、アジア・手をつなぐ会代表高里鈴代、キャロリン・フランシスと、その他の県内女性組織の連名で提出された「米兵による強姦事件の究明と女性に対する犯罪の防止を求める意見書」には、長期に亘る駐留軍がもたらす性暴力という人権侵害の問題提起と並行して、自粛かスキャンダルかに二分される報道が招く二次被害の指摘、訴え出た後に孤立する被害者に届く具体的な支援の工夫など、その後につながる問題提起の萌芽が既に確認できる［高里 1996：22-25, 212-214］。高里は95年の心象を以下のように述懐している。

　2年前の19歳の女性のときの私たちの態度の後悔もあって、今回は、本当に一刻も猶予できない、今この被害を受けた少女が訴えを起こした、この少女と家族を孤立させてはいけないという思いから、まず女性たちが声を上げようと思いました。その少女に加えられた暴力というのは、特殊なものではなくて、今までずーっと沖縄で起こったことがもう一つ起こったということです。そしてそのことを知っている私たちは、このことに本気で取り組むんだということ、その少女と同じ場にいる、いっしょの気持ちだということを伝えたい。米軍への抗議の前に伝えたかった。［高里 1996：25］

突発的な事件ではない構造的な問題、すなわち、同じ体験を多数の者たちが負っている。事件以後、被害者の側がその体験をスティグマとして背負う長い

第6章　ジェンダーと平和

時間を過ごすことを強いられる。それは米兵と沖縄住民の二項対立のみならず、沖縄の家庭や男女関係に温存された差別が絡み合って起こる。例えば、北京会議の熱を共有する女性の1人で前述の1995年の経緯をまとめている宮城晴美は、米軍による性暴力の問題を、「集団自決」の表出の差にジェンダーが果たした効果、沖縄の慰安婦問題や位牌継承問題など、一見個別に存在すると見られる局面を、1つひとつ沖縄の家父長制文化批判に照らし返すような論及を行っている研究者の1人である［宮城 2006］。

　このように獲得されつつあった女性たちの認識枠組みが、形を成した契機が沖縄の1995年9月であった。そのことは、女性たちが即座に発した3つの声明文書で具体化されている。その3つとは、「米兵三人による少女強姦に抗議し、米軍の撤退を求める要求書」(1995年9月11日 NGO 北京95沖縄実行委員会代表高里鈴代)、「これ以上許さない！少女・女性たちへの暴力・人権侵害」(1995年9月23日子どもたち・女たち・島ぐるみ集会参加者一同) ［NGO フォーラム北京95沖縄実行委員会 1996：63-65］、そして「プライバシーを侵害する報道自粛の申し入れ」(1995年9月27日 NGO 北京'95沖縄実行委員会代表高里鈴代) ［高里 1996：231］である。

> 被害にあった少女もここに集った私たちも、共に侵されてはならない尊厳を持った一人ひとりであることを確認すると共に、50年前の米軍上陸から始まって、復帰後23年目を迎える現在に至るまで、沖縄で数えられない程の少女、女性の尊厳がふみにじられて来た事にもこころの底から怒りを感じます。
> 　沖縄に集中配備された軍事基地。また、軍隊が相手に先んじて殺傷できるよう日々訓練を続ける組織であることを考えると、ウォーマシン化された兵士が金網を隔てた地域社会に暴力を加えるのは、兵士の個人的犯罪のレベルを越えた軍隊組織の犯罪であり、沖縄に基地・軍隊が存在する限り続く問題であることを示しています。［NGO フォーラム北京95沖縄実行委員会 1996：64］

　レイプは、女性や子どもという弱者、すなわち社会的なマイノリティの人権問題と捉えたこの抗議であったが、世論・報道の焦点は次第に対等であるべき日米地位協定の片務性・不平等性にシフトし始める。これを男性支配的な従来型の平和運動への還元と見た女性たちは、軍事性暴力の問題に的を絞り、新し

く胎動しつつある自分たちの運動の強化と展開の必要性を痛感した。そこで改めて運動体として1995年11月8日に正式に結成されたのが「行動する女たちの会」であった［Akibayashi and Takazato 2009：258-59；宮城 2006］。会発足の意図は次のように宣言されている。

> 1995年9月15日、北京の世界女性会議で採択された「行動綱領」には［中略］紛争地における女性への性暴力は戦争犯罪として明記され、派遣される兵士は派遣国で人権侵害してはならないとも規定されています。50年余の長い間、沖縄では兵士によるあまりにも数多くの、あまりにも重大な人権侵害である女性や子どもへの構造的性暴力が起こってきました。もうこれ以上、軍隊の抑圧、差別、侵害を許すことは出来ません。［基地・軍隊を許さない行動する女たちの会 n. d. 改行位置変更は引用者］

ここには、未達成に終わった北京会議への反省的な態度が現れていることがわかる。すなわち、紛争下に限らず、平時における軍隊を問題視する視点だ。軍隊の長期駐留がもたらす性暴力などの人権侵害が、明確に構造的暴力と捉えられている。以後、「行動する女たちの会」の名前は、事件が起こる度に声明を発し、抗議行動の中軸の役割を担っていくことになる。さらに抗議声明に留まらない、派生していった数々の実践の系譜に見るべきものは極めて多い［高里 2015］。

第1に被害者が声を挙げることができる社会的基盤の整備を自律的に行った。1995年10月に、強姦救援センター「REICO」（Rape Emergency Intervention Counseling Center Okinawa）を設置し、性暴力被害者の訴える窓口となり、心身の回復を共に闘うという姿勢を表明した［強姦救援センター・沖縄 2012］。

第2に、メディアへの影響力の行使である。被害者へのバッシングは到底許されるものではない。だが、「被害者への配慮」を理由とする報道の自粛は、配慮を口実とした人権侵害事態の過小評価につながるという両側面を持っている。1993年の事件の反省を踏まえた女性たちの矜持は、95年事件の際に報道機関に一斉送信された「私たちは、抗議行動を起こすにあたり、少女の恐怖や悲しみ、家族の無念さ、地域住民の不安を共有しながらもなおかつ、個人のプライバシーの侵害が絶対にあってはならないことを確認し慎重に行動してきた」［高里 1996：231］という一文に凝縮されている。抗議声明には必ず、被害者は

悪くないとのメッセージを掲げ、被害者の保護を第1に訴え、報道や法廷その他で発生する二次被害に厳しい監視を行い、記者会見等でこれを広く伝えることが定着している。自らの姿を現して行われる女たちの抗議のスタイルが、社会的な認知を拡げる重責を果たすことにもつながっているのである。

　第3に1945年以降の沖縄で起きた米兵による性暴力を調査し、これを年表形式で蓄積し継続的に刊行したことが挙げられよう。性暴力の実態は警察の統計を氷山の一角に過ぎないと想像するだけでは、その全体像は「正確に」記録に残されない。1996年に始まり版を重ねる『沖縄・米兵による女性への性犯罪』は、総体的把握の追求を棚上げすることなく、しかし、「記録されない」ことそれ自体を問う試みとなっている。秋林はこの年表が「沖縄の人びとの駐留米兵による性暴力に対する記憶をもっともよく表すものだろう」という［秋林 2012：107］。資料は英語版も作成され、その方法と価値は、「行動する女たちの会」の精力的活動を通じて、グローバルに共有されている［基地・軍隊を許さない行動する女たちの会 2016］。

　第4に、そのような国境を超えたネットワーキングを活動の主軸の1つと捉えている点も重要である。1997年、「東アジア・米国・プエルトリコ・軍事主義を許さない女性ネットワーク」として沖縄に集い、ネットワーク各地での開催を重ね、現在では「軍事主義を許さない国際女性ネットワーク」として持続的な交流を図っている。2017年7月、結成20周年の年に再び沖縄を開催地として会議が開催され、韓国、フィリピン、グアハン、ハワイイ、米国本土、日本本土からの参加者を得て、軍事主義に起因する問題の拡がりが共有され、闘うアイディアが交換された。米軍基地問題について沖縄の声を直接米国に訴えようとする時、この女性たちのネットワーキングが重要なリソースを提供していることは注目に値するだろう。例えば、米国の地方自治体議会として初めて、辺野古と高江の基地建設反対を表明したカリフォルニア州バークレー市議会決議の背景には、女性ネットワーク参加者の姿があった。

　こうした具体的アクションと並行して、行動する女たちの会を中心とする実践が、平和の概念、ジェンダーの分析視角に対して重要な提言を行ったことも確認しておきたい。

第3部　マイノリティの視座から考える平和

　まず先にも述べた「構造的」という分析枠組みである。いわゆる外交・国際関係でしばしば目にする「現実主義」(リアリズム)は、「男らしさ」を主軸に据えた男性中心的な行動規範を国家の規範と同一視する。これに対して「構造的」という枠組みは、「それが何によって支えられているか」「なにを犠牲にしてもよしとするのか」を問い、長期に及ぶ重圧の酷薄さを審問に付すような、暮らしていく者の視点であると言えるだろう。ゆえに、武力に依存するという国家安全保障の構造そのものを拒否し、ホーリスティックに安全を捉える視点を掴み出した。

　次に、被害者の「証言」の価値から出発する姿勢である。この点で、行動する女たちの会は、代表政治への議会議員（高里鈴代那覇市議、糸数慶子国会議員など）を構成員に持ちつつも、グラスルーツのアクティヴィズムとの親和性が極めて高い。そのようにしてしか、聞き届けることのできない「実証性」の追求方法は、警察発表などの公式記録に任せない性暴力被害の調査にも現れている。こうした行動と並走していたのは、沖縄における「慰安婦」問題を明らかにする取り組みであった。北京会議では「沖縄戦と日本軍『慰安所』と米国の性暴力」パネル展、図録が作成され、その先に続く2000年の女性国際戦犯法廷、これと併設された「現代の紛争下の女性に対する犯罪国際公聴会」で、米軍基地所在地の性暴力被害証言を公にする行動へと接続している。

　さらに重要な視点はミソジニーという認識から切開されていく。

> 敵を攻撃する、つまり破壊する、あるいは敵の兵士を殺すという任務を遂行するための訓練に必要な敵の「他者化」に人種差別やミソジニー（misogyny）が使われること、そして軍事基地内外での性暴力はそれらの表出であり、軍隊がミソジニーや性暴力によって支えられる組織であることを訴えた。[秋林 2012：108]

　敵を想像し、攻撃してよい他者と認識するために人種と性の認識が総動員される。ミソジニー（女性嫌悪）とは、男性という主体から、男性ではないものへの攻撃であり、また攻撃することを通じて男性主体であるとの確認を可能にする。性暴力とは、その最も身体的・直接的な表現であり、だからこそ軍隊に抜きがたく備わっている。[6]

第6章　ジェンダーと平和

　また、ミソジニーとは敵を破壊するための攻撃対象とするのと同時に、敵の攻撃から庇護すべき存在をモノ化する作用と表裏一体となっている。そのような父権主義的な攻撃と寛容との表裏一体性について、次に紹介するテクストが、沖縄において今後も繰り返し参照されるべき画期を記した。
　2005年7月3日、米兵が小学生に対してわいせつ行為を行った事件を受けて、かつて自らもレイプ被害に遭ったという人が、こうした状況を告発すべく稲嶺惠一知事（当時）に宛てた書状を新聞紙上で公開した。

　　稲嶺知事、あなたは95年10月に行われた県民大会の壇上にいらっしゃいました。あの日の気持ちをどうぞ思い出してください。まだ「たったの10年」しかたっていません。その10年間の間にも、どれだけの女性が犠牲になったかわかりません。それとも、振興策と引き換えなら県民の命や、人間としての尊厳を差し出すことができるのでしょうか？
　　私は被害者の一人として訴えます。私は、高校2年生のときに米兵によるレイプを受けました。学校帰りにナイフで脅され、自宅近くの公園に連れ込まれ3人の米兵にレイプされたのです。本当に怖かった。「もう終わりだ、自分は死ぬのだ」と思いました。何度叫ぼうとしても声も出せずにいました。そのとき米兵は「I can kill you」と言いました。「殺すぞ」ではなく、「殺せるぞ」と言ったのです。（『沖縄タイムス』2005年7月9日31面）

　このメッセージについて会見で問われた町村信孝外相（当時）は「米軍と自衛隊があるからこそ日本の平和と安全が保たれている側面が、すっぽり抜け落ちている。バランスが取れた考えとは思えない」とこの訴えを批判した（『沖縄タイムス』2005年7月14日1面）。これに対して、彼女は沈黙することなく再度の応答を行っている。

　　「事件が起きた時、ある意味死んだようなものだった。外相発言でもう一度つぶされたというか、極端に言えば死ねといわれたような、気持ちになった」「被害に遭っても黙っておけということだと思った。これがセカンドレイプというものだと思う」［中略］「国のために国民があるのか、国民のために国があるのか。沖縄の歴史の中で、軍隊は一度も住民を守ったことはない。それなのに国民は平和であるというなら、平和でない状況にいる沖縄の人は、国民じゃないということでしょうか」（『沖縄タイムス』2005年7月15日31面）

「殺すことが出来る」という脅迫とは、「生かしておくことも出来る」と等しい。人間の生／性の条件を管理しようとする暴力性の露わになった瞬間を、彼女は捉えたのである。だからこそ町村の応答は「生かしてやっている」という脅迫であり、レイプ加害者と同じ土俵に立っていると、彼女は見抜くことができた。「殺せるぞ」という権力からの認識論的解放が、ここには確認できるだろう。生殺与奪の権力を基盤とする国家が管理する平和は、国民であるはずの人々のうちに「例外状態」［アガンベン 2007］をつくり出している。レイプ被害に立ち向かう者のテクストは、こうして、殺し生かす側に立つ発言者の権力的位置を暴露する深い洞察を私たちに喚起した。

4　批判的フェミニズムから

　女性の「参加と平等」が促されたとしても、それが男性中心主義的な感性や認識を何ら変えるものではないならば、解放とは言えない。前章「社会運動と平和」で問題にした統治によらない平和を求める実践において、フェミニズムは中心的な役割を果たしたのであるが、これは国際関係論、人間の安全保障論の批判的枠組みにおいても同様に言える［エンロー 1999］。土佐弘之はポスト・ウェストファリア・システムの潜勢力としてのフェミニズムについて、「主権国家体系に規定された支配的な認識枠組みを変える」ものであり、「地理的境界を設定し内と外を分けるような『地図作成的な想像』の世界からエピステモロジーを解放」するものと整理した上で、次のような要請を加える。

> フェミニズム運動は、単に主権国家体系の枠組みを変えるという点だけではなく、公／私、政治／経済といった分節化も問いなおしてきた点で、反システム運動としての潜在的可能性を秘めている。その潜在的可能性を花開かせるためには、過度な自己決定権の主張によって世界システムの論理に回収されることを避け、空間的・時間的拡がりを持った〈他者に対する責任〉を基礎に持った新たな共同体的倫理をカウンター・バランスとして構築することが必要だろう。［土佐 2000：227］

　これを換言するならば、ジェンダー研究は、帝国と植民地の関係を歴史的に構築してきたリベラリズムの持つ寛容の権力性を喝破してきた分野でもあると

いうことだ。例えばウェンディ・ブラウン『寛容の帝国』[2010]、アン・ローラ・ストーラー『肉体の知識と帝国の権力』[2010] などの蓄積があるが、ここでは土佐も参照するアイリス・マリオン・ヤング『正義への責任』が提起する「構造的不正義」と「責任の社会的つながりモデル」を挙げておこう。ヤングの白眉は、構造的な暴力とは「つながりを辿ることができない」、すなわち、その責任者を突き詰めることができず宙吊りに置かれるという定義を与えたことにある。

> 私たちに必要なのは、個人の行為とその直接的な加害との関係にのみ焦点を当てる標準的な責任の構想とは異なる形で、責任を構想することである。私はそのような代替的な構想を提起し、それを責任の社会的つながりモデルと呼ぶ。社会的つながりモデルでは、不正な結果を伴う構造上のプロセスに自分たちの行為によって関与するすべての人びとが、その不正義に対する責任を分有する。この責任は、罪や過去を誰かに帰す場合のように、主として過去遡及的ではなく、むしろ、主に未来志向的である。構造上の不正義に関して責任があるということは、その不正義に対する責任を分有する他の人びととともに、わたしたちには、不正義な結果を生む現在の構造上のプロセスをより不正でないものに変革する義務がある、ということを意味している。[ヤング 2014：144]

日本におけるヤングの紹介者でもある岡野八代は、「ケアの倫理」と呼ぶ相互依存の論理をひもとく中で、近代が編制した「自立」「自律」からの脱出を説いている。岡野は、ホッブス、カントに始まり、アーレントも、「はじめに暴力あり」で政治を論じると指摘する。その際に、取り除かれているのは、「私的」な家庭内での労り、ケアという人間の営為であるのだという。人間は生まれたときから他者への依存を必要とする。その脆弱な存在性を忘却し自立した存在であるかのように個人を構築したのが近代の歴史であった。そのような近代性に抗して、「個人の脆さ、わたしたちの関係性の壊れやすさ、わたしたちを取り巻く世界や自然のはかなさをケアすることを巡る、実践や価値」すなわち「ケアの倫理」を、岡野は主張するのである [岡野 2012：293]。平和を希求するフェミニズムの作業が、平和を女性性に本質化することなく、リベラル・デモクラシーを経由ないし迂回しつつ、平和と非暴力の倫理に向き合う道

筋を示したと言えよう［岡野 2012：259］。

5　国家を非暴力化する思想

　今日のフェミニズム、ジェンダー研究の重要な到達の1つは、「インターセクショナリティ」という語で表されるだろう。人種、セクシュアリティ、階級という非対称性が同時に複雑に交錯する地点から考えることを要請しているのである。権力による分断は、二項対立に単純化して描くことが不可能な、分断の輻輳として現に起こるからである。例えば「ウィメン・オブ・カラー」すなわち非白人女性たちの運動は、フェミニズムもまた、無前提に非歴史的・普遍的な価値と見なすことができない、階級や人種への問いを歴史的に負っていることを主張した。こうした観点について、米山リサは、2000年に東京で開催された民衆法廷「女性国際戦犯法廷」が、日本語圏フェミニズムが「従軍慰安婦」問題を通して経験した危機的・転換的な結節点、フーコーが言うところの「出来事」であったとの問題提起を通じて、この差異の輻輳する交錯点に立とうとするジェンダー理論の整理を行っている［米山 2003：第4章］。[8]

> 今は亡きジャーナリスト松井やよりは、「女性法廷」を可能にした歴史的契機が、70年代の日本人買春観光に抗議する運動にあったことを幾度となく強調していた。もしそうであるとすれば、「女性法廷」の連帯は、「女どうしだから」ではなく、「女どうしであるにもかかわらず」、支配と従属によって差異化されていることへの認識に根ざしていたと考えられなければならない。［傍点著者、米山 2003：157］

　度重なる米兵による性暴力事件への抗議の声も、丁寧に聴き取るならば、それは「守ってやる」という父権的な国家の猛々しさからではなく、「彼女は私だった」という痛みの側に立つものであることに気づく。沖縄では宮城晴美が、1949年占領下の沖縄で「歓楽街」設置を米軍政府に要求した志喜屋孝信の文書を紹介しつつ、女性団体の側でもこれを追認する動きがあったことを指摘している［宮城 2006］。女性を守られるべき者とそうではない例外に分けた権力への批判は、構造的暴力の歴史を明らかにして、社会的つながりの中から未

来への責任を果たそうとすることであり、インターセクショナルな布置を見抜く作業によって可能になる。

　2017年沖縄で開催された国際女性ネットワーク会議に先立って制作されたハワイのグループからの声明は、「世代を超えたインターセクショナルな連帯」に信頼し、「私は××××の視点に立って闘う」（I stand for xxxx）と呼びかけるもので、植民地主義による先住人民への弾圧から軍産複合による地域共同体の疎外まで多岐にわたる視点が織り合わされていた［Women's Voice Women Speak 2017］。

　その彼女たちを歓待した沖縄からは親川裕子が、反基地の根拠として経済発展の阻害要因であるとの分析が合理性を勝ち得ているとき、そこに忍び込むネオリベラルな傾向に危機を表明する極めて重要な指摘を行っていた。

> 大型ショッピングセンターの立地、ホテル建設、観光客誘致──と第3次産業の枠組みを超えられておらず、従事する非正規雇用者や低賃金労働者の大半が女性であることを鑑みても、脆弱性は否めない。
> 　加えて、地元の経済構造が軍事基地と密接に絡まりあっていることで、軍隊の駐留が人々の思考、心情を規定し、創造性や独自性の形成を困難にさせてはいないだろうか。（『沖縄タイムス』2017年6月19日17面）

ジェンダー視角に基盤を置く脱軍事化は、植民地化された思考からの解放であり、経済的自立の構想にも深い洞察を与えていることが理解できるだろう。

　メキシコ系アメリカ人詩人のグロリア・アンサルドゥアは、ウルフの『3ギニー』に応答するように書いた。

> メスティサとして、私に祖国はない。なぜなら故郷が私を追放したから。でも全ての国が私のもの。なぜなら、私は全ての女たちの姉妹であり、なりうる恋人だから。レズビアンとして、私には人種がない。私の民が私を否認するから。でも私はあらゆる人種だ。なぜならあらゆる人種には私のようなクィアがいるのだから。［Anzardúa 1987：102］

　ウルフからアンサルドゥアへと手渡されたのは、フェミニズムによって可能な平和思想であった。アンサルドゥアの眼は、レイプ、暴力、戦争を終わら

せ、家父長制が支えた国家を非暴力化する長い闘争の、その先を見据える。フェミニズム内部でなお連帯を阻む人種主義をいかに超えるか。家父長性の批判は、「女性として」という立場の固定化からいかに超えて行けるだろうか。性や人種の桎梏からの解放という希望が託されたジェンダー批評は、平和論の要諦として今後も新たな問いに挑み続ける。

【注】
1) 「米兵少女乱暴事件／県内各界から怒りの声／米軍撤去求め要請行動へ NGO 実行委」『琉球新報』1995年9月12日など。
2) 被害者の「少女」性をめぐる問題系については、田崎真奈美［2012］「『少女』と政治：沖縄における米兵による強姦事件を事例に」明治大学大学院文学研究科「沖縄と島々をめぐる討議」（2011年度明治大学大学院学内 GP〈他大学大学院との研究交流プログラム〉報告書）がある。修士論文を元に報告書として発表されたものだが、主要な参考文献として挙げておきたい。
3) 性差別主義と軍事システムの相補的関係を明らかにしたリアドン［1988］の原著も同年出版された。
4) 秋林は1915年に米国で設立された平和と自由のための女性国際連盟（「婦人国際平和自由連盟」Women's International League for Peace and Freedom）の日本支部理事から、国際組織の会長に選出されている。
5) また、ヨハン・ガルトゥング来沖講演に際して「平和に対するものは戦争ではなく暴力である」とのコメントをした高里鈴代『琉球新報』2015年8月8日も参照。
6) 軍事主義が引き起こす性暴力について、2つのドキュメンタリ作品が、それぞれフェンスの内側と外側から検証している。*The Invisible War* (Kirby Dick/93min./2012); *Living Along the Fenceline* (Gwyn Kirk and Lina Hoshino/65min./2011).
7) その後、町村は「その方の考えや手紙の批判をしたつもりはまったくない」と釈明しつつ、発言の趣旨を「（被害者の）気持ちはよく分かる。ただ、軍隊は人を殺すというそれだけの存在だという言い方は、いささか一面的ではないかという感想を述べた」と説明を重ねている。『沖縄タイムス』2005年7月14日（夕刊）1面。
8) VAWW-NET Japan 編『女性国際戦犯法廷の全記録』緑風出版、2002年も参照。

【参考文献】
アガンベン，ジョルジョ［2007］『例外状態』上村忠男・中村勝己訳、未來社
秋林こずえ［2004］「安全保障とジェンダーに関する考察：沖縄『基地・軍隊を許さない行動する女たちの会』の事例から」『ジェンダー研究：お茶の水大学ジェンダー研究センター年報』7号
秋林こずえ［2012］「ジェンダーの視点から考える在沖縄米軍基地」『国際女性』no. 26
ウルフ，ヴァージニア［2006］『3ギニー：戦争と女性』出淵敬子訳、みすず書房

第6章　ジェンダーと平和

NGO フォーラム北京95沖縄実行委員会［1996］『第4回世界女性会議 NGO 北京・沖縄うない報告書』
エンロー，シンシア［1999］『戦争の翌朝：ポスト冷戦時代をジェンダーで読む』池田悦子訳、緑風出版
岡野八代［2012］『フェミニズムの政治学：ケアの倫理をグローバル社会へ』みすず書房
基地・軍隊を許さない行動する女たちの会［2016］『沖縄・米兵による女性への性犯罪』（第12版）すぺーす結
基地・軍隊を許さない行動する女たちの会［n. d.］http://www.space-yui.com/koudou.htm （2016年4月11日閲覧）
グレーバー，デヴィッド［2009］『資本主義後の世界のために：新しいアナーキズムの視座』高祖岩三郎訳・構成、以文社
強姦救援センター・沖縄［2012］『強姦救援センター・沖縄（REICO）16年の活動のあゆみ：1995年10月～2012年1月』強姦救援センター・沖縄
高里鈴代［1996］『沖縄の女たち：女性の人権と基地・軍隊』明石書店
高里鈴代［2015］「北京会議から20年：脱軍事化への歩み」『女たちの21世紀』No. 81
スコット，ジョーン・W［2004］『増補新版ジェンダーと歴史学』荻野美穂訳、平凡社
ストーラー，アン・ローラ［2010］『肉体の知識と帝国の権力：人種と植民地支配における親密なるもの』永渕康之ほか訳、以文社
千田有紀・中西祐子・青山薫［2013］『ジェンダー論をつかむ』有斐閣
竹村和子［2000］『フェミニズム』（シリーズ・思考のフロンティア）岩波書店
土佐弘之［2000］『グローバル／ジェンダー・ポリティクス：国際関係論とフェミニズム』世界思想社
ブラウン，ウェンディ［2010］『寛容の帝国：現代リベラリズム批判』向山恭一訳、法政大学出版局
ホロウェイ，ジョン［2009］『権力を取らずに世界を変える』大窪一志・四茂野修訳、同時代社
宮城晴美［2006］「沖縄のアメリカ軍基地と性暴力：アメリカ軍上陸から講和条約発効前の性犯罪の実態を通して」中野敏男ほか編著『沖縄の占領と日本の復興：植民地主義はいかに継続したか』青弓社
モーリス＝スズキ，テッサ［2002］『批判的想像力のために：グローバル化時代の日本』平凡社
ヤング，アイリス・マリオン［2014］『正義への責任』岡野八代・池田直子訳、岩波書店
米山リサ［2003］『暴力・戦争・リドレス：多文化主義のポリティクス』岩波書店
リアドン，ベティ［1988］『性差別主義と戦争システム』山下史訳、勁草書房
Akibayashi, Kozue and Suzuyo Takazato [2009] "Okinawa: Women's Struggle for Demilitarization," Lutz, Catherin ed., *The Base of Empire: The Global Struggle against U. S. Military Posts*, New York: New York University Press.
Anzardúa, Gloria [1987] *Borderlands/La Frontera: The New Mestiza*, San Francisco:

第3部　マイノリティの視座から考える平和

Aunt Lute Books.
Women's Voice Women Speak［2017］"Stand With Us for Peace" http://wvws808.blogspot.jp/2017/06/may-23-2017-dear-friends-c-ontinuous.html（2017年11月18日閲覧）

■文献案内

シンシア・エンロー［2004］『フェミニズムで探る軍事化と国際政治』秋林こずえ訳、御茶の水書房
　日常に浸透する女らしさ・男らしさが軍事化を支えている。〈フェミニスト的好奇心〉による発見・分析の豊富な事例を通じて脱軍事化を志向する手引き書というべき一冊。

アクティブ・ミュージアム「女たちの戦争と平和資料館」編［2012］『軍隊は女性を守らない：沖縄の日本軍慰安所と米軍の性暴力』（第10回特別展カタログ）
　那覇市歴史博物館開催「沖縄戦と日本軍『慰安婦』」（2012年6月15日-27日）を踏まえた展示図録。沖縄における「慰安婦」問題への取り組みを集成した資料となっている。

沖縄県教育庁文化財課資料編集班［2016］『沖縄県史各論編第8巻女性史』
　那覇市による『なは・女のあしあと』琉球新報社などを継承しつつ上梓された沖縄の女性史の成果。そのジェンダー視点については宮城晴美による総論が明解である。

第4部
平和教育の実践から考える平和

平和の礎にて
　平和の礎は、敵味方の区別なく沖縄戦での死亡者（沖縄県出身者について満州事変以降の戦争による死亡者）の名前を刻んだものだ。毎年6月23日に行われる県の追悼式では、身内の名前の前で花や供え物も置いて、死者と向き合う姿が見られる。
　沖縄戦学習では、沖縄戦が沖縄県民にとって家族の物語である（誰しもが遺族である）こと、一人ひとりの人生が不条理に奪われていったことを様々な名前から学ぶ。（山口剛史提供）

チビチリガマ

　2017年9月、読谷村で大切にされてきた戦跡「チビチリガマ」が荒らされていたことが発覚、後日10代後半の4名が逮捕される事件となった。チビチリガマ襲撃は初めてのことではなかったため「3度殺された」と悲憤慷慨の声が上がった。だが「肝試しだった」と供述した未成年者らの姿には、島社会の共同体内にある断絶と子どもの貧困および社会的排除の問題の影が差している。その後保護観察処分を受けた4名は謝罪し地域の人々と共同して学び直すプロセスが始まった。戦争の死者を悼み記憶を継承するという営みは、現在も繰り返し訪れる省察の中にある。

(山口剛史撮影)

【第4部の概要】

　平和教育は、平和学の理論、沖縄における暴力の現実、それに抵抗する運動を、子どもたちが共有し、平和形成の主体となるための営みである。

　子どもたちは、現在の沖縄を生きている。沖縄で顕在化する直接的、構造的暴力をどのように解決できるのか、国家の安全保障を乗り越えどのように人間の安全保障を実現するのか、平和を願い、実現するための人々の努力から何を学ぶのか、平和教育に課せられた課題は大きい。これら第1部から第3部の論点をどのように子どもたちとともに学ぶテーマ、素材として設定できるのか。それが第4部で課せられた課題である。すべての課題に応えられてはいないが、いくつか提起した教育実践を通じて、そのヒントを共に探りたい。

　ここでの題材について「変だな」「何だろう」が生まれた時には、第1～3部を振り返り、その事実を確認し、新たな教育実践の創造を共に考えてみよう。

第7章　社会科教育と沖縄の平和教育史

里井　洋一

■キーワード
「考える社会科」、「暗記社会科」、庶民の戦争記録、「特設授業」

1　社会科教育と平和教育

　高嶋伸欣は「沖縄の平和教育といえば、沖縄戦の悲惨さの確認ばかりで『戦争は2度としてはダメ』の感想文で先生は喜ぶ、と生徒たちに言われてきたマンネリ平和教育40年」と言う［高嶋 2012］。
　山口剛史はさらに「平和教育において、戦争体験の話ないし写真、映画などを繰り返し見せられることで、戦争への嫌悪ではなく気持ち悪いものを見せられる平和教育への嫌悪がおこり、平和教育というと『もうわかっている』という気持ちになってしまう。また、平和教育の結論が『戦争はだめ、平和が大事』という『結論の押し付け』になっている授業が多いため、子ども自身が思考することなく、その結論を感想文として書けばいいという認識をもっていることもある。」［山口 2013：5］と高嶋の議論をさらに展開している。
　上記のような沖縄の平和教育認識をどのように考えればいいのか。「結論の押し付け」は沖縄の平和教育特有のものなのか。平和な国家および社会の形成者の育成を目標とする社会科を吟味した上で、本章では、沖縄県歴史教育者協議会の動きを中心に沖縄の平和教育史を考えてみたい。
　日本の学校教育（小学校・中学校・高等学校）において社会科が正式に登場したのは1947年である。1989（平成元）年版学習指導要領によって、小学校低学年（1・2年）社会科と理科が消え、生活科が生まれ、高等学校では社会科は

「地理歴史科」と「公民科」に再編された。

2017年指導要領を見ると、小中の「社会科」と高等学校「地理歴史科」と「公民科」（以下、「社会科系教科」と表示）の目標に共通する点は「平和で民主的な国家・社会の形成者」として必要な資質を育成することにある。これは、下記の教育基本法第１条（教育の目的）を受けたものと言えよう。

> （教育の目的）
> 教育は、人格の完成を目指し、平和で民主的な国家及び社会の形成者として必要な資質を備えた心身ともに健康な国民の育成を期して行われなければならない。

他の教科の目標には、教育基本法第１条（教育の目的）をうけた文言は存在しない[1]。そういう点において、「社会科系教科」は、教育基本法に示された教育の目的を直接に担うべき教科として設定されていると言える。

このような位置づけは、文部省が1950年８月、第２次米国教育使節団へ提出した「日本における教育改革の進展」について報告書の下記部分に見出すことができる。

> 1947年４月新学制の発足とともに根本から改造された小・中・高等学校のカリキュラムの……代表とも言うべきものが、社会科の誕生である……社会科は新しい時代の要求に応じて従来の歴史・地理・公民などの教科を統合するものとして生まれたものである……要するにそれは民主的社会の形成者として望ましい公民的資質を発展させることを目的とするものである。

したがって、社会科が発足した1947年から、その位置づけは変わらないといえよう。47年に生まれた社会科の使命を、学習指導要領社会科編（試案）「社会科とは」は、次のように述べている。

> 従来のわが国民の生活を考えて見ると、各個人の人間としての自覚、あるいは人間らしい生活を営もうとするのぞみが、国家とか家庭とかの外面的な要求に抑えつけられたために、とげられて来なかったきらいがあった。そのために、かえって国民としての生活にも、家庭の一員としての生活にも、さまざまな不自然なこと、不道徳なことが生じていたことは、おたがいに痛感したことである。青少年の人間らしい生活を営もうという気持を育ててやることは、基本的な人権の主張にめざめさすことである

と同時に、社会生活の基礎をなしている、他人への理解と他人への愛情とを育てることでもある。(中略)社会科においては、このような人間性及びその上に立つ社会の相互依存の関係を理解させようとするのであるが、それは同時に、このような知識を自分から進んで求めてすっかり自分のものにして行くような物の考え方に慣れさせることでなければならない。従来のわが国の教育、特に修身や歴史、地理などの教授において見られた大きな欠点は、事実やまた事実と事実とのつながりなどを、正しくとらえようとする青少年自身の考え方あるいは考える力を尊重せず、他人の見解をそのままに受けとらせようとしたことである。これはいま、十分に反省されなくてはならない。もちろん、それは教育界だけのことではなく、わが国で社会一般に通じて行われていたことであって、そのわざわいの結果は、今回の戦争となって現われたといってもさしつかえないであろう。自主的科学的な考え方を育てて行くことは、社会科の中で行われるいろいろな活動にいつも工夫されていなければならない。

　侵略戦争となったのは、戦前の修身や歴史地理等が「青少年自身の考え方あるいは考える力を尊重せず、他人の見解をそのままに受けとらせようとしたこと」にあり、その反省を踏まえて、社会科の中で行われる色々な活動を通して、自主的科学的な考え方を育てていくことを、社会科の使命としている。
　社会科は、戦争体制を支えた戦前の教育の問題点を克服する教科、自主的科学的な考え方に基づき、平和と民主主義を構築できる市民を育成する教科としてうまれたと言えよう。
　このような社会科を「考える社会科」としておく。ところが、残念ながら「他人の見解をそのままに受けとらせ」るという社会科授業が今日も広汎に見ることができる。このような社会科を「暗記社会科」としておく。
　多くの社会科教員は「考える社会科」授業を指向するが、日常的には「暗記社会科」授業を行わざるを得ないという教師の認識が広汎に存在し、「暗記社会科」に意味を見出さざるを得ない子どもが存在する。[2]
　学習指導要領は「平和で民主的な国家・社会の形成者」、すなわち、平和で民主的な国家をつくる国民・市民を育成することが社会科の目標だという。戦後一貫してその目標は変わっていない。しかし、実際の社会科教育の実践においては「暗記社会科」が社会科の目標を見えないものにしてきたとも言えよう。このような「暗記社会科」の流れと沖縄平和教育の「結論の押し付け」と

は同根ではないかと筆者は考えるがさらなる検討が必要である。

2　新教育と沖縄

　1945年沖縄の教育は米軍の軍政下におかれ、沖縄民政府文教部が直接的には担当していた。48年から沖縄においても社会科が実施されることになる。文教部は48年９月『社会科について』と題するパンフレットを発行し、仲宗根編集課長他７名が講師として、初等学校、中等学校教員に対し講習会を開催したという［屋比久 2001：111］。

　ちなみに、パンフレットは学習指導要領社会科編（試案）とほとんど同文であるが、ただし、「そのために、かえって国民としての生活にも、家庭の一員としての生活にも、さまざまな不自然なこと、不道徳なことが生じていたことは、おたがいに痛感したことである。」と「もちろん、それは教育界だけのことではなく、わが国で社会一般に通じて行われていたことであって、そのわざわいの結果は、今回の戦争となって現われたといってもさしつかえないであろう。」という文言は削除されている［沖縄県教育委員会 1978：393-397］。沖縄民政府文教局は、戦前の教育がもたらした「不自然なこと・不道徳なこと」「戦争」に対する責任に目をつぶる形で戦後教育を始めたと言えよう。

　ただし、図表１に見るように、戦前（古い教師）と戦後新教育（現代の教師）を比較した認識が沖縄にもたらされていたことは注目しておきたい[3]。特に、現代の教師、冒頭の「教師は案内者、相談相手である。」は、デューイの進歩主義教育論の概念であるガイダンスの考え方を受けたものである。ガイダンスは「人間の生来的な能力を協同（Cooperation）によって補助（assist）することを意味」し、「案内、指導、補導など」と訳されてきた概念である［『教育学大事典１』1978：204-206］。この新教育のガイダンス、すなわち「協同（Cooperation）による補助（assist）は」は沖縄において「案内、相談」として伝達していた。

　沖縄において新教育を指向し、「現代の教師」たらんとしたであろう実践を紹介しておく。1950年９月〜10月に計画された上里忠正の「問題・移民は何故必要なのでしょうか。」である。上里実践の特長は沖縄戦直後の子どもの生活

図表1：戦前（古い教師）と戦後新教育（現代の教師）比較

古い教師	現代の教師
1，教師は訓練者であった。教師自身の意志を生徒におしつけの出来る人であった。	1，教師は案内者、相談相手である。
2，不服従や秩序攪乱や好ましくない行為を罰した。	2，生徒の非社会的行為の原因を訂正しようと試みる。
3，学科課程を計画し割当した。	3，教師と生徒と協同して必要な物事を従って仕事の計画を決定する。
4，度々悪い批評をなし、失敗すればおどして努力を奮い起こそうと努めた。	4，失敗を許さない。生徒が恐怖を感ずる時に進歩が起る。
5，訓練に主として力を入れた。	5，生徒の人格の各方面を一様に発展させる。
6，教科目を強調した。	6，生徒の要求を理解し、生徒の要求を満足させるような計画を建てる。
7，生徒を集團させて、同一の型に強制した。	7，生徒各個人を研究し、真の長所・短所を記録する。
8，教師が自分の教授に社会を満足させようと努めた。	8，科学的方法に従って教授する。父兄にも了解出来るように計画を解説しようと努める。
9，同一の計画を年々繰り返した。	9，絶えず専門的に進歩する。

出典：那覇市立博物館収集「沖縄文教学校関係」資料

と教育を結びつけたところにある。上里は子どもの学びの状況を次のように述べている。

> 算数教材『郷土』から起る彼等の欲望は自分の郷土についてもその実態を調査してみたいという所まで進んでいるのである。即ち、我々の生活に不足なものは何か？　余っている品は何か？　そして我々は、このような品をどう処置しているのか？　どう処置すればよいか？というところを考えるところまで発展して行く可能性がある状態にあるのである。

上里は、「児童は父兄とともに市場の雑踏の中に半日をすごしているのが大部分であり、生活闘争の圏内で生活している実態を踏まえて、児童が社会の一員として科学的批判のメスをいれることができるようになること、ひいては父

兄も関心を持つこと」を期待している。新教育の典型実践である無着成恭『やまびこ学校』はこどもの生活と教育を結びつけようとした点にあるが、この点において、共通性を見ることができる。

　浅野誠は、上記のような新教育は十分に沖縄に根付かないまま、1958年学習指導要領にならった指導要領が中央教育委員会によって60年に告示されたとし［浅野 1981：3］、沖縄の教育の課題が、この時期における「日本国民としての教育」の追求であったことから根付かないのは当然のことであったとしている［浅野 1983：61］。

　1947年2月14日、沖縄民政府の保護下、沖縄教育連合会が結成されたが52年4月1日、屋良朝苗を新会長とする「沖縄教職員会」に移行した。「沖縄教職員会」は同年5月17日、戦後初めて日本復帰の促進を決議することになった全島教職員大会を開いた。宣言決議の前文で「平和と人道に立脚せる民主教育にてい身し」と謳い、決議の6項目には「平和教育の徹底を期す」も採択された［宮古教職員会 1972：31-32］。

　1953年建設が始まった教育会館には教育関係戦没者慰霊室ができた。沖縄戦によって全教員の約三割が戦死したことを踏まえて、屋良は「われわれはここで常時犠牲者の霊を弔うとともに、ここを世界平和祈念の場として平和教育を推進していこうと考えている。」［屋良 1968：89］と述べている。同年、屋良は沖縄戦災校舎復興後援会を発足させ、戦災校舎復興と祖国復帰の問題を「祖国同胞」や日本政府に強く訴えて世論を喚起する運動を始めた。その一方学校現場では「資材提供、校舎建築グランド整地等、これらは保護者・教職員・生徒が一体となって役割分担した」［奥平 2010：47］という。戦後から1950年代にかけて展開されたこの営みは、子どもたちにとって、生活技術と協同を学ぶ場となっていたことは想像に難くない。

　ただし、上里忠正が「『子供の聞く話じゃない』『子供のくせに』という簡単な一言のもとに家族の一員としての子供の立場が尊重されず」というように、子どもは家族を構成する人としては、見なされてはいなかったと思われる。

3 米軍統治と沖縄平和教育の誕生

　浅野誠は、沖縄戦後〜1950年代を、米軍が戦争責任追求や好戦的教育構造の改造をほとんど行わなかった、沖縄教育界内部においても戦前教育を克服していく手がかりをほとんど持ち合わせてはいなかったと述べ、克服の手がかりが萌芽するのが、60年代だという［浅野 1981：13-14］。
　1963年12月知念高校「海鳴り・創刊号」で「沖縄教育における戦争教育問題」という論題が掲載された［竹内 1967：180-195］。その一部を紹介する。

　　B兄は、戦争中小学校（史実を尊重すると「国民学校」）の三・四年の頃から陣地掘りに動員された話をし、それにA兄の学童疎開で海の上を薄氷を踏む思いで渡り飢餓にうちひしがれた話、また三人共通の、作業と自習とストライキに明け暮れた戦後の高校生活の話 ETC（ママ）が語り合わされる中で、教育における戦争責任の話が出たと記憶している。
　　ここでことわっておかなければならないのは自分たちの被害意識からこの問題が提起されたのではないということである。前記の話や、少年時代の夢—例えば、陸士・海兵・幼年学校・予科練と、軍人になり天皇のために死ぬということが最大唯一の夢だったという三人や、竹馬の友の話、中学生の体に軍服を着せられて死んでいった先輩たちのことをいろいろと話し合う中で、当時の教育や教師たちのことについて、はじめは、実に淡々と語られていたのである。
　　そこで、当時の教育に対する反省はどれだけなされたかということが出され、また当時、軍国主義の太鼓持ちをして教え子たちを死地に追いやり、または追いやろうとした教師たちが、敗戦後、何らその責任を問われることなく、ずっと沖縄教育の中枢を握りしめて来たということが課題として指摘された。（中略）
　　「ひめゆり部隊」「健児隊」の悲劇も、ただ悲劇としてのみ受けとられ、教育の問題として教師の胸を切りさいなまなかったがために、いつのまにか、ロマンチックに潤色されてしまったのではないだろうか？
　　このわれわれの先輩たちの死をただ「悲劇」として美化しつつ、そのかげで自分たちの胸をなでおろしつつ念仏のように「平和」をくり返している人びとは、もう教壇から去ったのだろうか？　昔日同様、自己保身に身をやつしつつ権力の手先になってはいないだろうか？
　　これではいけない。今度こそ、オレたちの世代で戦争責任を追求しようではないか。「ひめゆり」「健児」の先輩たちは、ロマンの彼方に追いやられてしまった。だが、

第4部　平和教育の実践から考える平和

オレたちは残っているぞ、先輩たちを死地においやったもの、先輩たちの死をロマンの彼方においやったもの、これを、オレたちの体験で告発しようという訳である。
　この場合、沖縄教育の正しい民主的発展のためにという視点を堅持する必要があるということが確認された、そのためには、全県の同じ世代の若い教師に呼びかけて、その戦争体験をつのり、それをまとめて世に問うようにしたらどうかということに、意見が一致した。(中略)

　戦前、国民学校で教育を受け、沖縄戦後、学校再建の「作業と自習とストライキに明け暮れた戦後の高校生活」を体験した若い教師たちが、沖縄教育における戦争責任を問題とした。個人の責任として追及するのではなく、「死に追いやった」教育の有り様を問題とし、その反省を教育の中に生かそうという趣旨であり、そのために戦争体験をつのることを提案している。
　こういう流れの中で、1964年6月20日沖縄県歴史教育者協議会が結成され、「海鳴り」同人・儀部景俊の勤め先である知念高校が連絡先となる。同年12月27日に那覇商業で沖縄県歴史教育者協議会第1回研究集会と総会が行われた。総会議案［沖縄県歴教協 1964：12］には、「歴史教育者協議会設立趣旨に則り、歴史学の成果と正しい教育理論に依拠して、現代の課題にこたえる科学的な歴史教育の確立をめざす」と冒頭で謳い、活動方針の中で「私達の研究が本土のそれよりも遅れていること——それはとりもなおさずアメリカ帝国主義と日本独占資本及びその代行者の結託による所産であるが——その遅れをとりもどす闘いは、情勢を有利に私達に展開することであり、沖縄の復帰の闘いを進め、日本の独立を達成する闘いであることを意味する。」と記されている。[4]
　1966年、沖縄県歴史教育者協議会会員であった平良宗潤は、首里高校のホームルーム係になり、「4月28日に沖縄を考える」「6.23『慰霊の日』を迎える」という統一ホームルームのテーマを設定し具体的展開例を示して実施した。この統一ホームルーム実践は沖縄県高教組第一次教育研究集会「国民教育分科会」に報告され、やがて全県的な取り組みとなる。これが沖縄平和教育の「特設授業」の始まりであったという［自由獅子会 2001：74］。
　1967年、首里高校で行われた平良宗潤の「4月28日に沖縄を考える」［平良 1967：5-8］という討議実践の報告を見てみよう。

第 7 章　社会科教育と沖縄の平和教育史

授業の冒頭、ある子どもが「"価値ある犠牲"—隆子さんの死から」というテーマで下記のような問題提起を行っている。

　1965年6月11日、米軍の落下演習事故のため、当時小学校五年生の棚原隆子さんは落ちてきたトレーラー車に引きずられ、その犠牲者となってしまった。村長には演習の予告もなかったそうです。以前からジープやセメントの固まりなどがよく落ちてきて、住民地域は被害を受けているそうで、そのつど、軍人天候などを考慮して事故をおこさぬよう抗議してきていたとのことです。あとで米軍側は演習について次のように話しています。「演習は共産主義から沖縄とその母国である日本を含むすべての自由主義諸国の自由を保障するための絶対必要な演習である。」と。隆子さんがもし私だったらと考えると誰でもぞっとすると思います。わたしたちの付近でも照明弾が落ちてショックを受けましたが、隆子さんが住んでいた読谷村などの中部はどんな毎日を送っているのでしょうか。沖縄の基地は「自由陣営の防衛、住民を守るため極東の平和と自由を守るためのものである。」といいます。その目的のために、わたしたち沖縄の人はどんな犠牲をはらってもいいのでしょうか。そして、それはほんとうに尊い価値があるものでしょうか。自由と平和をほんとうに重んじる国でしたら、沖縄住民の自由、降伏を求める権利、平和もだいじにしてくれるのではないかと思います。兎も角も犠牲者は何を訴えたいでしょうか。「どうすることもできない。」それだけでかたずけてはならないと思います。わたしたちは、第二の隆子さんにならないためにも、考えなければならない大きな問題ではないでしょうか。この小さな島で数千といういやな事件がおこっているのですから。
　話し合い考えてほしいこと
　1．読谷村などの中部はどんな毎日を送っているのでしょうか。
　2．なぜ、米軍は予告もしないで危険な演習を続けるのでしょうか。
　3．隆子さんのような死は、ほんとうに尊い価値あるものといえるのでしょうか。
　4．「極東の平和と自由を守る」ためには、沖縄の人はどんな犠牲でも払わなくてはいけないのでしょうか。
　5．気の毒な犠牲者たちは、何を訴えたいのでしょうか。
　6．人間としての生きる権利（生命、自由、幸福を求める権利）は万人に平等ではないでしょうか。

浅野誠は、1950年代には「戦前教育を克服していく手がかりをほとんどもちあわせてはいなかった」というが、上記のような高校生が議論する文化の土壌が教育現場に育まれていたと私は考えている。
1951年6月全島高校生徒会、那覇地区中等学校生徒会が「校舎建築の促進

を要求する陳情書」を群島議会に提出したり［福地 1955：170］、「子どもを守る会」(1953年結成、会長・屋良朝苗) が、全島高校生徒代表会議を開催する［屋良 1968：67］など、高校生の自治活動を促進する状況が50年代にあった。

知念高校の若き教員が「作業と自習とストライキに明け暮れた戦後の高校生活」と語ったような高校生活や、平良宗潤が、糸満高校に入学 (1956年) するや、「土地取り上げ反対」の緊急生徒集会で先輩の発言に圧倒されたと記している［自由獅子会 2001：42］ような状況の上に、1960年代の自治の中心をなす討論の場としてのロングホームルーム (LHR) が展開する。

1960年代後半には、復帰協を中心とする運動に高校生も参加するようになったという［自由獅子会 2001：68-69］。

4　沖縄戦研究と平和教育

復帰直後の1972年7月30日～8月2日にかけて沖縄県那覇市において歴史教育者協議会第24回大会が開催された。7月30日は現地見学に費やされた。この歴史教育者協議会大会の沖縄本島フィールドワークは、その後現在に至る「沖縄平和ガイド」の始まりである。設定されたフィールドワークのコースは次の通りである［沖縄本島フィールドワークの概要 1972-7］。

①与儀公園→②首里城趾（下車）→南風原・真主橋・豊見城・小禄・糸満を経て→③南部戦跡（下車）→王城・与那原・西原を経て→④中城公園（下車）→ズケラン米軍司令部・コザ基地街を経て→⑤嘉手納基地（停車）→⑥一号線（軍用道路）を経て与儀公園

このコースを設定したのは沖縄県史料編集所で沖縄戦の調査を手がけていた安仁屋政昭である。安仁屋は沖縄県歴史教育者協議会結成時からの会員であり、結成当時は高校の教員であった。

このコース見学の要点は沖縄戦における庶民の苦しみの諸相、軍事基地の実態、公害企業の進出状況の3点であった。ここで注目したいのは「庶民の苦しみの諸相」という視点である。

安仁屋にはそれまでの沖縄戦記録は戦闘とその解説が多数で、庶民の立場で書かれたものは少ないという問題意識があった［安仁屋 1971：29-40］。
　儀部景俊は「本土同胞に対して復帰を訴えるに際して、沖縄戦にふれる場合、沖縄が『祖国防衛の盾』となった、という表現が用いられることがある」と述べ、それは「悲劇として見ること、及び、更にはそれを『殉国』として美化することを是認し、新たな侵略戦争へ向けての思想動員を許すことにもなろう。」と危惧を表明した［儀部 1968：58-67］。
　これを受けて安仁屋をはじめ沖縄県資料編集所の研究者および宮古・八重山の歴史教育者協議会会員が沖縄戦の聞き取り調査を沖縄県の事業として行い、その研究成果は安仁屋によって次のような骨子で復帰前に報告されている［安仁屋 1971：35-39］。

①沖縄戦が祖国防衛戦争ではなく、時間かせぎの「戦闘」であったこと。
②殉国美談ではなく、庶民は①によって、砲弾にさらされ、マラリアと栄養失調にさいなまれたこと。
③果ては日本軍によって、食料を強奪され、「集団自決」を強要され、拷問と虐殺にさらされたこと。

　庶民の立場による沖縄戦記録は、市町村史を中心に図表2に見るように広がっていく。現在、沖縄戦を学ぶ教材になる豊かな具体的素材が沖縄各地域に存在していることを確認しておきたい。
　安仁屋によって生まれた沖縄の基地と戦跡を見学するルートとその案内は沖縄県歴史教育者協議会会員・「沖縄戦を考える会」会員が担い、1974年には沖教組那覇支部青年部に引き継がれ、1992年結成の沖縄平和ネットワークによって、さらに充実発展している。
　沖縄平和ネットワークは「戦争の被害者にも加害者にもならないと決意した戦後日本で、平和の創造に努力し、行動していく人々はすべて」を平和ガイドと規定し、修学旅行等の学校をガイドする姿勢として「事前学習の相談、資料、案内コース、時間、講師等々、実施、事後学習に続けていくために学校の先生方と一緒に平和学習を創りあげていくお手伝いをする」のだという。その学びの結晶は会報「根と枠」として発行されている。

第4部　平和教育の実践から考える平和

図表2：自治体が編集した沖縄戦記録

年月	資料名	出典
1971. 6	沖縄戦記録1	沖縄県史 第9巻 各論編8
1972. 4	市民の戦時体験記 第2集	那覇市企画部市史編集室
1974. 3	沖縄戦記録2	沖縄県史 第10巻 各論編9
1981. 3	市民の戦時戦後体験記1・2	那覇市企画部市史編集室
1982.11	市民の戦争体験記録	宜野湾市史 第3巻 資料編2
1984. 3	戦争体験記録	浦添市史 第5巻 資料編4
1984. 3	共同店資料、戦争体験記録他	東村史 第3巻
1985. 3	語りつぐ戦争 第1集	名護市史叢書1
1987. 3	西原の戦時記録	西原町史 第3巻
1990. 3	戦争体験編	中城村史 第4巻
1991. 5	歴史編・教育編・沖縄戦編	具志頭村史 第2巻
1992.11	北谷の戦時体験記録 上下	北谷町史 第5巻
1994. 7	戦争体験記	知念村史 第3巻
1996. 3	戦争体験記録	竹富町史 第12巻
1998.11	戦時資料 下巻	糸満市史 資料編7
1999. 3	南風原が語る沖縄戦 第3巻	南風原町史編集委員会
1999. 3	戦争体験記	東風平町史
1999.11	戦争	佐敷町史4
2000. 3	戦時資料（上）	嘉手納町史 資料編5
2001. 3	戦争編	豊見城村史 第6巻
2002. 3	戦争・証言編	金武町史 第2巻
2002. 3	戦時記録 上巻	読谷村史 第5巻 資料編4
2003. 3	戦時資料（下）	嘉手納町史 資料編6
2003. 8	恩納村民の戦時物語	恩納村遺族会恩納村
2003.12	戦時資料 上巻	糸満市史 資料編7
2004. 3	戦時記録編	玉城村史 第6巻
2004. 3	戦時記録 下巻	読谷村史 第5巻 資料編4
2005. 3	戦時体験ⅠⅡ	具志川市史 第5巻
2010. 1	戦争・証言編1．2	北中城村史 第4巻
2010. 3	語りつぐ戦争 第2集	名護市史叢書16
2011. 3	与那原町史 戦時記録編	与那原町史編集委員会
2012. 3	語りつぐ戦争 第3集	名護市史叢書17
2017. 3	沖縄戦	沖縄県史　各論編6
HP	今帰仁での戦争記録	今帰仁村歴史文化センター

出典：筆者作成

1974年、新里恵二（歴史家）は、沖縄県教職員組合が取り組んでいる特設授業は「沖縄戦の悲惨さ、日本軍・自衛隊の醜さを道徳的に説教するだけの特設授業＝反戦平和の修身教育という偏向に落ち入っていないだろうか［新里 1974：88-91］、という問題提起を行った。それは、子ども自身が、具体的事実に基づいて吟味せず、父母の戦時中の体験や、中国の人たちへの共感という感性的認識が、「私たちは二度と同じ誤りをおかしません。」という紋切り型の答えに満足する平和教育の危うさへの警鐘であった。

　平良宗潤は新里の警鐘に対して、特設授業の意義を次のように整理して答えた［平良 1974：51-59］。

　①生徒とともに「現代の課題」を考える授業である。

　②生徒の自主、自治活動を生かした新しい授業を創造するための教師集団の組織的な教育実践である。

　③教師の任務（実践、研究、教育の統一的推進）を明確にし、教育の自由、国民の教育権を確立するための自主編成運動の１つである。

　平良は、「沖縄や現代日本の問題を主体的に考えていこうとするさまざまな姿があらわれている」として、新里が言うような『紋切り型の答え』を特設授業で教え込んでいるわけではないと現場の状況を説明した。1967年の平良実践に見る子どもの問題提起からもそのことは伺えそうである。

　同時に平良は「『先生方は自衛隊の悪いことは教えるが、自衛隊のよさは教えない。自衛隊には少しもよいところはないのか、あるけれどもいわないのか』という生徒、あるいは、自衛隊が違憲であることはわかるが『でも外国から攻められたら困るので、自衛隊は必要だし、沖縄配備にも賛成だ』と発言する生徒、あるいは、沖縄とか安保とかベトナムとかのことばをきいただけで『またか』とウンザリしたような顔をする生徒等」を紹介し、「こうした生徒たちの前で、ためらい、どきまぎし、途方にくれる教師は少なくないと思う。わたしもまたときにいらだち、ときには憂鬱になる。」と述べ、新里の危惧に答える教育内容・方法の確立を課題とした。

　1975年６月12日、沖縄県立平和祈念資料館が開館した。開館するやいなや、展示内容が日本軍を顕彰する武器や遺品に限られ、県民の戦争体験を語る遺品

や資料がなく、保存・記録・分類も非科学的であると批判にさらされ、76年6月、平和祈念資料館の運営協議会が設置された。その元に設置された展示演出委員会の下で展示が刷新され、78年10月18日2度目の開館が行われた。

展示演出委員会は協議会の会長でもあった中山良彦が総合プロデューサーを務め、歴史学・教育学・児童文化・画家・社会学の多岐にわたる大学や研究機関の専門家によって構成された。中山は、構成員全員の自由な発想と徹底した議論を保障するためにブレーンストーミングとKJ法[7]を併用して会議を進めたという[園原 1990：39-54]。

このプロセスの中で、沖縄県史をはじめとする「庶民」の戦争記録は、展示物へ構成されていった[中山 1999：12-14]。意味あるものを作成するという目的のもと、ブレーンストーミングとKJ法による議論の手法は豊かな「学び」の場でもあったと思われる。

1978年、沖縄戦から33年目の年である。沖縄では、33回忌をウワイスーコー（終わり焼香）と言い、沖縄戦戦没者を弔う最後の年であり、沖縄戦の刊行物が多く出版された年でもあった。その年の正月、沖教組那覇支部は沖縄戦学習教材の金字塔となる『沖縄戦と平和教育』を出版した。

那覇支部の委員長であった富田哲はまえがきの中で「『平和教育』思想のおしつけではなく、太平洋戦争、とりわけ沖縄戦の諸相を正しくとらえ、戦争と平和について考え人間の生き方をみつめさせるという方針で編集しました。」と、述べている。

執筆者は「沖縄戦を考える会」「戦争と平和教育の実践をつづる委員会」の人々であった。「沖縄戦を考える会」は平和祈念館見直しの意見書を出し、その見直しに関与した人々でもあった。平和祈念資料館見直しの研究成果がこの本には反映されている。

『沖縄戦と平和教育』の冒頭、安仁屋政昭は「1　沖縄戦の現代史的意義」と題して次のように構成した。[8]

①はじめに（「皇軍の敢闘を顕彰」し、沖縄県民の「戦争協力」や「愛国心」を一面的に強淵し、侵略戦争の本質をおおいかくそうとする慰霊碑批判）

②何を語りつぐか（非戦闘員の一般住民が軍人の死者を上回る犠牲を強いられた事

実)

③日本の支配層の沖縄戦の位置づけ（沖縄作戦の論理は、結局のところ、「国体護持」の立場であり、民衆の立場に立ったものではなかった。したがって第32軍の玉砕と県民の犠牲は不可避であった）

④住民の犠牲と差別の問題（日本軍〈沖縄県兵士も含めて〉の体質〈民間人軽視、蔑視の思想と死を最高の美徳とする思想〉こそが、沖縄県民に対する差別意識や行為を助長したものである）

⑤知られていない戦争の実態（残置諜報部隊）

⑥庶民の立場で戦争を見る（戦争の原因や性格を追求し、その本質を科学的に認識する作業の事例　①牛島司令官が自決に先だって、死ぬまで戦うことを命令することによって数千人の非戦闘員が米軍の砲弾にさらされたこと。②台湾や朝鮮から数万人の人々が軍夫や慰安婦として沖縄に強制連行されてきたこと）

⑦戦後史の思想と行動の原点（沖縄戦体験は米軍支配に対する行動の振り返り先であった）

「2　沖縄戦の諸相」では本文を大城将保、証言を石原昌家が担当した。1944年6月の「沖縄戦の諸相」は「サイパン玉砕」に始まり、「県外疎開と対馬丸」「全島要塞化」「十・十空襲」「慶良間諸島の惨劇」「米軍の沖縄本島上陸作戦」「首里攻防戦」「北部・離島の激闘」「学徒隊」「秘密戦」「スパイ嫌疑事件」「飢餓とマラリア」「住民虐殺事件」「首里撤退」「喜屋武半島」と続き「収容所へ」で終わる。項目は見開き2頁もしくは4頁で年代順に構成されている。その間、項目に対応する「庶民」の証言が挟み込まれている。教師にとっては、またとない沖縄戦研究の成果を学ぶことができるテキストであった。

「3　沖縄戦の視点」では、「本当の沖縄戦戦没者数は？」「沖縄戦終結の日は」「集団自決の凶器」「住民スパイ視・虐殺事件はどうしておこったか」「遊撃隊のからくり」「"八文半軍靴"のフィクション」「牛島の美学」「大田少将の電文」「赤松大尉の副官C少尉」「美化される野戦看護婦たちの悲劇」「現満」「戦跡観光への疑問」「慰霊の碑か顕彰の碑か」「戦争遺跡の保存問題」「四つの戦争」「最初の捕虜」「最初の会場犠牲者は？」「日本軍に接収された土地」「沖縄戦の戦争責任」である。これらの視点は「2　沖縄戦の諸相」を学んだ後に

持つ、様々な疑問・問題にコンパクトに答えようとした労作である。沖縄戦に対する視点を明示したゆえに、様々な実践に生かされることになる。

5　平和運動の新展開と平和教育

1　鉄血勤皇隊の遺書を教材とする実践

1980年7月11日、沖縄県教職員組合那覇支部青年部・婦人部・補充教員部主催の沖縄戦公開授業（特設）が首里中で行われた［里井 1980：1-19］。この授業づくりは授業者だけでなく、青年部5人、補充教員部1人、沖縄戦を考える会の真栄里泰山も加わり協同でつくり出した。新里恵二の警鐘に応え、子ども全員が参加する「たしかな根拠にもとづく理性的認識を培う授業」を目標とした。全員参加するために、子どもと同年代ということを加味して「君たちが、当時の中学生で、護郷隊（スパイとして後方かくらんを任務）に入れと言われたらどうする。」という発問を生み出した。

集団での議論の結果、首里中生徒により身近でありかつ遺書もある鉄血勤皇隊を題材にすることになった。発問に対する予想を共同研究者全員が生徒になって考えた。その営みがそれぞれの立場を補強し、根拠となる教材も作成されることにつながったのである。

この授業は、平良の特設授業が高校という場での教員協同の産物とするならば、学校を超えた教員同士・研究者との協同による産物であったと言えよう。この遺書は、その後、石田中学校糸数剛が、国語教材としてその心のゆれに注目して沖教組那覇支部青年部主催の特設授業を行った。戦時下の青年の内面に切り込む授業として評価されよう。

2　「私たちの『授業書』沖縄戦」

1982年教科書検定で、実教出版の日本史教科書の「日本軍による住民殺害」記述が沖縄県史は一級資料ではないという理由等で却下されるという問題が起こった。沖縄県歴史教育者協議会は『歴史と実践』11号、臨時増刊号「沖縄戦と教科書検定」を1983年7月発行した。その構成は教科書検定に対する沖縄県

民等の動向の記録、小・中・高教科書の沖縄戦記述の検討、沖縄戦学習の発展から成っている。沖縄戦学習の発展において、「私たちの『授業書』沖縄戦」が提案される。これは、沖縄戦学習を３時間で行うカリキュラム化の試みであった。まさしく、平良が課題としたことへの答えとなるものであり、この共同制作に平良は関わっている。

　１時限目は戦闘経過、２時限目は住民被災の実物認識、３時限目は、それまでの学習をもとに沖縄戦の性格を子どもたちと考え合えるように構成したという。学んだことを子どもたちが再構成する時間として設定された３時間目を見てみよう。

　　一、二時限目（沖縄戦の経過・実相）に学習したことをもとに、沖縄戦の性格を引き出すため左記の発問に答えよう。
　　①各グループは左の(1)〜(7)までの発問の中から二つを選択してグループで話し合いのうえで、答を所定のカードに書き込む。
　(1)　安里要江さんにとって沖縄戦はどんな戦争でしたか。
　　　キーワード　１，ガマ（自然洞窟）　２，馬乗り（米軍によりガマなどの壕が攻撃・破壊・制圧されること）　３，艦砲射撃　４，餓死　５，スパイ嫌疑　６，日本軍による壕追い出し　７，マラリア　８，防衛隊　９，避難民　10，集団自決　11，軍人よりも多い犠牲者　12，死の彷徨　13，真栄平　14，悲しみ・悔み
　(2)　平良一族にとって沖縄戦はどんな戦争でしたか。
　　　１，ヤンバル　２，疎開　３，トンボ（偵察機）　４，食料難（以下略）
　(3)　波照間島の人々にとって沖縄戦はどんな戦争でしたか。
　　　１，マラリア　２，食料難　３，西表　４，軍命による強制移住（以下略）
　(4)　遺骨収集—亡くなった人たちにとって沖縄戦はどんな戦争でしたか。
　　　１，捨て石　２，犬死　３，一方的犠牲の強要　４，終わい焼香（以下略）
　(5)　15年戦争の中の沖縄戦はどんな戦争でしたか。
　　　１，日米最後の戦闘　２，広い進攻範囲（以下略）
　(6)　沖縄戦の戦闘経過でいうと沖縄戦はどんな戦争でしたか。
　　　１，激しい地上戦　２，防衛隊　３，住民虐殺（以下略）
　(7)　日米軍事力・生産力比較表でみると沖縄戦はどんな戦争でしたか。
　　　１，無謀な戦争　２，勝ちめのない戦争　３，日米最後の戦闘（以下略）
　　②教師のほうで内容ごとに分類して模造紙に貼りつける。新聞のできあがり。
　　③沖縄戦の性格をいいあてたところに教師のほうでアンダーラインを引きながら、コメントしていく。

子どもは、授業書の中で作業して身につけた世界を、キーワードで呼び起こしながら、新聞という形で再構成していく作業を行うことが予定されている。子どもが構成した中から、沖縄戦の性格を「いいあてたところ」に教師が線をひき、コメントをしていくという手法である。高校「特設授業」において、教師が最後に行う「総括的な問題提起」が反映している。

3　学校法廷『私たちが裁く』

1995年9月米軍人による暴行事件があり、10月21日8万5000人を集めた「沖縄県民総決起大会」[→4章 p.109]が行われた。翌年96年6月14日、糸満高校では「学校法廷『私たちが裁く』──軍用地の全面返還をめぐって」が学校をあげて取り組まれた。特設授業6月23日統一ホームルームである。糸満高校はこの年県教育委員会指定の平和教育研究校であり、研究のテーマは「地域に根ざした平和教育の系統化」であった。現実に進行している基地問題をわかりやすくドラマ化し、それを生徒・職員で演じて、全校生徒に「評決」させるという取り組みを行った。行事を行うプロセスそのものが子どもと教師の学びの空間になった。その中心に30年間特設授業を追求してきた平良がいた［平良 1996：15-31］。

4　県立平和祈念館の展示改ざん問題

1999年夏、県立平和祈念館の展示改ざん問題で沖縄中が沸騰した。資料館の展示内容が、事務当局の一方的な判断で「見え消し」という変更作業が問題となる。「ニミッツ布告」や沖縄を25年から50年くらい米軍の占領下に置くよう提案した「天皇メッセージ」、日本兵の造形人形の手から「銃剣」等が削除されていたのである。それに対して同年12月、沖縄県歴史教育者協議会は、『歴史と実践』20号　特集「平和祈念資料館問題特集　歴史の真実をゆがめてはならない」を発行した。続く2000年11月の『歴史と実践』20号では、開設された新平和祈念資料館の展示についての評価と提言が行われている。

5　考える中学校実践

2001年2月、琉球大学附属中学校教員だった山口剛史は香川大学附属高松中

学校の生徒に衛星回線を通じたテレビ会議授業を行った。子どもに獲得させたい内容は次の通りである［山口 2001：18-21］。

　①沖縄の空は米軍が管理しており、自分たちが乗る飛行機もその影響をうけること。
　②空の管理、沖縄の米軍基地の存在には、日本とアメリカの約束（日米安保条約）があり、それに基づいて基地が存在していること。
　③上記の2点の知識を踏まえ、沖縄に来るにあたって、自分の仮説、意見を持つこと。

2001年6月、東風平中学校の照屋あすかは、「学びて後は国のため」「習いし後は君の恩」という東風平国民学校の校歌を題材に「もしこの時代に生まれ、この時代の学校で教育を受けて育っていても、天皇のためにつくすなんて馬鹿らしいと言えるだろうか」と問う授業を行った。照屋は沖縄戦学習が悲惨だと思わせるが、なぜ昔の人は天皇を神と信じ、命を捨てることができたのか。子どもの頃から疑問だったという。

実践においては、国民学校の校歌の「学びて後は国のため」の部分から、国の為に兵隊や看護婦になるととらえ、「おかしいさ、なんで国のために死なんといかん」など否定的な反応が多かった。また現在の校歌との違いから違和感を唱えるものも多くいた。という［兼松・照屋 2001：96-100］。

2004年8月13日、沖縄国際大学に米軍のヘリが墜落した。この事故を受けて、琉球大学附属中学校の石嶺真哉は3年社会科公民学習でこの問題を授業に構成した。社会科は主権者（国家社会の形成者）を生み出す教科である。石嶺は授業者として政治は「実感のない」という言葉が重要な意味を持つようになったという。ヘリ墜落事故は私にとっても、子どもにとっても「実感をともなう」社会問題・事象であった。石嶺は子どもたちに、基地の周りに住む友達の住居を調査し、地図化していくという作業を行わせた。作られた地図を共有し、その上で誰の家が今後事故に巻き込まれる可能性があるのかを予想し、その理由を書かせるという実践であった。まさしく、地図とヘリの飛行ルートを重ねるという行為で、今まで気にすることの少なかった頭上のヘリの危険性が露呈し、自分たちの問題となったのである［石嶺 2005-7］。

山口・照屋・石嶺の実践は中学校におけるものであり、具体的な事実をもとに子どもが当事者として、戦時体制や米軍基地を考えるという手法を用いている。まさしく「考える社会科」であり、平和で民主的な社会の形成者を育成する営みである。

6　私たちのワークシート沖縄戦

2007年3月、2008年使用の高校歴史教科書検定で、沖縄戦における「集団自決記述」について、日本軍による命令・強制・誘導等の表現を削除・修正するようにという検定意見が付されたことが明らかになった。同年、9月29日、超党派による11万人に及ぶ県民大会が開催された。それに先だって8月「『歴史と実践』28号、沖縄戦と2007年教科書検定特集」を発行した。その中の「私たちのワークシート沖縄戦」は1983年11号に掲載された「わたしたちの『授業書沖縄戦』」に学び、モチーフを継承したものである。「私たちのワークシート沖縄戦」は次のような特徴を持つ。

①沖縄戦研究の科学的成果、沖縄戦の本質「国体護持」のために住民が犠牲になったことを子どもが認識できるように教材を配置したということ。
②沖縄戦における庶民の典型的実相である安里要江さん一家の彷徨を沖縄戦の経過にそって子どもが事実を確認し、全員が自分事化していくこと。
③子ども一人ひとりが、自分で、事象・事実を確認し、これにより、自分の意見を持つようになる道を開くようになること。

この「私たちのワークシート沖縄戦」は小学生用につくられたが、中高、大学でも有効な教材である。

7　学ぶ権利と2007年教科書検定問題

大城尚志先生が勤める北部農林高校では、2007年の県民大会に教員が30人くらい、生徒も生徒会が把握しただけで32人参加した。学校関係者で100人以上は北部から参加したであろうという。同年10月、集会の資料展と報告会が行われた。08年には教科書検定意見撤回を求める県民大会参加報告会から一年後、企画シンポジウム「何が変わり、何が変わらなかったのか、これから先は何を

考え行動すべきか」というシンポジウムが生徒と教師の有志によって行われた。2009年、大城先生は「学ぶ権利と教科書検定問題」という授業を行った。大城先生は、「まっとうな有権者（＝主権者）になるために必要なこと」とはと問い、次の言葉を（　）の中に穴埋めさせた。

> （真実）の情報を得る。真実を（見極める）力をみにつける。自分自身の（意見）をつくり（判断）する力をみにつける。ものごとを（批判）的・（共感）的にみる力を身につける。だから豊かな（ことば）と（体験）が必要。そのために（学ぶ）ことが必要。（学ぶ権利）の保障。

大城は誘導した感もあるというが、誰も認める価値ゆえにここが出発点となる。まさしく社会科を学ぶ原点なのである。授業では2007年の県民大会に参加し報告会やシンポジウムを企画運営した先輩たちに学ぶこと、活動する中で仲間とつながり、考えが深まることが伝えられた。

生徒は授業の中で「大江・岩波訴訟も結審したのに政府・文部科学省は何故、検定意見を撤回しないのか、また未だに記述を回復しないのか」という疑問を提起した。子どもたちはその疑問に対する理由を次のように類推した。

【生徒の意見から："軍の強制"を消したら、誰にとって都合が良いか、それは何故か】
①国を操っている上の人にとって都合が良く、外国から日本が悪く思われるから
②過去の軍にとって都合が良く、死んでいった人にとって悪いから
③軽いことばで責任も軽くし、今後の基地づくりにも役立つなど

子どもは「学ぶ権利は憲法で保障されているのに、教科書を変えられ事実を学ぶことが出来ない。」「真実を知る権利や真実を学ぶ権利が意味を持っていない。真実はみんなが知るべきだし、伝えていかないとまた起こる可能性だってある。事実は決して変えてはいけないし、次の世代また次の世代に語り継がれなければいけない。」という感想を述べるに至っている。

大城実践は、中学校の三実践と同様、沖縄の平和教育の到達点を示す実践であり、社会科教育、平和教育の目標を満たす実践と言えよう。

第4部　平和教育の実践から考える平和

6　まとめにかえて

　沖縄の平和教育は、1950年代の米軍統治下における矛盾とそれに対する民衆の営みを目の前にして、そのことから学んだ子どもたちがやがて教師となり、60年代に胎動し生み出したものであるという仮説を提示しておきたい。
　沖縄においても「暗記社会科」とは異なる新教育の芽が存在したことは見えるが、残念ながら1950年代の沖縄の教育と日本の新教育との直接的な結びつきを確認することはまだできていない。
　1960年代には知念高校の「海鳴り」に見られるように、教育における戦争責任の問題が議論され、その動きが「庶民」の戦争体験を記録する運動に結びついていく。一方、米軍支配の様々な矛盾を子どもが主体で考える「特設授業」が、教師の共同によって生み出されたのもこの時期である。この高校特設授業の伝統は平良から大城へ受け継がれていることは確認できる。
　1970年代には庶民の戦争記録である沖縄県史が発刊し、その庶民の記録が平和祈念資料館の展示物を構成した。その後30年をかけて、各自治体で多くの庶民の戦争記録が収集され刊行された。また、72年の歴史教育者協議会大会を契機とする基地と戦跡をフィールドワークするという営みは、沖縄戦研究者のみならず教育実践者を含みこみ、市民運動として発展し平和ネットワークに結実している。平和祈念資料館の展示物構成作業は『沖縄戦と平和教育』という教材を生み出し、80年代には子どもが全員参加し、沖縄戦の本質に迫る授業構成や実践を作り出した。その後もその流れを『歴史と実践』の中の実践に見出すことができる。
　1980年代から始まる沖縄戦をめぐる教科書検定等の政府の動きは沖縄平和教育の力量を深め、その成果は沖縄県歴史教育者協議会の雑誌『歴史と実践』の特集号として発刊され続けている[9]。

【注】
1)　2015年3月27日文科省は道徳を教科にするため、学校教育法施行規則の一部を改正し、

あわせて18年4月から道徳を教科にするための指導要領を告示した。指導要領総則(第1 小学校教育の基本と教育課程の役割)道徳科教育を進めるには「平和で民主的な国家及び社会の形成者として」という文言がある。
2) 佐長健司は「『暗記社会科』の通過儀礼的意味」(『佐賀大学教育学部紀要42-2』1995年、127-137)の中で、「暗記社会科」に子どもが試練としての通過儀礼としての「暗記社会科」に参加する意味を見出しているとしている。佐長は「考える社会科」にも通過儀礼的意味を付与し、評価基準を明瞭化すべきだとしている。
3) 沖縄文教学校附属学校の資料と思われる。
4) これらの文章の起草者は儀部景俊であると、沖縄県歴史教育者協議会創立時の事務局長上里勲は証言している。
5) 沖縄見学案内には、沖縄県宮古郡案内・石垣島コース案内も記されている。宮古・八重山における沖縄県史沖縄戦記録調査・記録は歴史教育者協議会宮古・八重山両支部の全面的な協力が寄せられたと1974年3月に発行された『沖縄県史第10巻 各論編9 沖縄戦記録2』の凡例に記されている。なお、八重山編の執筆者は石垣久雄・仲山忠亨、宮古島編は砂川明芳・仲宗根將二・友利恵勇である。
6) 連絡先は沖縄県那覇市首里赤田町3丁目26-5-B TEL：098-886-1215 FAX：098-882-2777、HP は http://okinawaheiwa.net/ である。
7) KJ法とは考案者、川喜田二郎のイニシアルからとったネーミングで、参加者の思考を拡散し、その集約していく集団的思考手法である。
8) 安仁屋政昭は、既に1977年8月、沖縄戦の現代史的意義として、①日本の支配層の沖縄戦遂行の論理、②アメリカ帝国主義の沖縄戦遂行の論理、③戦後史の思想と行動の原点をあげている。本書では②は③に包含されて叙述されている(安仁屋政昭「平和教育の前進のために」『沖縄思潮』9・10号、1977年)。
9) 八重山教書問題特集号が『歴史と実践』33号として2015年7月に発刊されている。

【参考文献】
浅野誠［1980］「戦後沖縄教育実践史研究機想ノート」『戦後沖縄教育出発の枠組と課題戦後沖縄の初等中等学校における教育実践［主に授業と生活指導］に関する実証的研究』
浅野誠［1981］「戦後沖縄教育実践史研究構想ノート戦後沖縄の初等中等学校における教育実践』『［主に授業と生活指導］に関する実証的研究』
浅野誠［1983］『沖縄教育の反省と提案』明治図書
安仁屋政昭［1971］「沖縄戦の記録とその思想：自衛隊の配備計画と沖縄県民の戦争体験」『文化評論』121号、29-40頁。
石嶺真哉［2005］「身のまわりからヘリ墜落事故を考える」『歴史と実践』26号、56-85頁。
沖縄県教育委員会［1978］『沖縄の戦後教育史』資料編
沖縄県歴教協［1964］『沖縄県歴史教育者協議会第1回研究集会要項』
沖縄本島フィールドワークの概要［1972］歴史地理教育198号、70-71頁。
奥平一［2010］『戦後沖縄教育運動史』ボーダーインク
兼松力・照屋あすか［2001］「子供の視点からの平和教育」『歴史と実践』22号

第4部　平和教育の実践から考える平和

『教育学大事典1』［1978］第一法規出版
儀部景俊［1968］「沖縄の戦争責任問題」『沖縄歴史研究』6号
里井洋一［1980］「鉄血勤皇隊に入れといわれたらどうする」『歴史と実践』8号
自由獅子会［2001］『わが師わが友6　平良宗潤の半生』
新里恵二［1974］「修身教育と科学教育の差異」『沖縄思潮』創刊号
園原謙［1990］「県立平和祈念資料館の見方・見せ方」『平和教育実践選書4　沖縄戦と核基地』
平良宗潤［1967］「高校L・H・R4・28に沖縄を考える」『歴史と実践』2号
平良宗潤［1974］「特設授業はどのように行われたのか」『沖縄思潮』2号
平良宗潤［1996］「学校法廷『私たちが裁く』：軍用地の全面返還をめぐって」『歴史と実践』16号、15-31頁。
高嶋伸欣［2012］「日本の戦後史を変えつつある沖縄への期待：教材開発などの体験から得たものを中心に」日本平和学会2012年度春季研究大会
竹内叔郎［1967］『沖縄の教師の記録』宇野書店
中山良彦［1999］「物と証言で語らせる資料館」『歴史と実践』20号
福地曠昭［1995］『教育戦後史開封：沖縄の教育運動を徹底検証する』閣文社
宮古教職員会［1972］『宮古教職員会20年史』
屋比久守［2001］「占領下の沖縄における社会科教育実践史」沖縄県教育委員会『史料編集室紀要』26号
山口剛史［2001］「沖縄修学旅行の事前学習実践報告：沖縄の空を考える」『歴史と実践』22号
山口剛史［2013］『沖縄戦を中心とした平和教育教材開発研究報告書』
屋良朝苗［1968］『沖縄教職員会16年』労働旬報社

■文献案内

沖縄県歴史教育者協議会［1983］『歴史と実践』11号、特集「沖縄戦と教科書検定」
「日本軍による住民殺害」記述削除という教科書検定に反対する運動の記録、小中高教科書の沖縄戦記述の検討等によって構成されている。

同上［1999］『歴史と実践』20号、平和祈念資料館問題特集「歴史の真実をゆがめてはならない」
現平和祈念資料館の持つ意味、新平和祈念資料館建設の経緯と改ざんの経緯と吟味、運営への提言、抗議・要請書、新聞記事等によって構成されている。

同上［2007］『歴史と実践』28号、沖縄戦と2007年教科書検定特集
座談会、研究者や実践家多数の意見、沖縄戦歴史歪曲をめぐる経過と県民運動の到達点、「私たちのワークシート沖縄戦」、実践、沖縄戦の証言―素材としての資料集、市民集会の決議、要請文、議会の意見書、新聞記録等で構成されている。

第8章　沖縄から考える平和教育実践の課題

山口　剛史

■キーワード
平和教育、マンネリ、沖縄戦の継承、共感共苦（コンパッション）、
平和形成

　前章では、戦後沖縄の教育実践史を紐解き、継承すべき実践について明らかにした。沖縄戦体験の記録と継承は「1950年代の米軍統治下における矛盾とそれに対する民衆の営み」という現実に向き合う中で生み出されたこと、沖縄戦学習はその成果を踏まえ進められたことを確認した。沖縄戦学習が平和教育として取り組まれている現状を踏まえ、本章ではこれを引き継ぐ形で、沖縄の平和教育に何が求められるべきかを検討したい。まずは沖縄で平和教育を受けてきた高校生・大学生の声に耳を傾けることから始めよう。

1　沖縄戦70年を迎えての平和教育の課題

1　高校・大学生と対話の中から平和教育に関する不満

A「平和教育というと、『戦争はだめ、平和は大事』という感想を書けばいいと思っていた。」
B「沖縄戦について、勉強してきたと思っていたけど、大学で学んで、わからないことがたくさんあった。わかった気になっているだけだった。本土からきた学生の方が自分たちよりもよく考えていると思った。」
C「小・中学校では、それなりに平和教育の時間はあったけど、高校では圧倒的に平和教育の時間が少ないし足りない。小中学校でやって『もういい』という友だちも多い。自分としてはその中でも『今後どうしていくかなど、話し合う時間がない』のが物足りない点だ。もっと自分の意見を出す時間、他人と意見を交わす時間を大

事にしてほしい。」
　D「先生たちにお願いしたいことは、学び、考える時間をつくってほしい。今、起こっている問題と絡めて学べる授業をしてほしい。」

　これらの声は、沖縄県の小・中・高校において平和教育を受けてきた生徒・学生との対話の中で出てきた声の一部である。Aの声は、大学の平和教育をテーマにした授業の中で多くの学生が口にするものだ。「戦争はだめなのはわかっている。何度も聞いた」と面倒くさそうに平和教育を受けるクラスメイトを見てきた、あるいは自身もそうだったと学生たちはふりかえり、平和教育（慰霊の日前後の特設授業を中心とした学習）とは「同じ内容の繰り返し」と捉えていた。一度わかってしまえば結論（「沖縄戦では多くの人が犠牲となった」「戦争はだめ」など）は決まっているため、何度も学習する必要はないと思っていたのだ。しかし大学で沖縄戦、戦後史、現在の米軍基地とのつながりなど学習していく中で「何もわかっていなかった」自分を発見することになる。それがBの声に代表される。C、Dはそのような中で、高校生として「平和教育への不満、教師への要望」を述べたものだ。平和教育に関心を持つ生徒の中には、自身の「学びたい」という願いと、まわりの「無関心」（厳密には小中の平和教育だけでもいいよというクラスメイトの存在）の間で悩みつつ、学ぶ場、活動をする場を模索する子もいる。学校教育における平和教育ではなく、学校外での様々な活動に「居場所」「学びの場」を持つことでしか「学びたい」という願いが叶えられない現実もある。[1]

　はたして、このような声は少数派なのだろうか。子どもたちの認識はどうか。沖縄歴史教育研究会が2015年に高校生を対象に行った調査によると、「沖縄戦について学ぶ事を、あなたはどう思いますか。」という問いに対して、「とても大切」「大切なことである」と回答したのは94.1％と調査開始以来過去最高となったと報道された（2015年5月23沖縄タイムス）。また、2009年6月22日の琉球新報には、同社が行った県内大学生を対象にした調査において、「沖縄戦を学ぶことは、『とても大切』88.1％、『ある程度大切』11.2％とほとんどが『大切』と回答。沖縄戦について小中高校の授業で学んだことがある学生は91.9％、戦跡や平和資料館に行ったことがある人も95.2％と多かった」とあ

り、高校生・大学生は沖縄戦学習の必要性を感じていると言えるだろう。同様の結果は、小中学生を対象とした調査研究である沖縄平和協力センター［2014: 17］[2]や村上［2009；2012］にも見出すことができる。

　沖縄戦70年を迎えた2015年、沖縄戦体験の継承が50年、60年の節目と同様にさけばれ、沖縄戦の風化を懸念する声がマスコミに取り上げられた。琉球新報・沖縄テレビの行った世論調査では、「戦争体験の継承についてどう考えるか」という質問に対し、75.4％が「もっと戦争体験を語り継ぐべきだ」と答え、「沖縄戦の体験を伝承していくために今後どのような取り組みが必要だと考えるか」には、「学校現場での取り組み」（41.2％）、「戦争体験者やその継承者による語り継ぎ」（31.4％）、「行政による平和関連事業の充実」（22.8％）と学校教育の充実を求める声が多数を占めた（琉球新報2015年6月3日報道）。村上［2012］で指摘されている通り、沖縄戦継承のエイジェント（誰から見聞するのか）は、「親族から公的メディア」に移行し、学校教育での戦争体験者、教師からの見聞と続いていく。学校教育への期待は今に始まったことではない。沖縄は全国で平和教育がさかんな地域の１つと言われ、沖縄県が定めた慰霊の日（6月23日）のある6月は、平和教育の特設授業が復帰前から実践され、主に沖縄戦をテーマにした平和教育が行われてきた。そこでは、多くの子どもたちに「戦争はダメ、平和は大事」という平和の重要性を認識させてきた。しかし、前述したような大学生・高校生の声は、沖縄の平和教育には多くの課題があることを教育者に突きつけている。このような平和教育の課題を、「平和教育のマンネリ」という言葉で指摘することもある。そこで「平和教育のマンネリ」という言説の意味を読み解くことを通じて、平和教育の課題に迫ってみよう。

2　マンネリ化という言説が意味するもの（子ども不在の平和教育）

(1)　子どもの思考が生まれない授業　　マンネリに関わる言説として、前章でも指摘された高嶋の「沖縄戦の悲惨さの確認ばかりで『戦争は２度としてはダメ』の感想文で先生は喜ぶ、と生徒たちに言われてきたマンネリ平和教育40年」［高嶋 2012］は、その典型の１つである。また、学生への聞き取り調査から、「戦争は二度としてはいけないと思います」という定型文を書くことが平

第4部　平和教育の実践から考える平和

和教育と思っていたという声があることを指摘し、平和教育のマンネリの「内実が如実に反映したもの」とする吉田［2016］の指摘もある。ここで問題とされていることは、答えの決まっていることが繰り返される、結論を押しつけられるという問題だ。これは本章の冒頭でも紹介した声と重なることである。平和教育が「戦争はだめ、平和が大事」という結論の押しつけになっている授業が多いという点を、平和教育における思考停止として問題としてきた［山口 2013］。その原因として、平和教育が、戦争体験者の話（記録）ないし写真、映画などを繰り返し聞かせる・見せることで戦争の嫌悪をつくろうとしていることをあげた。戦争がもたらす人権蹂躙の実態、戦争の持つ本質がそこにあるにもかかわらず、子どもたちの思考は戦争への嫌悪ではなく気持ち悪いものを見せられる平和教育への嫌悪となり、平和教育と聞いただけで「もうわかっている」という気持ちになってしまう。

　このように、マンネリとされる平和教育の課題は、子ども自身の思考停止の問題である。ここには2つのことが含まれている。1つ目は、「戦争はだめ、平和が大事」が答えであると子どもたちが思い込んでいることだ。子どもたちは、平和教育を重ねる中で「平和教育で教師が求めている答え」を敏感に感じ取っている。そのため学習活動を経ることなく子どもたちは「平和が大事」と記述してしまう。ここには子どもの「なぜ」「どうして」という疑問がない。

　2つ目が凄惨な画像や映像がもたらす生理的嫌悪感が学習において思考停止をもたらしていることだ。平和が大事であるのは、戦争が無差別な人権蹂躙であり、沖縄戦はその身近で具体的な体験である。しかし、凄惨な戦争の真実を何の前提もなく見せられることで、直感的に「いやだ」という感情を持つ。これは、子どもなりの思考を通じた結論ではなく、具体的な事象と結びついた結論でもない。生理的嫌悪感から直感的に「戦争はダメ」という思いに留まっているという点で思考停止という事ができるだろう。

　この点に関する指摘は、富田哲が「たしかに平和教育ということは、ただ『戦争反対』『反戦平和』をお題目のように唱えることではありません。子どもたちに、自らの判断で人生の進路を決定させ、主権が国民の手にあることを自覚させ、国の未来をより平和なものにしていくための真実を追求する姿勢と思

第 8 章　沖縄から考える平和教育実践の課題

想を把握させるために、過酷な戦争の実相を直視させ、人間がひきおこす最大の犯罪である戦争にまきこまれた人びとの極限状況をどうとらえるかを、正しく教えていくことであります」［沖縄県教職員組合那覇支部1978：3］と、子ども自らが判断することの重要性を指摘している。また、「『反戦平和』を強調するあまり、自衛隊員の子どもたちの学習権を奪いとったり、子どもの考える自由を保障してやらなかったりすることは、おしつけられた『特設道徳』となんら変わることはありません。教師の考えを子どもに押しつけることは、特定思想を強要した戦前の軍国主義皇民化教育の裏返しにしかなりません」［沖縄県教職員組合那覇支部 1978：4］とも述べており、マンネリという課題の責任の一端が、教師の押しつけにあるとしている。

(2) **子どもの実態・興味関心を踏まえない授業**　マンネリとされる言説の中で多くの教師がイメージしているものは、次のような点であろう。新城俊昭は、「毎年 6 月は特設授業で、演劇や映画鑑賞、戦争体験者の講演などが実施されているが、近年、こうした学習方法もマンネリ化し新たな平和教育のあり方が求められ、内容も問われている」と2009年琉球新報が行った調査結果に対しコメントしている（2009年 6 月22日琉球新報）。また、村上は、「戦争への怒り（正義感）や戦争被害者への共感的理解が、小学生から中学生に上がる過程で低下傾向が見られました。その原因の一つとして、沖縄の平和教育が小中高生の成長と発達をあまり考慮せず、平和教育の方法がマンネリ化している、との指摘もあります」［村上 2014：92］と述べ、マンネリを授業方法の問題とする指摘を紹介している。また、沖縄県の小学校現場の聴きとり調査をうけ、「また基地がある沖縄の特異性のもとでの平和教育は、学校関係者にとっても難しい側面を持っているが、マンネリを避けるため、教員は絵本での読み聞かせ、群読、体験者の話、平和劇を演じるなど工夫を凝らしている」［村上 2016：109］と述べている。これらの指摘は、実は目新しいものではない。1960年代後半から沖縄教職員会の主導で始まったとされる平和特設授業[3]は、すでに1970年後半から1980年前半にはマンネリを危惧する言説が登場する。

6.23特設授業後の授業研究会の討論の記録[4]として、「最近、『特設授業』が行きづまり傾向にある話しはよく聞く。『同じ学校で同じ平和文学の『広島の

第4部　平和教育の実践から考える平和

歌』などつかって戦争について考えさせているのだが、最近、ぜんぜん感動しない』、また、戦争資料にしても『前に見たよ』など、中学校、高等学校にいたっては『今さら、何を！』というシラケムードが報告されている」［沖縄県教職員組合那覇支部　1978：209］。

　また、高校現場での特設授業についても、「6月中旬になるとH・R係が資料を作り、H・R担任はそれと手持ちの資料をもとにして、1時間の講話の内容を文書で、あるいは頭の中でまとめる。自分で充分にやれそうもない先生はピンチヒッターをさがす。それがだめなら自分でやる以外ない。気が重い。同じことが毎年くり返される。（中略）我々教師の学習によって、マンネリ化した特設授業を再生させ、平和教育を一歩前進させることが可能ではなかろうか」［沖縄県教育文化資料センター　1983：49］と、教師自身の教材研究の課題を指摘する声もある。

　これまで見てきたように「平和教育のマンネリ」とされる問題は、沖縄戦70年という時間が生み出した問題ではなく、「子どもが主人公の授業をどうつくりあげるのか」という問題という事ができよう。学ぶ主体である子どもに疑問や思考の自由が保障されていること、つまり子ども自身の力で平和とは何か、なぜ平和が大事かを考える場が授業につくり出されていることが、通常の授業だけでなく平和教育においても重要であることを確認しておきたい。前章の指摘にもあるように、結論の押しつけとなってしまう暗記社会科ではなく、考える社会科が「平和で民主的な国家及び社会の形成者」（学習指導要領）の育成のためには必要であることを踏まえると、これを「考える平和教育」という事ができよう。平和は大事であることが普遍的価値を持つとしても、無条件にその価値を刷り込むことは、子どもたちを平和形成の主体として育てることにはならないのである。

　次項からは、具体的に沖縄で行われている平和教育の大きなテーマである「沖縄戦」「軍事基地」について具体的授業実践例を踏まえて述べていきたい。

2　沖縄戦学習で考える平和教育

1　沖縄戦学習は「軍隊とは何か」を問う教育

　前章、ならびに［山口 2017b］でも指摘しているように、沖縄での平和教育の大きなテーマは、「沖縄戦」である。沖縄戦学習は、米軍支配下の人権蹂躙状態の中で軍隊とは何かを問う中、軍事基地による様々な人権蹂躙からの解放、異民族支配からの解放という沖縄社会の現実を変革することを目標とした教育の中で生み出されてきた。そのため沖縄戦を学ぶことは、単に平和が大事だということを確認するためではなく、「軍隊とは何か」を考えることであった。沖縄戦研究は、沖縄戦の実相を掘り起こす中で「軍隊は住民を守らない」という教訓を明らかにしてきた。

　特に歴史教科書に記述される沖縄戦の特徴をめぐっては、軍隊の本質とされた日本軍による住民虐殺、日本軍による強制集団死（「集団自決」）の命令・強制をめぐり、文部省（文部科学省）と沖縄の間で教科書検定を通じた論争が度々起こった［山口 2017a］。日本軍の命令・強制を削除し、書き換えさせた教科書検定意見は、史実を歪曲するものとして沖縄県民の大きな怒りとなり、大規模な県民大会が開催される事態となった。沖縄の人々にとって軍隊の記憶とは、たとえ自国の軍隊であっても自分たちの命を脅かす存在であったことである。そのため、沖縄戦学習において、なぜ日本軍は住民を守らなかったのかを追求していくことが重要な学習課題とされてきた。

2　「ヒトとモノ」——戦争体験者減少の中での平和教育

　沖縄戦学習におけるもう1つの特徴が、戦争体験者による講話という学習スタイルである。［村上 2009］でも指摘している通り、この特徴は日本の平和教育の特徴とも符合している。沖縄戦体験は多くの沖縄住民にとって家族の物語であった。4人に1人が犠牲になったとされる沖縄戦では、誰もが戦争体験者であり、沖縄戦で親族を亡くした遺族であった。しかし、必ずしも家族の中で語られて来たわけではなかった。そのような中、勇気を持って自身の沖縄戦体

験を語る語り部の存在は、学校現場にとっては重要であった。沖縄戦を体験していない世代にとっては、語り部の言葉から沖縄戦の実相を知るよりほかなかったからである。

　しかし沖縄戦70年を超えた今、戦争体験者は高齢化し、語り部の数も減少の一途をたどっている。いずれ沖縄戦体験者はゼロになる。このことは新聞等においても沖縄戦体験の継承問題として大きく取り上げられている。そこで注目をされてきたのが戦争遺跡である。「ヒトからモノへ」という言葉に表されるように、体験者がいなくなることが想定される中で、戦争遺跡は沖縄戦を語るモノとして重要視されてきた。特に、沖縄語で「ガマ」と呼ばれる自然洞窟での体験学習は、沖縄県内の平和学習だけでなく県外の修学旅行での平和学習の場として幅広く活用されてきた。これが、戦争遺跡を活用したモノに語らせる平和教育と言える。ガマという空間は、戦争遺跡ではあるが、それだけでは沖縄戦の痕跡を後世に伝えることは困難である。そこには、平和ガイドと呼ばれる授業者の存在が不可欠である。平和ガイドは、ガマにおける人々の物語を語ることで、戦場を想起させ沖縄戦の追体験を促している。そこには、地域史編纂を中心とした沖縄戦研究の成果がある。この点で、単純に「ヒトからモノへ」ではなく、「ヒトとモノ」をセットにした平和学習が行われているのである。

　このような体験者の語りのみに依存しない教育実践は、これまでも試行錯誤され実践がつみかさねられてきた。そこで活用されてきた素材の1つが爆弾である。座安［1990］の「不発弾の処理―「安全な生活を守る」―」は、モノから沖縄戦を考えた実践として特質すべきものであろう。本実践を分析した里井［1992］は、実践の意義を不発弾が戦争の残虐性を具体的に明らかにするだけでなく、「平和を維持する価値を具体的に作っていく」ものとしている。

　これらの成果を踏まえ、［山口 2013］では「艦砲（爆弾）の破片」を教材として活用している。これは、沖縄戦の被害や戦場の実相を具体的なモノで見せたいという狙いからである。沖縄戦で多くの住民の命を奪ったとされ、住民の記憶に残るものが艦砲である。「艦砲ぬ食えぬくさー」（艦砲の食べ残しの意）という言葉があるほど、沖縄住民にとって艦砲とは地上戦を表す重要な兵器であ

第8章　沖縄から考える平和教育実践の課題

る。この艦砲に触れることで、沖縄戦の代名詞たる「鉄の暴風」という意味を考えるきっかけとなり、子どもたちが沖縄戦の地上戦という特徴をつかむことになる。授業では、艦砲だけでなく爆弾の破片を準備し、これに触れさせるということから沖縄戦を考えるという授業を実施している。子どもたちには、「艦砲（爆弾）の破片」を「物体Ｘ」として観察させ何かを予想する、その後このような爆弾が降ってくる場所から「どうすれば生き残れるか」を考える、という授業の流れで実践を行っている。

以下は、ある小学校での授業の感想の一部である。

- 私は「沖縄戦」の事を学び、山口先生が持ってきてくれた、爆弾の破片を見て、実際にさわってみると、重く、少しとんがっていたし、でかくビックリしました。そしてその爆弾の破片は沖縄戦の時に、1畳に1つは落ちてくるという事も聞いて、またそのことにもびっくりしたし、「では生きるためにどこににげれば良いか」を考えた事で今日一日とても「沖縄戦」を深く理解する機会ができました。修学旅行でも真っ暗な壕に行くことで、沖縄戦をした人の気持ちを考えたいです。
- 私が分かったことは、かたくて少し小さいのをもってみるととっても重い物体Ｘがばくだんのはへんだったことです。そしてそれが近所にあるといっていてとってもびっくりしました。
- ぼくはてっぽうの玉があたって亡くなった人が多いと思っていたけど、ばくだんのはへんで亡くなった人が多かったので、想像以上にばくだんがおちたと思う。

現代の子どもたちにとって、戦争は身近なものではない。身近でないというよりも想像しがたい点が多い。具体的に戦争の被害、特に兵器による被害を子どもたちに実感させるためには、それなりの素材が必要である。教室に戦争をみせる、それも沖縄戦当時のホンモノで見せることでより身近に戦争を捉えさせることになる。戦争は、自然災害のように突然降りかかってくるものではなく、人が人を殺すためにつくった兵器によって大量に殺戮されていくものである。そのことを具体的なモノで実感させるのであ

写真1　爆弾の破片（筆者撮影）

る。平和教育の目標としては、戦争の際に使われる軍事兵器の存在を把握させることが重要である。いかに「兵器」が人道上許せないものかを考えなければ、戦争をなくす力にならないからである。子どもたちにとってこの体験が、軍事力の必要性、軍事力による抑止力について検討していくきっかけとなる。

3 子どもたちに「戦場」を具体的に想起させ、共感共苦を促す授業

　もう1つが、住民体験を読むということである。前述した「ヒトとモノ」を出合わせる授業として、住民体験記録の教材化を進め実践を重ねてきた。沖縄戦の実相は、沖縄住民による戦争体験記録（オーラルヒストリー）によってあらわされてきた。沖縄戦において住民がどのように逃げまどい、命を落としあるいは命をつないだかは、生き残った住民の体験によってしかわからない。そのため沖縄戦体験記録は、今も貴重な学習素材となっている。戦争体験者がいなくなり、子どもたちに直接戦争体験を聞かせることができなくなることがはっきりしている今、これまで収集されてきた住民体験記録を読み返し、子どもたちに出合わせる沖縄戦体験を選ぶことが教材開発において求められている。特に、地上戦の中、沖縄住民は如何に生き延びたかを具体的に語っている証言、軍隊は住民を守らないことを考えさせることのできる証言を読み解いて、教材開発していくことが必要なのである。

　住民体験記録を読み解く際に重要になっているのが、共感共苦（コンパッション）である。これは、フランスのフォルジュが「アウシュビッツをいかに教えるか」の教育実践の際に提唱したものの1つである。フォルジュは、共感共苦を「他人の苦悩を創造する力」［フォルジュ 2000：5］としている。アウシュビッツをはじめとするナチズムによる収容所の問題を教えるためには、子どもたちに歴史の事実とともにこの共感共苦が必要であるとし、収容所に残された「個人（子ども）の写真」、プリーモ・レーヴィの著書や映画「ショアー」[5]などを活用した授業を提案している。この実践に学び、安井［2008］や竹内［2011］らは、平和教育における共感共苦の重要性を指摘している。特に竹内は、「日本兵士とされた民衆」を素材に、「なぜ加害者となってしまうのか」を考えさせ、追求させるために共感共苦が重要であると指摘している。歴史を「自分

事」として捉えさせることで、「平和な歴史をつくる主体の形成」[竹内 2011：106]へつながると可能性を示唆する。その上で反実仮想（もし…あなただったら）による思考の揺さぶりに効果があるとして、今野［2008］、西尾［2011］にある実践を検討し、「あなただったら捕虜（人）を殺すか」という問いの有効性を述べている。

　このような反実仮想の問いを活用した沖縄戦学習の教育実践としては、里井［1980］の「鉄血勤皇隊に入れと言われたらどうする？」がある。確かな根拠を持って思考することをめざした授業として構想されたが、歴史的事実からは選択しようのない、結論が決まっていることを問う意味が問題として指摘された。歴史事実として、「鉄血勤皇隊に入らず、逃げる」という選択肢はなかったというのである。しかし、様々な選択肢をめぐり議論する子どもの姿から、教え込みでない平和教育の価値を学びとることができる実践である。

　これらを踏まえ、民間人が体験した戦争について子どもたちと考え合う教材開発を進めてきた。そこでは、子どもの証言にスポットをあて体験を選択した。小学生に対する授業を構想してきたため、軍隊に動員された経験（男子・女子学徒隊を含む）よりも、親や親せきに手を引かれながら逃げまどうという体験が、より小学生に身近に感じられる沖縄戦だったからである。身近さを大事にすることは、沖縄戦学習において共感共苦をつくり出すために不可欠な当事者性という視点を持たせるうえで必要である。一人ひとりの犠牲を数値として把握するのではなく、一人の人間がどのような葛藤をして生き延びてきたのかを考えさせることで、子ども自身が戦場のリアリティを獲得できるだろうと予想した。そのため、証言を丹念に読み込ませ、体験者の置かれているシチュエーションを具体的に理解すること、その上で体験者の葛藤を追体験させるための発問として反実仮想の問いを取り入れることにより、自分なりにその当事者になってみる授業をめざした。それにより、戦争犠牲者に対する共感共苦をつくり出し、より戦争犠牲者・遺族の痛みを理解することにつながる。また、これまで沖縄戦体験者が語ってきた沖縄戦の実相から、体験者と軍隊の関係を読み解くことで、「軍隊は住民を守らない」という教訓を、子ども自身の問題として考えることができることを目標とした。

具体的には、語り部としても活躍されていた伊佐順子氏（北中城村出身）と瑞慶覧長方氏（大里村出身）の沖縄戦体験を活用した[6]。反実仮想の問いとして、伊佐順子氏の体験からは、米軍の焼夷弾により大やけどを負い動けなくなった父と一緒に捕虜になるのか、父を置いてでも捕虜にならないよう逃げ続けるのかという葛藤の場面を取り出し、「あなたが伊佐順子さんだったらどうしますか」という問いを考えることとした。以下はある小学校での具体的な子どもたちの選択と理由である。

---

① 伊佐順子さんと同じように喜屋武岬に行く
- 自分が生きのびる方法を考えるのでいっぱいいっぱいになりそうだから。今はキレイゴト言っても、自分がそういう場面にあったら絶対、他の人のこと考えられない。みんな自分がかわいい。でも、とりあえず近くにかくれる場所があるか探す！
- 捕虜になっておもちゃになりたくないから。伊佐順子さんと同じように喜屋武岬ににげる。親と一緒にいたくても死より一人でもにげたい。

② 家族で離ればなれになるのはいやなので、家族一緒にとどまる
- ぼくは②がいいです。もしも①だと父や兄弟をおいていくわけにもないし③だと時間がかかって米兵につかまって殺されてしまうかもしれないけど、家族と一緒に死んだほうがいい。
- 自分が生きていても、家族がいなければ、いやだし、生きていて心残りにしたくない。もし、にげたとしても最後まで生きのびれる保証はないから。

③ その他
- 「自分の体にどろをつけて（においがわからなくなるように）葉がたくさんはえている川に行く。かくれる」喜屋武岬に行ってもころされる可能性もあるから。
- 「日本兵に見つからないように捕虜になる（家族で）」ほりょになったほうが安全だから。

実践上の課題として見えてきたことは、反実仮想の発問を考える際、戦場にいる伊佐順子氏、瑞慶覧長方氏の個人の思想や価値観をどのようにつかませるか、判断に生かすかであった。伊佐順子氏の場合、日本兵に言われた「米兵のおもちゃになる」という性暴力をうけるという恐怖が行動の大きな基準となっている。父親をおいていくことと、自分が性暴力をうけるという選択しがたい選択にせまられている状況に、子どもたちを追いこむことで、戦場の苦悩、不条理を考えさせることが狙いであった。しかし、前述の子どもの声を見てみる

と、自分自身の家族関係や価値観による判断が大きく、伊佐順子氏の価値観に自分を重ね合わせる思考は生まれていないことがわかる。もちろん小学生に性暴力の恐怖（米兵のおもちゃという表現）がリアルさを持てないという現実もある。特に男の子にとってこの恐怖を想像することは難しい。そのため、性暴力の恐怖にとどまらない「捕虜になれない」という価値観の刷り込みが行われていたことに焦点をあてることで、子どもたちにとって葛藤が生まれるように授業を進めてきた。

　中には、「捕虜になる」という選択をした子どももいた。この子は「日本兵の前では捕虜になれない」という思考を持っており、「捕虜になれない」理由を日本軍としていた。この判断は、体験者の価値観に寄り添おうしているプロセスとも考えられる。しかし、全体としては沖縄戦における軍官民共生共死の体制（戦前の教育含め）が、どのように当時の住民に刷り込まれていたのかを踏まえ、自分なりに想像し行動を選択することの困難さに直面した。この傾向は、同様の授業を実施した大学生でも同様であった。「捕虜になってはいけない」と体験者が考えた理由、それを疑わない信念を追体験するためには、体験記録を読むだけでは不十分であった。沖縄戦当時の住民に共感共苦するためには、限られた時間の中でも戦場という風景を想起させ判断をせまるだけではなく、住民の行動基準や価値観がどう形成されていたかを考え、その価値観を使って考える授業が必要であろう。

　この授業での子どもたちの疑問の多くは、「なぜ日本兵は捕虜になったら殺されるとうそをついたのか」であった。これは、「軍隊は住民を守らない」を考える上で重要な問いであり、現在の子どもと当時の子どもの大きなズレであった。この認識のズレが、追求する価値のある問いとなることで、子どもたちにとって「戦争は悲惨、だからだめ」で終わることなく、「もっと知りたい、学びたい」授業となった。この点がこの授業の大きな成果であった。「子どもが追求したいズレ」を見つけること、それが沖縄戦学習には必要なのである。

第4部　平和教育の実践から考える平和

3　在沖軍事基地から日米安保体制を考える平和教育

1　子どもたちの意見を尊重し、対話を重視する教育を

　沖縄戦をテーマとした平和学習では、地上戦の悲惨さを通じ、戦争とは何か、軍隊とは何かを子どもと考え合ってきた。そこから平和とは何か、平和はどのようにつくられるかを思考させ、平和な沖縄を展望させてきた。その際、沖縄にある「軍事基地・軍隊をどうするのか」、「軍事力は私たちにとって必要なのか」を考えることは避けて通れない問題であった。沖縄の軍事基地は、国の安全保障という政治問題として扱われるが、国民一人ひとりの人権問題である。連日のように報道される新基地建設をめぐる反対運動と政府の動き、米軍による事件・事故は、子どもたちにとって平和な沖縄を展望するためには、解決策を模索すべき不可欠なテーマとなっている。学校教育は、「平和で民主的な国家及び社会の形成者」の育成を目標としている。一人の主権者として沖縄の軍事基地に対し、自分なりに判断をし社会に働きかける力をつけることは、沖縄に住む人々だけでなく日本国民として必要な力である。同時に、18歳選挙権が実現した現在、中学校においてもこのような政治的課題を取り上げ、子どもたち自身が意見形成をする場、様々な意見に触れる場をつくることが求められている。

　しかし、政治的案件は当然ながら国民的議論の中でも意見が分かれる。それは教室の中でも同様である。沖縄では、軍関係者（軍人、軍属、地主、基地労働者など）の子どもたちが教室にいることも多く、授業を躊躇するケースがあることも聞く。また、近年インターネット上にあふれる情報の中、子どもたちなりに情報収集し社会認識を形成している。その中には、意図的に拡散されたデマも存在し、それらを真に受けている子どもたちも多い。教師がこのような背景を踏まえ、授業すべきである。子どもたちの意見に対し、頭ごなしに反論したり、意見を変えさせようと説得したりするのは、平和教育とは言えない。子どもたちとの対話を丁寧に重ね、一人ひとりがひっかかっている事実・意見・主張に教師が向き合うことが求められている。

このようなプロセスを重ねていくことで、様々な意見・価値観を受け止める力、事実の検証を実施する力をつけることができ、子ども一人ひとりが自分の力で、平和という目標に向かって自分なりの意見を持つことができるようになるだろう。これが平和形成の主体を育てる授業の第一歩なのである。

2　国家の安全保障を沖縄から考える

ここでは具体的に、国家の安全保障を主要なテーマとして、日米安全保障条約に基づく日米同盟と軍事基地と国民一人ひとりの人権保障はどう整合するのか、整合しないならばどう是正されるべきかを、生徒自身が考えることを通じ、平和形成の困難さを子どもと共に考えた授業を紹介する。子どもたちと考え合いたい問いを「国の安全保障のためには、沖縄の基地負担はやむを得ないか」とした。その上で提示していく事実を以下のように選択した。

1　沖縄県民の基地による被害
2　日本政府が米軍基地を必要としている理由
3　在沖米軍基地で行われている訓練の実態
4　新兵訓練から考える軍隊の性質

1については、これまでの米軍犯罪をふりかえり、沖縄の人々が「基地の整理縮小」「地位協定の改定」を求めてきたことを確認する。1995年の米兵による少女暴行事件、それ以前の事件・事故を具体的に紹介した。2016年は、米軍属を容疑者とする女性暴行殺人事件もあったため、そのニュースも紹介した。その上で沖縄では、基地問題を人権問題として捉えていること、基地があるから犯罪がなくならないという主張を提示した。

2については、現在の日本政府が米軍基地を必要とし、沖縄においていることを確認した。その中では抑止力が安全保障には必要という日本政府の主張をおさえるため、防衛白書等の政府文書から安全保障政策を紹介した。

3については、具体的に在沖米軍基地での演習内容について映像で確認した。映像からはアフガニスタン、イラクでの戦闘を想定した訓練をしていること、沖縄からそれらの戦争に出撃していることを確認し、日本の防衛という枠

を超えた米海兵隊の実態を紹介した。

4については、「なぜ米兵は犯罪をおかすのか」ということを考えるため、新兵訓練の内容を紹介した。具体的に人を殺すための訓練が行われていることを確認した。その際、全員が喜んで兵士になっているわけではないこと、その背景には貧困があること、一人ひとりの兵士が一人の人間として生きていることも踏まえるようにした。

このような内容をスライド教材として、最終的に、「国の安全保障のためには、沖縄の基地負担はやむを得ないか」を考えた。沖縄の負担は「国の安全」のためにはしょうがないことなのか、それとも「人権保障をないがしろにするシステム」は是正されるべきなのか、子どもたちが自分の考えをワークシートに書くことでまとめることとした。その上で、「今後どうすべきか提案しよう」と今回の事件を受けて日本政府はどうすべきか、政策提言を行ってもらった。

授業を通して見えてきた子どもたちの声は以下のようなものである。

【①国の安全保障のためには、負担はやむを得ない】
- 必ず、どこかの県がこういう目に合うから
- 沖縄に基地があることで国が助かるのならしょうがないと思う。
- 基地があることで負担もあるけど、基地のおかげで仕事ができている沖縄の人もいるから。
- 国の安全、国＝国民のはずです。②のように人権を守るためといって基地がなければ沖縄がターゲットとなって攻め込まれたらパーです。国民が一人でも死んだら、安全といえるはずがないでしょう。よって命を守るためにしょうがない。
- "戦争で負けてしまった"というのもあるけど、今から日本に軍隊をつくって戦うというのも無理だと思うので"国の安全"のためには、一応必要だと思います。

【②一人の人権さえ守れないのは「国の安全」が守られているとはいえない】
- 一人一人が大切にされないといけない存在だし、一人一人が幸せなことが本当の平和といえると思うから。
- 沖縄の人の人権さえ守れなくても、本土の人が守られていればいい。何かを守るには、何かをぎせいにしないといけない。そんな考えが、国にはあるような気がします。全てをぎせいにしないようにするために、きまりがある。そう思うから、沖縄をぎせいにしている時点で守られていないと思うからです。

> - 米兵によって殺害されたり暴行を受けたりするのは国の安全とは言えないと思ったし、国の安全保障のために米軍をおいているはずなのに、それが原因で事件が起きているから、なんか違うと思った。

 この授業では、約2割の子どもたちが「負担はやむを得ない」を選択した。この選択をした子どもたちの多くは、「国の安全を守る」術を軍事力に求めている。そこにあるのは漠然とした「武器を持っていないと他国から攻められた時にどうするのか」という不安・恐怖だ。名指しで中国の脅威を問題とした子どももいた。軍事力が国家の安全保障において重要という観念が、学校教育以外の場でつくり上げられていると言えるだろう。人権に言及する発言がある一方、憲法9条を理由に米軍の存在を容認する意見もある。憲法9条があるため、自衛隊の戦力では日本を守ることができず米軍が必要だ、という意見である。
 ここからわかることは、沖縄戦学習では、戦争を否定し過去・現在問わず軍隊による個人の犠牲に対し不条理を感じつつも、国家の安全保障においては、軍事力が必要であるとの認識があり、抑止力としての軍事力を容認する傾向があることだ。「国の安全が守られているとはいえない」とした子どもたちも、政策提案の部分では、「沖縄から基地をへらす」「中国みたいに海を埋め立ててそこに基地をつくったらいい」という提案もあり、基地の存在自体を否定しているわけではない。もちろん「すべての基地をなくす」と提案した子どももいるが、その方法や可能性について具体的な言及をした意見は少なかった。

3　人間の安全保障を考えるための軍事主義からの脱却

 この授業で、子どもたちの感想に多く書かれたのが、米兵の姿に関する疑問であった。新兵訓練の様子を見た子どもたちは以下のような感想を述べている。

> - アメリカの兵士達は、愛国心や家族を養い、幸せになることを目的として兵隊志願するのに、むごい訓練をうけ、心をこわされるのだったら、幸せを願ったために幸せをこわされるのだったら、戦争はゾッとするほどおそろしく、兵士は何のために存在するのだろうと思いました。

第4部　平和教育の実践から考える平和

- 先生の話や資料を見て、疑問に思ったことが1つあります。それは、なぜ人を殺すために訓練をしているとわかっていても、軍をなくしていこうと思わないのかということです。女性の米兵は先生になりたいと言っていたのですが、人を殺していては、先生にはなれないのではと思います。それなのに軍をやめないということがおかしいと思ったので疑問に思いました。
- 米兵には悪いイメージが多かったけど、今日の平和集会を受けて、米兵は生まれながらの犯罪者ではなく、訓練の中での洗脳が行われていたということを知ってとても悲しくなりました。このようなことをしてまで国の平和を守る必要はあったのかなと少し疑問に思いました。
- 私は兵隊の人たちが「殺す！」「殺す！」といい、洗脳されたから、沖縄のうるま市の事件のようなことがおこったんじゃないかなと思いました。私は、こんな事件がおこらないように、米軍の人たちにも沖縄の人たちの気持ちが知ってほしいなと思いました。

　このように、兵隊をつくり上げる訓練に対する疑問が、軍隊の必要性に関する疑問へとつながっている。このような意味で、国家の安全保障における軍隊の必要性を考え直す視点として、兵士が洗脳され軍隊として機能していることを知ることは重要な材料である。

　その上で、米兵を軍隊による人権侵害の被害者として、米兵の人権も守るための方策を考えた子どももいた。

- 基地を減らして、アメリカ兵を故郷へ帰してあげた方が良いと思います。そうすれば、沖縄県民も安心して暮らせるし、アメリカ兵の望みもかなえられると思うからです。
- 今日の授業をうけて、前は「アメリカ兵はひどい」、ということしか考えられなかったけど、アメリカ兵も人権をふみにじられて基地に来ているんだと知って、少しアメリカ兵の事も考えられるようになったと思います。でも、だからといって沖縄県民の人権もおびやかされるのはちがうと思うので、両方が幸せになれるような世の中になるように考えたいです。
- 今日の授業で米軍の人は「沖縄ではヒーローと思ってここに来た」ということを聞いて、いつの時代も、どんな国も同じなんだなと思いました。日本も戦争をしていた時代、「国のために死ぬことはいいこと」と教えられていたということがあって、今日の米軍の人の話にも現実とはちがうことを教えこまれ、ただ国の言いなりになっていたということがあったからです。一つ疑問に思うことは、なぜ、沖縄の人はそんな同じ気持ちの米軍にひどいことを言うのかということです。同じ沖縄の

人として、"沖縄が平和になる方法"より、"沖縄の人も米軍の人も笑顔になって仲良くなれる方法"を捜した方が結果的にどちらにとってもいいことになるのかなと思いました。

　最後の子どもの感想は、沖縄戦（アジア太平洋戦争）での学びも踏まえ、軍隊・戦争遂行の体制を関連づけていることがわかる。その上で「沖縄の人も米軍の人も笑顔になって仲良くなれる方法」が必要としている。基地の機能、軍隊の本質から、「私たちに軍隊という組織は必要か」という課題を子どもたち自身が考えた結果、軍人もまた被害者（加害者された被害者）という加害の重層性に踏み込んだ結果、得られた解決策ということができるだろう。
　今後は、国家の安全保障だけではなく人間の安全保障という観点で、軍事主義を乗り越えていくための具体的政策を提示し、政策論争できるようにすることが課題と言えるだろう。

4　平和形成のための平和教育を

　本章では、平和教育のマンネリとされる状況を読み解くことを通じて、平和形成の主体となるための平和教育のあり方について、教育実践を例に検討してきた。沖縄戦の歴史・現在からアプローチしていく平和教育のテーマとしては、軍隊の機能・役割を真正面から問うことの重要性であった。沖縄の歴史は、軍隊との共存が不可能であることを示している。そのために沖縄戦体験における艦砲（爆弾）の存在から、武器の存在・使用について考えること、沖縄戦体験者への共感共苦から戦場を想起させること、軍隊と住民の関係を具体的に読み取らせることが平和教育の実践的課題であることを述べてきた。これらの課題は1980年代から取り組まれた課題であり、実践として試行錯誤の上積み重ねられたことであった。私たちはその成果に学びつつ、目の前の子どもの疑問に応える必要がある。
　平和を願い、平和をつくるのは子ども自身である。子どもたちが、現在の課題に頭を悩ませ、一人ひとりの人権が守られる状態をつくり出すことができるのかを考え続ける力、時には必要な行動をとることのできる力をつけることが

第4部　平和教育の実践から考える平和

重要である。平和教育の方法として、「平和が大事」で授業が終わるのではなく、常に子どもたちと教材のズレをつくり出し、「どうやったら平和がつくり出せるのか」「自分には何ができるのか」を子どもたちが主体的に考えることの重要性を改めて指摘しておきたい。

具体的な授業の方法として、戦争犠牲者への共感共苦は、まだまだ課題はあるもの、一人ひとりの人権が奪われる不条理を具体的にする上で不可欠な作業と言える。沖縄に駐留する米軍は、イラク、アフガニスタンなどで多くの住民を殺害してきた。各地で無くならない戦争犠牲者への痛みを感じること、それに加え、加害者にさせられた市民としての兵士、その教育・訓練のメカニズムを解明することが、戦争を正当化しない第一歩となり、人間の安全保障を具体的に考えることになるだろう。このことが、平和的に平和をつくる一歩ではないだろうか。

【注】

1) 大学生の動きでは、学生による平和ガイドサークル等の動きが挙げられるだろう。全国的にも注目された SEALDs の1つでもあった SEALDs RYUKYU は、それ以前に、基地問題について学び、語り合う自主的なサークル組織のいくつかがゆるやかに結集した。その1つ「ゆんたくるー」は、「多くの若者が日々感じている政治や社会問題に対する素朴な疑問を、まずは同世代で気軽に話してみよう」と作られた団体である。(ゆんたくるー Facebook ページより) このような「ゆんたく (おしゃべり)」をしながらできる事をやっていきたいと望む声は、大学生だけではなかった。八重山地区の情報誌月刊「やいま」2015年8月号には、八重山平和祈念館の高校生平和ガイドの取り組みが掲載されている。

2) 沖縄平和協力センターに関しては、HP を参照。http://www.opac.or.jp/ ここでは、「あなたが沖縄戦について学ぶことは、平和な世の中をつくるために大切だと思いますか。」という設問に対し、中学2年では93%、小学6年では95%が大切であると回答している。

3) 1978年発行の沖縄県教職員組合編「沖縄の平和教育:特設授業を中心とした実践例」には、「沖縄教職員会の教育研究集会で特設授業の必要性が強調され、1966年頃から実施されてきました」とあり、「1969年度の4・28、6・23、佐藤首相訪米に向けての特設授業は各地区や支部で一斉に、100%実施され、本会に届けられた指導案も50%に達しました」と述べられている。この詳細については、山口剛史「沖縄の平和教育」web 平和教育学事典に掲載。http://kyoiku.kyokyo-u.ac.jp/gakka/heiwa_jiten/index.html

4) 1982年には、高校日本史教科書検定において沖縄戦の「住民虐殺」記述の削除が問題となり大きな問題 (前章参照) なり、沖縄戦学習に関する注目も高かった。また、この年は復帰10周年ということもあり、6月の特設授業は注目され、琉球新報では「沖縄の教育82

平和学習の現場と周辺」という連載が組まれるなどの動きもあった。その連載の中でもしばしば「マンネリ」の言葉が出された。1982年12月29日琉球新報における平和教育座談会では、「問い直される特設授業」として、教師の多忙化なども問題点として指摘されている。

5)　プリーモ・レーヴィの著作としては、『アウシュビッツは終わらない』（朝日選書、1980年）、『溺れるものと救われるもの』（朝日選書、2014年）などがある。おもにフォルジュは、「アウシュビッツは終わらない」を素材として活用している。

6)　「伊佐順子」証言は、北中城村教育委員会発行『北中城村史第4巻戦争・証言編』2010年、447-456頁、「瑞慶覧長方」証言は、行田稔彦編『生と死・いのちの証言　沖縄戦』新日本出版社、2008年、257-260頁および584-594頁からを参照。

【参考文献】

沖縄平和協力センター［2014］「沖縄県における平和教育の実態調査：平和形成教育の可能性」（社）沖縄県対米請求権事業協会・助成シリーズ No.50

沖縄県教職員組合那覇支部・沖縄戦を考える会編［1978］「沖縄戦と平和教育」沖縄県教職員組合那覇支部

沖縄県教育文化資料センター平和教育研究委員会［1983］「平和教育の実践集Ⅰ：沖縄戦と基地の学習を深めるために」沖縄県教育文化資料センター

今野日出晴［2008］『歴史学と歴史教育の構図』東京大学出版会

里井洋一［1980］「鉄血勤皇隊に入れと言われたらどうする？」『歴史と実践』8号、1-19頁。

里井洋一［1992］「不発弾教材の有効性」『琉球大学教育学部紀要』40集、97-107頁。

座安政侑［1990］「不発弾の処理：「安全な生活を守る」」田港朝昭編『平和教育実践選書4　沖縄戦と核基地』桐書房

髙嶋伸欣［2012］「日本の戦後史を変えつつある沖縄への期待：教材開発などの体験から得たものを中心に」日本平和学会2012年度春季研究大会

竹内久顕［2011］『平和教育を問い直す：次世代への批判的継承』法律文化社

西尾理［2011］「学校における平和教育の思想と実践」学術出版会

フォルジュ、ジャン＝F［2000］『21世紀の子どもたちに、アウシュヴィッツをいかに教えるか？』高橋武智訳、作品社

村上登司文［2009］『戦後日本の平和教育の社会学的研究』学術出版会

村上登司文［2012］「沖縄の平和教育についての考察：小中学生の平和意識調査から」『広島平和科学』34号、33-59頁。

村上登司文［2014］「基調講演『平和形成教育の可能性』シンポジウム　平和をつくるチカラ　沖縄の平和教育を考える」沖縄県における平和教育の実態調査～平和形成教育の可能性～　発行特定非営利活動法人沖縄平和協力センター、90-98頁。

村上登司文［2016］「沖縄の平和教育：平和教育の現代化への課題」『京都教育大学教育実践研究紀要』16号、107-116頁。

安井俊夫［2008］『戦争と平和の学びかた：特攻隊からイラク戦争まで』明石書店

第 4 部　平和教育の実践から考える平和

山口剛史［2013］「沖縄戦を中心とした平和教育教材開発研究報告書」科学研究費若手研究
　　（B）課題番号21730704
山口剛史［2017a］「第 3 節　沖縄戦と教科書」『沖縄県史　各論編 6 沖縄戦』沖縄県教育委
　　員会、694-706頁。
山口剛史［2017b］「沖縄の平和教育」平和教育学事典　http://kyoiku.kyokyo-u.ac.jp/gakka/
　　heiwa_jiten/index.html
吉田直子［2016］「『生き延びてきた』戦争の記憶を継承する：『生のあやうさ』に根ざす平
　　和教育の再構築に向けて」『東京大学大学院教育研究科基礎教育学研究室研究室紀要』
　　42号、239-247頁。

■文献案内

ベティ・リアドン、アリシア・カベスード［2005］『戦争をなくすための平和教育
　　「暴力の文化」から「平和の文化」へ』藤田秀雄・淺川和也監訳、明石書店
　　「21世紀の平和と正義のためのハーグアジェンダ」に基づく平和教育の考え方、
　　実践方法について提案している。
安井俊夫［2008］『戦争と平和の学びかた』明石書店
　　特攻隊、ヒロシマ・ナガサキなど具体的な平和教育実践から平和教育のあり方に
　　ついてまとめている。
村上登司文［2009］『戦後日本の平和教育の社会学的研究』学術出版会
　　戦後日本の平和教育についての変遷がわかりやすく整理されたもの。
竹内久顕［2011］『平和教育を問い直す　次世代への批判的継承』法律文化社
　　日本の平和教育の歴史を概観しながら、批判的に検証しこれからの平和教育を提
　　案したもの。

あとがき

「アメリカで平和学習はどのように行われているのでしょうか」。

　琉球大学で行われた2017年後期「平和論」講義にゲストとして招かれたクレイグ・アンダーソン氏は、50年前、ヴェトナム戦争行きを拒否して米海軍艦から脱走した「イントレピッド号の4人」の1人として、今日の日本の軍事化に無関心に見える日本人への危機感を講話で伝えていた。冒頭はそのアンダーソン氏が、一瞬答えに窮したように見えた琉大生からの質問である。「大学生になってようやく、安全保障という観点からの教育機会に出合うのではないか」というのが氏の回答だった。

　これは平和を論じ、平和を思考する際のリソースの違いを物語る極めて印象的な場面だった。沖縄における平和学習の時間の積み重ねは、「たいくつ」だからと軽視する声も聞かれるが、グローバルな視点から見れば、評価されるべき質量を備えていることに、改めて気付かされるのではないだろうか。

　「平和」に関連して、グローバルな公論形成空間（フォーラム）の1つである国連で現在進行中のトピックが2つある。1つは、2016年の国連総会で採択された「平和への権利」宣言だ。武者小路公秀はこれをポスト・ウェストファリア、反植民地主義の新しい権利と見る。「平和」は国際法的権利か。宣言に留まり日本と欧米先進諸国が反対票を投じるなど課題は多いが、平和は環境正義にも及ぶ全的なものと捉える議論、国家への履行義務を求める個人の権利という認識が醸成されつつある。

　本書を執筆中の2016年から18年にも、沖縄では普天間配備機の墜落・炎上・不時着が相次いだ。中でも保育園・学校など教育環境への米軍機部品落下は基地の危険性を再認識させるに充分過ぎるものだった。2017年2月に出た第3次嘉手納爆音訴訟の一審判決は、騒音に敏感な子どもへの影響を認めるものとなった。これは子どもの平和への権利が問われていると言えまいか。「生まれたときからフェンスがある」「基地のある生活に慣れている」と子どもたちに

言わしめてきた政治からの認識論的解放は、課題(アジェンダ)として設定することで拓かれる。

　2つ目は、「平和的集会の権利」だ。2014年国連人権理事会で決議され、2016年には加盟国に対する勧告も提示された。集会とは諸個人が自由に考えを表明し参加する不可欠の機会であり、デモ、長期の座り込み、占拠など豊かな形式を包含する。これはグローバルな市民社会の運動が洗練させた認識枠組みだった。

　本書執筆陣の何人かは沖縄国際人権法研究会を起ち上げ、国際法に基づく人権の課題に取り組んでいる。辺野古と高江の座り込み闘争を、平和的集会の権利行使と捉えれば、参加者は人権守護者として保護されるべきとの見方がグローバル・スタンダードとなる。同時に、沖縄で平和を問い続ける日常的な実践は、日本と米国に対してのみならず、グローバルな市民社会に向けた議題設定(アジェンダ・セッティング)の動きでもあると理解できるだろう。

　韓国で東アジア政治を論じる白永瑞(ぺくよんそ)氏は、「核心現場」という独特の用語を用いて、平和共生の善い循環を生み出す触媒となり得る場所の1つとして、沖縄を挙げている。沖縄で、沖縄の経験と価値を源泉に平和を思考することが、東アジアと世界に対する発信となっている。基地・軍隊の暴力が今日もなお過密に折り畳まれているこの島であるが、怒りを力に変え、非戦の価値から平和の技法を洗練させている場所でもあるとの確信が、私たちの平和論への動機を支えている。

　琉球大学の平和論の教科書を、より広く読まれるものに、という企画を提案して下さった法律文化社の小西英央さんに、執筆者一同より篤く感謝申し上げたい。刊行にこぎ着けるまで長らくお待たせしてしまったその間にも、追記すべき深刻な事件・事故が沖縄では後を絶たない。本書が収めきれなかった生物多様性、美学や科学技術など、あまねく学問分野から平和を思考する試みが、今後も続いていくものと信じている。

　　　2018年1月30日

　　　　　　　　　　　　　　　　　　　　　　　　　執筆者一同

沖縄県内にある主な平和博物館

　以下は、沖縄県の主な平和博物館である。このほかにも、市町村立博物館の中で沖縄戦や戦後の沖縄についての展示があるので、確認して頂きたい。

沖縄県公文書館　島尻郡南風原町
沖縄の公文書の収集・保存を行う施設。デジタルアーカイブズのほか資料の検索、閲覧も可能である。文書だけでなく画像、映像資料も保管されている。

沖縄県平和祈念資料館　糸満市
沖縄平和学習アーカイブとして戦争体験の証言映像を見ることができるほか、平和学習用に資料の貸し出しなども行っている。

ひめゆり平和祈念資料館　糸満市
ひめゆり学徒体験者の証言映像だけでなく、学芸員による解説も行っており非体験者による沖縄戦体験継承を実施している。

不屈館　那覇市
瀬長亀次郎が残した資料を中心に沖縄戦後史の民衆の歩みを学ぶ資料館として建設された博物館。米軍統治下の民衆運動に関する資料を見ることができる。

南風原文化センター　島尻郡南風原町
南風原町に関する昔の暮らし、民俗、歴史資料、沖縄戦に関する展示がある。文化財として保存活用されている沖縄陸軍病院壕跡の見学も可能である。

対馬丸記念館　那覇市
米軍潜水艦により沈没させられた対馬丸事件についての資料館。語り部による講話も実施している。

愛楽園　交流会館　名護市
ハンセン病療養施設としてつくられた愛楽園の歴史とハンセン病問題を学ぶ資料館。沖縄戦当時の戦跡も残されている。

八重山平和祈念館　石垣市
沖縄戦の際、軍の命令により起こった「戦争マラリア」についての資料館。

ヌチドゥタカラの家（わびあいの里）　国頭郡伊江村
伊江島における土地闘争について阿波根昌鴻氏の収集した膨大な資料が展示されている。

■編著者紹介（執筆順）

星野　英一（ほしの・えいいち）琉球大学法文学部教授　　　　　　第1章、第2章
1953年生、デンバー大学国際学大学院修了。著書に「対外政策決定における世論：戦争の記憶と忘却をめぐって」（『東京女子大学比較文化研究所紀要』第68巻、2008年）、「『基地のない沖縄』の国際環境」（宮里政玄ほか編『沖縄「自立」への道を求めて：基地・経済・自治の視点から』高文研、2009年）、「沖縄の米軍基地と人間の安全保障」（『琉球大学法文学部　政策科学・国際関係論集』第15号、2013年）等。

島袋　純（しまぶくろ・じゅん）琉球大学教育学部教授　　　　　　　　　第3章
1961年生、早稲田大学政治学研究科博士後期課程満期退学、博士（政治学）。著書に「沖縄の自治の未来」宮本憲一ほか編『沖縄論』（岩波書店、2010年（共著））、『「沖縄振興体制」を問う』（法律文化社、2014年（単著））、『沖縄が問う日本の安全保障』（岩波書店、2015年（編著））等。

高良　鉄美（たから・てつみ）琉球大学法科大学院教授　　　　　　　　　第4章
1954年生、九州大学大学院法学研究科博士課程単位取得満期退学。1989-91年、バージニア大学ロースクール客員研究員。著書に『沖縄から見た平和憲法』未來社、1997年（単著）、「憲法から見た普天間問題」法律時報2010年8月号、「沖縄における人権問題：復帰40年を迎えて」『人権と部落問題』839号、2013年、「復帰直前期の沖縄における憲法状況」琉大法学93号、2015年等。

阿部　小涼（あべ・こすず）琉球大学法文学部教授　　　　　　　　　第5章、第6章
1967年生、一橋大学大学院社会学研究科修了。著書に「ヘイト・スピーチ、抗議の言葉、沖縄における言説の闘争」（『言葉が生まれる、言葉を生む：カルチュラル・タイフーン2012 in 広島ジェンダー・フェミニズム篇』ひろしま女性学研究所、2012年）。「皮膚と反復」（李静和編『残傷の音：アジア・政治・アートの未来へ』岩波書店、2009年）、「繰り返し変わる：沖縄における直接行動の現在進行形」（『政策科学・国際関係論集』第13号、2011年3月）等。

里井　洋一（さとい・よういち）琉球大学教育学部教授　　　　　　　　　第7章
1955年生、琉球大学法文学部史学科卒、1989年まで中学校教諭。著書に「深く学ぶことへの試み：『知識構成型ジグソー法』への本質理解と内容」（『歴史と実践36号』2017年）、『中学生の歴史』（帝国書院、2001年～現在、著作者）『平和のためのガイドブック沖縄』（クリスタル出版、1995年、編著）「『軍縮』授業構想序説：不発弾モデルの提案」（『琉球大学教育学部紀要43集』1993年）等。

山口　剛史（やまぐち・たけし）琉球大学教育学部准教授　　　　　　　第8章
1971年生、琉球大学教育学研究科修了。著書に「第3章　教育と継承　第3節　沖縄戦と教科書」（沖縄県教育庁文化財課史料編集班編集『沖縄県史　各論編　第6巻　沖縄戦』沖縄県教育委員会、2017年）、「海洋領土紛争を学ぶ3国共同教材開発の歩み：「生活圏」の教材化の試みから」（山口剛史編『平和と共生をめざす東アジア共通教材　歴史教科書・アジア共同体・平和的共存』明石書店、2016年）、等。

Horitsu Bunka Sha

沖縄平和論のアジェンダ
―怒りを力にする視座と方法

2018年4月1日 初版第1刷発行

| 著　者 | 星野英一・島袋　純
高良鉄美・阿部小涼
里井洋一・山口剛史 |

発行者　田靡純子

発行所　株式会社 法律文化社

〒603-8053
京都市北区上賀茂岩ヶ垣内町71
電話 075(791)7131　FAX 075(721)8400
http://www.hou-bun.com/

＊乱丁など不良本がありましたら、ご連絡ください。
　送料小社負担にてお取り替えいたします。

印刷：㈱冨山房インターナショナル／製本：㈱藤沢製本
装幀：白沢　正

ISBN 978-4-589-03909-5
©2018 E. Hoshino, J. Shimabukuro, T. Takara, K. Abe,
Y. Satoi, T. Yamaguchi Printed in Japan

JCOPY　〈(社)出版者著作権管理機構　委託出版物〉

本書の無断複写は著作権法上での例外を除き禁じられています。複写される場合は、そのつど事前に、(社)出版者著作権管理機構（電話 03-3513-6969、FAX 03-3513-6979、e-mail: info@jcopy.or.jp）の許諾を得てください。

島袋 純著	「沖縄振興体制」を問う ―壊された自治とその再生に向けて― A5判・328頁・4800円	あたかも返還前の沖縄のような米軍の全土基地化と自由使用の実態を前提に、その統治のあり方を問い、問題の本質に迫る。沖縄の人びとが求めた人権と自治の実現、平和な島への願いを叶えるための「統治の仕組み」を提言。
松島泰勝著	琉球独立への経済学 ―内発的発展と自己決定権による独立― A5判・232頁・2500円	米軍統治時代から現在まで続く琉球の植民地経済の詳細な分析を踏まえ、内発的発展と自己決定権による琉球独立への方法とロードマップを明示する。独立後の「琉球連邦共和国」における国家像や経済自立策も提言する。
寺島俊穂著	戦争をなくすための平和学 A5判・250頁・2500円	非暴力主義の立場から平和の理論構築を行い、実践的学問である平和学の今日的課題を探究。戦争のない世界の実現をめざし、私たちの役割と課題に言及し、誰にでもできる実践が平和の創造と構築に結びつくことを説く。
広島市立大学広島平和研究所編	平和と安全保障を考える事典 A5判・710頁・3600円	混沌とする国際情勢において、平和と安全保障の問題を考える上で手引きとなる1300項目を収録。多様な分野の専門家らが学際的アプローチで用語や最新理論、概念を解説。平和創造の視点から国際政治のいまとこれからを読み解く。
伊地知紀子・新ヶ江章友編	本当は怖い自民党改憲草案 四六判・248頁・2000円	もしも、憲法が改正されたらどのような社会になるのか?! 自民党主導による改憲が現実味をおびはじめるなか、私たちの生活にどのような影響がでるのか。7つのテーマ(章)、全体像(オピニオン)、重要ポイント(コラム)からシミュレーションする。

―― 法律文化社 ――

表示価格は本体(税別)価格です

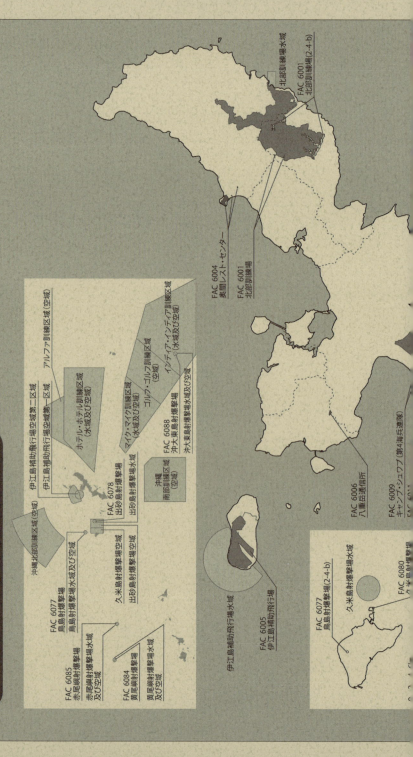